Yeats ist tot!

Joseph O'Connor (Hg.)

Yeats ist tot!

Ein sehr irischer Roman von:
Roddy Doyle, Conor McPherson, Gene Kerrigan,
Gina Moxley, Marian Keyes, Anthony Cronin,
Owen O'Neill, Hugo Hamilton, Joseph O'Connor,
Tom Humphries, Pauline McLynn, Charlie O'Neill,
Donal O'Kelly, Gerard Stembridge, Frank McCourt

Aus dem Englischen von
Ulrike Bischoff, Ulrich Blumenbach, Rolf Erdorf,
Gabriele Haefs, Andree Hesse, Ulrich Hoffmann,
Anja Malich, Stefanie Mierswa, Renate Orth-Guttmann,
Marie Rahn, Olaf Matthias Roth und Marlies Ruß

List Taschenbuch

Inhalt

Erstes Kapitel von Roddy Doyle 11
Übersetzt von Renate Orth-Guttmann

Zweites Kapitel von Conor McPherson 31
Übersetzt von Ulrich Hoffmann

Drittes Kapitel von Gene Kerrigan 47
Übersetzt von Andree Hesse

Viertes Kapitel von Gina Moxley 71
Übersetzt von Stefanie Mierswa

Fünftes Kapitel von Marian Keyes 89
Übersetzt von Marie Rahn

Sechstes Kapitel von Anthony Cronin 113
Übersetzt von Olaf Matthias Roth

Siebtes Kapitel von Owen O'Neill 135
Übersetzt von Andree Hesse

Achtes Kapitel von Hugo Hamilton 151
Übersetzt von Rolf Erdorf

Neuntes Kapitel von Joseph O'Connor 165
Übersetzt von Gabriele Haefs

Zehntes Kapitel von Tom Humphries 193
Übersetzt von Marlies Ruß

Elftes Kapitel von Pauline McLynn 211
Übersetzt von Marlies Ruß

Zwölftes Kapitel von Charlie O'Neill   235
Übersetzt von Ulrike Bischoff

Dreizehntes Kapitel von Donal O'Kelly   263

Übersetzt von Anja Malich

Vierzehntes Kapitel von Gerard Stembridge   277
Übersetzt von Marie Rahn

Fünfzehntes Kapitel von Frank McCourt   297
Übersetzt von Ulrich Blumenbach

Die Autoren   325

Das Team   331

Erstes Kapitel
von Roddy Doyle

»Ich glaub, der war schon tot, eh ich auf ihn geschossen hab.«

»Was laberst du da?«, fragte Roberts.

»Ich glaub, er war tot«, sagte Nestor. »Schon tot, meine ich. Ehe … du weißt schon.«

Roberts sah auf den Toten hinunter.

»Er hat noch mit mir *gesprochen*«, sagte Roberts. »Er war mitten im Satz, der Arsch.«

»Aber.«

»›Sagt ihr, sie kriegt's bis …‹ – wenn ich mich recht erinnere.«

»Aber.«

»Und jetzt«, meinte Roberts, »werden wir nie erfahren, was er sagen wollte. Bis heute Abend? Bis Weihnachten? Bis zum Sankt-Nimmerleins-Tag? Himmel noch mal, das ist ja ein schöner Schlamassel!«

»Aber«, sagte Nestor.

»Ja?«, fuhr Roberts ihn an.

»Käseweiß ist er geworden. Echt. Und hat …« Nestor langte an seine linke Brustwarze. »Hat … also …«

»Sich an die Brust gegriffen?«, half Roberts nach.

»Jaha«, sagte Nestor. »An die Brust. Gegriffen.«

»Willst du mir erzählen, dass es ein Herzanfall war?«

»Jaha«, sagte Nestor. »Furchtbar hat er ausgesehen. Im Gesicht. Das kenn ich nämlich. Ich hab einen Vetter.«

»Und der hatte einen Herzanfall?«

»Jaha.«

»Und hat genauso ausgesehn.«

»Jaha.«

»Und ist noch gesund und munter.«

»Jaha.«

»Na bestens«, sagte Roberts. »Dann steht vielleicht unser Freund hier gleich auf und schüttelt sich. Aber warte mal ... Auf deinen Vetter hast du doch wohl nicht geschossen?«

»Ähm – nein.«

»Wieso auch?«, sagte Roberts. »War ja schließlich dein Vetter.«

»Ich ...«, sagte Nestor.

Und da schlug Roberts zu. Ordentlich.

»Was mach ich bloß mit dir?«, sagte er.

Und holte noch mal aus, zu einem fast freundlichen Hieb aufs Ohr, der ohne die Wagenschlüssel, die Roberts in der Hand hatte, harmlos gewesen wäre.

Nestor versuchte in eine Ecke abzutauchen und warf dabei einen Lederhocker und den Becher mit Tee um, den der Tote vier, fünf Minuten zuvor darauf deponiert hatte, genau in dem Moment, als Roberts nach kurzem Klopfen mit Nestor hereingekommen war.

»Das gibt Flecken«, sagte Roberts.

Der Vorleger, das zottige Fell von einem synthetischen Schaf, sog sich schon mit dem Tee voll. Roberts nahm den Mittelteil aus dem *Daily Mirror*, der neben dem Sitzkissen lag, und breitete ihn behutsam über den Fleck. Er klopfte mit der flachen Hand auf die Zeitung.

»So«, sagte er.

Nestor untersuchte sein Ohr. In der rechten Hand hatte er immer noch die Kanone. Er wich mit dem Kopf zurück und stieß gegen die Wand. Es schepperte.

Das Zuhause des Toten war aus Blech. Auf einem Feld bei Courtown oder Skerries hätte man so was einen Wohnwagen genannt. Hier, in dem verlotterten Garten eines verfallenen Cottage am äußersten Rand von Dublin, war es ein Schuppen. Vier Blechwände und ein Blechdach, von dem es Rost schneite. Der Schuppen saß windschief auf verschieden großen Backsteinen und einem platten Reifen und war von wogenden, stinkenden Nesseln und hohem Unkraut umgeben, fast schon vereinnahmt. Innen gab es so gut wie nichts – bis auf ein paar Stöße vergammelter alter Zeitungen und ein schmieriges, verknittertes Poster von James Joyce an der Wand.

Roberts besaß ein Haus in Rathmines. Mit Hilfe des Mannes seiner Schwester hatte er es in dreizehn möblierte Zimmer aufgeteilt. Jetzt sah er sich um; ein paar Spanplatten, zwei zusätzliche Betten und er hätte hier problemlos vier oder sogar sechs Studenten unterbringen können. Eine Leiche wäre bei dem Dreck und den Feten von solchen Typen überhaupt nicht aufgefallen. Mit dem Ding ließe sich was anfangen. Er würde sich mal umhören, wem es gehörte.

Als er sich aufrichtete, wackelte die Kiste wie ein Lämmerschwanz.

»So«, sagte er.

Nestor hatte sich ein Taschentuch ans Ohr gedrückt.

»Das wird sie nicht freuen«, sagte Roberts. »Ganz und gar nicht.« Er sprach von Mrs Bloom.

»Wir sollen ihn einschüchtern, hat sie gesagt«, meinte Roberts. »Kommt er dir irgendwie eingeschüchtert vor?«

»Nein«, sagte Nestor.

»Nein«, bestätigte Roberts. »Ich glaub, ich hab noch nie einen so wenig eingeschüchterten Menschen gesehen.«

»Es war ein Herzanfall«, sagte Nestor.

»Daher auch das Loch in der Brust«, sagte Roberts.

»Das war ein Unfall.«

»Glaubst du im Ernst, ich geh hin und erzähl ihr das?«

»Er hat sich an die Brust gegriffen.«

»Ich greif dir mit 'ner Kneifzange an die Eier, wenn du noch mal von seiner Brust oder von seinem Herz anfängst. Sag mir nach: Ich habe ihn erschossen.«

»Aber ich hab's nicht gewollt.«

»Sag's.«

»Ich habe ihn erschossen.«

»Na also. Damit sind wir immerhin einen Schritt weiter. Du hast ihn erschossen. Er besaß etwas, was sie haben wollte. Wir sollten ihn einschüchtern. Ein bisschen Kloppe, einmal kurz die Kanone unter die Nase halten, klarer Fall. Aber du gehst hin und knallst das arme Schwein ab. Stimmt's oder hab ich Recht?«

»Sie ist losgegangen.«

»Ja«, sagte Roberts. »Das war nicht zu überhören.«

»Es lag an den Handschuhen.«

»Wie war das?«

»Sie sind neu.«

»Hübsch.«

»Sie sind ein bisschen ...«

»Steif?«

»Jaha«, sagte Nestor.

»Kenn ich«, sagte Roberts.

Er trat gegen den Fuß des Toten.

»Es lag an den Handschuhen, Mister«, sagte er. Dann guckte er wieder Nestor an.

»Was soll ich ihr erzählen?«

Nestor schwieg.

»Na?«

»Keine Ahnung.«

»Und ist dir jetzt nicht doch ein bisschen mulmig?«

»Jaha.«

»Gut«, sagte Roberts. »Mir nämlich auch. Sehr sogar. Bin froh, wenn ich dabei Gesellschaft hab.«

Mrs Bloom war streng genommen nicht ihre Vorgesetzte. Sie waren finanziell nicht von ihr abhängig, sondern hatten beide sichere Jobs mit Pensionsberechtigung, die nicht das mindeste mit Mrs Bloom zu tun hatten. Roberts hatte außerdem noch seine möblierten Zimmer und zwei, drei weitere Töpfe am Kochen. Er war an einem Kissagram-Service beteiligt. Ihm gehörte der 87er Lancia, der sieben Tage in der Woche die französischen Hausangestellten und lockeren Kindermädchen und Fernsehansagerinnen – eine Erfindung von Roberts und ein echter Hit – in der Stadt und im Umland von einem traurigen Trottel zum nächsten karrte. Er hatte eine Konzession für Croissants und Baguettes in einem Geschäft, das nur ein paar Schritte von seinen möblierten Zimmern entfernt und rund um die Uhr geöffnet war.

»Wenn du's so hinkriegen könntest, dass Scheiße gut riecht, würden sich haufenweise Leute finden, die sie auch früh um vier kaufen«, sagte er zu Dymphna (Nonne, Schulmädchen und Fernsehansagerin in einer Person).

»Genau«, sagte Dymphna, während sie die beschlagene Scheibe auf der Beifahrerseite sauber wischte und nach der richtigen Adresse Ausschau hielt.

»Erzähl mir 'ne säuische Geschichte«, sagte Roberts.

»Schon wieder?«

»Na komm …«

»Also wenn du echten Schweinkram willst – gut, dann sag ich nur: Flood-Untersuchungsausschuss! Der dicke Dubliner Bauskandal, du weißt schon …«

Er besaß ein Stück stillgelegtes Land gleich neben der Farm seines Bruders. Er hatte das ganze Jahr über ein Team von dreiundzwanzig Jungen und Mädchen laufen, die garantiert irische Weihnachtskarten, made in Südostasien, für Spina-bifida-Kranke, bosnische Krankenhäuser und Roberts verhökerten. Und hatte auch sonst noch das eine oder andere auf Lager. Dies und das. Er witterte überall ein Geschäft. Täglich Schlag fünf wachte er auf, und noch ehe er Hausschuhe an den Füßen hatte, schwirrten ihm die Ideen nur so durch den Kopf. Roberts war ein echter Unternehmertyp. Ein Entrepreneur. »Dazu muss man geboren sein«, hatte mal eine Frau gesagt, die bei einem Fortbildungsseminar des Industrieministeriums neben ihm gesessen hatte. Dem konnte Roberts nur beipflichten. Er war dazu geboren.

»Der Arsch hat noch sein Kommunionsgeld«, hieß es häufig, wenn von Roberts die Rede war. Normalerweise ist das nur so eine Redensart, aber im Fall von Roberts stimmte es wortwörtlich. Sein Kommunionsgeld, alles in allem drei Pfund, dreizehn Shilling und acht Pence in liebevoll blank geputzten alten Münzen, lagerte in einer Tabaksdose dreißig Zentimeter unter dem Rasen, fünf Erwachsenenschritte – am Tag seiner Kommunion waren es zehn gewesen – rechts von dem Gatter zu dem Feld, das jetzt ihm gehörte. Die Europäische Union bezahlte ihn dafür, dass er das Feld nicht nutzte. Nicht mal drauf rumlaufen durfte er; ein Satellit beobachtete sämtliche brachliegenden Felder in Irland und passte auf, dass sie Brachland blieben. Irgendwann in einer wolkenverhangenen Nacht aber würde er sich auf sein Feld stehlen, die Tabaksdose – Condor Tobacco – ausgraben und den blinkenden Schatz zu einem Münzhändler in der Aughrim Street tragen, einem Mitglied der Internationalen Vereinigung Professioneller Numismatiker und Abonnenten eines lettischen Pornomagazins, das Roberts am ersten Freitag jeden Monats morgens zwischen halb sechs und sieben, ehe er zur Arbeit ging, eigenhändig an dreizehn Dubliner Abnehmer verteilte. Er wollte nur wissen, wie viel das Zeug wert war. Dann würde er es wieder einbuddeln. An einer anderen Stelle.

Entrepreneur. Echt stark, das Wort.

»Wie heißt dieser französische Ausdruck, der Geschäftsmann bedeutet?«, hatte er mal seine Frau gefragt, als er am Kamin saß und so tat, als ob er sich mit dem Kreuzworträtsel im *Independent* beschäftigte.

»Entrepreneur«, antwortete Patsy.

»Wie?«

»Entrepreneur.«

»Buchstabier mal«, sagte Roberts.

Nestor war kein Entrepreneur. Er war eher einer von diesen gedimmten Typen, die mit den Fäusten denken, und von Ideen völlig unbeleckt. Trotzdem verdiente er ganz ordentlich. Weil sein eigentlicher Job nicht viel brachte, stand er viermal in der Woche abends in schwarzer Bomberjacke und mit Knopf im Ohr vor der Tür des Pubs *Major Disaster*. Es befand sich im Kellergeschoss von Little Los Angeles, einem Parkhaus und Einkaufsparadies am Anfang der Grafton Street, der sexzellentesten Shoppingkloake Europas. Junge Paare und Mädels in Gruppen ließ er rein, männliche Singles und britische Männersaufcliquen, die im Kilt oder in gleichfarbigen T-Shirts aufkreuzten, kamen nicht an ihm vorbei.

»Das ist doch den Schotten ihre Nationaltracht.«

»'n Scheißrock isses«, sagte Nestors Kollege Rattigan.

Nestor tat nur selten den Mund auf, war nie brutal, immer höflich. Aufs Klo ging er nur in den Pausen. Er trank nicht, rauchte nicht, grapschte nicht nach betrunkenen Frauen. Er stand vor oder neben dem Eingang, und wenn die Stimme aus seinem Knopf im Ohr es verlangte, ging er rein und eskortierte Gäste nach draußen. Rattigan, der trank, rauchte und häufig an das Telecom-Gebäude gegenüber pinkelte, konnte ihn nicht ausstehen.

»Du bist der reinste Musterknabe.«
»Bin ich nicht«, sagte Nestor.
»Bist du doch, du Arsch.«
»Bin ich nicht«, sagte Nestor.
»Schau dich doch an«, sagte Rattigan. »So 'n richtiger Tugendpinsel. Die da kommt – würdest du die flachlegen? Die in Rot. Würdest du's mit der machen? Na?«

Nestor antwortete nicht.

»Würdest du nicht? Erzähl mir doch keine Märchen, Mann! Die ist total scharf drauf. Schau sie doch an. Schau hin. Mach die Augen auf, du Arsch. Und die neben ihr. Alle beide. Der andern ihr Hintern, guck doch.«

Nestor litt schweigend, denn er war schwul. Er ließ die Frauen, die Rattigans schmutzige Phantasie beflügelten, passieren, während sein Herz insgeheim für die Männer pochte, die draußen bleiben mussten, die Saufcliquen und Einzelgänger, die Männer mit Kilts und gleichfarbigen T-Shirts.

Roberts trat nochmal gegen den Fuß des Toten.
»Du bist ein schrecklicher Mensch«, sagte er zu Nestor.
»'tschuldige. Soll ich es aufputzen?«
»Es?«
Die Waffe war eine schwere israelische Desert-Eagle-Pistole mit großer Durchschlagskraft. Nestor hatte einen Meter vor der Brust des Toten abgedrückt.

»Es?«, fragte Roberts. »Hast du 'ne Woche Zeit?«
Von der Wand hinter ihnen troff es rot.
»Brav, ihr Jungs, o ja.« Roberts machte Mrs Blooms Stimme nach. »Hinterher schön putzen, so gehört sich das. Brav, ihr Jungs. Glaub ja nicht, dass wir das zu hören kriegen, wenn wir zu ihr kommen. Lass den Scheiß bloß dran.«

Er ging vorsichtig zwei Schritte nach links und gab dem Superser-Gasheizofen einen Schubs, der aber rührte sich erwartungsgemäß nicht von der Stelle. Roberts besaß dreizehn Superser-Gasheizöfen, einen in jedem möblierten Zimmer, und nicht ein einziger bewegte sich freiwillig auf seinen Rollen vorwärts.

»Ob der in den Kofferraum passt?«
»Nein«, sagte Nestor.
»Seitlich vielleicht?«
»Könnte sein.«
»Dann nehmen wir ihn mit. Komm, hilf mir mal.«

Das waren so die Sachen, die Roberts und Nestor häufig für Mrs Bloom erledigten – bei Wildfremden reinplatzen und sie bedrohen, mit einer Kanone oder auch nur mit den Händen. Bei vier von fünf Anrufen über das rote Telefon, mit denen sie Roberts zu sich zitierte, bekam er von ihr einen Namen und eine Adresse und eine kurze Anweisung. »Schüchtert ihn ein, o ja.« Oder: »Schlagt zu, ja, zweimal, und sagt ihm, dass ich nach ihm gefragt habe.« Eindeutige Botschaften, die eine oder andere eindeutige Aktion – mehr verlangte sie meist nicht. Auf Antworten oder irgendwelche Waren brauchten sie nie zu warten. Dafür, vermutete Roberts, war später jemand anders zuständig, aber Genaues wusste er nicht und wollte er auch nicht wissen. Er wusste nur, dass er ein Rädchen in Mrs Blooms Maschinerie war. Ein winziges, unscheinbares, bangloses Rädchen, das mühelos ausgebaut und ersetzt werden konnte, wenn sie die Lust dazu ankam. Einfach so. Blitzartig. So viel wusste er, und dieses Wissen machte ihm Angst und seine Liebe noch größer.

»Jetzt aber nichts wie weg«, sagte Roberts. »Du musst dein Shirt ausziehn.«

»Warum?«, fragte Nestor.

Er trug das neueste Auswärtstrikot von Manchester United.

»Weil sich die Leute an das Ding erinnern werden, wenn sie uns hier weggehen sehen«, sagte Roberts.

»Halb Dublin trägt ManU-Trikots«, sagte Nestor. »Die Jungs und Männer, meine ich.«

»Ja«, sagte Roberts. »Aber nicht mit ihrem Namen hinten drauf.«

»Öh«, sagte Nestor.

»Öh«, sagte Roberts. »Spielt mit der Neun Nestor die Nulpe für Manchester United?«

Nestor guckte belämmert. »Teddy Sheringham.«

»Wie schön für Teddy.«

»Und was soll ich anziehn?«

»Irgendwas von seinen Klamotten.« Roberts nickte zu dem Toten rüber.

»Aber ... da ist lauter Blut dran«, sagte Nestor.

»Nicht gerade dieses Hemd«, sagte Roberts. »Die Farbe steht dir nicht. Was anderes.«

Er nickte zu der Tür hinter dem Kopf des Toten rüber.

»Da drin.«

Nestor überlegte, wie er am besten um die zerschossene Leiche herumkam.

»Gib Gas, Mann«, sagte Roberts.

Nestor stieß die Tür auf und verschwand dahinter. Roberts blieb mit dem Toten allein und kriegte es jetzt echt mit der Angst zu tun, als er an die Konfrontation mit Mrs Bloom dachte.

Mrs Bloom war eine außergewöhnliche Frau. Sie wohnte in einem kleinen Reihenhaus im Norden.

»Liegt praktisch zum Flughafen.«

Aber sie war noch nie geflogen, war nie über den Strand von Dollymount rausgekommen, hatte nicht mal einen Pass. Bei seinem ersten Besuch hatte Mrs Blixen ihn nach hinten geführt, in den Garten. Da saß Mrs Bloom auf einem päpstlichen Thronsessel mit einem Schreibheft im Schoß und einem Kugelschreiber in der Hand. Als er über die kleine Terrasse ging, hörte er das Donnern eines Flugzeugs, das in geringer Höhe über sie wegflog, ein Geräusch, das sich steigerte, dann langsam abebbte und verklang, während er sie beobachtete. Sie nahm eine Armbanduhr ohne Armband aus ihrem malvenfarbenen Dufflecoat – es war ein kalter, windiger Tag, eigentlich komisch, an so einem Tag im Garten zu sitzen – und warf einen Blick darauf. Dann hörte er zum ersten Mal ihre Stimme, wohl in einer Art Selbstgespräch.

»EI 603 von Schiphol, o ja.«

Sie schlug das Heft auf und schrieb etwas hinein. Roberts war sofort klar, dass er ein Genie vor sich hatte: Da saß eine Frau im Garten von einem Reihenhaus aus dem sozialen Wohnungsbau mitten in einem Gebiet, das der Keltische Tiger als Katzenklo benutzte, und lenkte von dort aus ein weltumspannendes Imperium. Sie machte ein rotes Kreuz an eine Zahlenreihe, schlug das Heft zu und legte es weg.

»Sie sind mir empfohlen worden«, sagte sie, ohne ihn anzusehen.

»Darf ich fragen, von wem?«

»Das spielt keine Rolle.«

Er musterte ihr Profil. Der Blick war starr auf die hintere

Gartenmauer und die drei mickrigen Rosenbüsche gerichtet, die davor standen, aber er merkte, dass sie noch immer in den Himmel hineinhorchte, mit Ohren, die dafür wie geschaffen schienen. Das eine, das er sehen konnte, war so rund und fast so groß wie ein Kinderpopo. Der Wind wehte ihr das dichte glänzende graue Haar in Schwaden vors Gesicht. Sie hakte die Haarsträhnen hinter den Kinderpopo. Noch immer mit dem Blick auf die Mauer sagte sie:

»Sie sind gierig, grausam und diskret, o ja. Trifft das zu?«

»Ja«, antwortete Roberts.

»Wir werden sehen«, sagte Mrs Bloom. »O ja.«

Das war drei Jahre her. Seither überbrachten Roberts und Nestor zwei- bis dreimal die Woche Botschaften für Mrs Bloom, drohten und schikanierten für Mrs Bloom. Sie hatten Türen eingetreten, Fensterscheiben kaputtgeschlagen, Leute an den Haaren gezogen, ihnen Revolverläufe in den Mund gesteckt, sie am Hals gepackt, ihnen ins Gesicht gespuckt, ihre Haustiere angezündet – alles für Mrs Bloom. Immer simple, anspruchslose Aufträge.

»Ein Superweib«, sagte Roberts zu Nestor, als sie sich wieder mal bei Mrs Bloom einen Namen und eine Adresse abgeholt hatten und in den Wagen stiegen. »Findest du nicht?«

Nestor beschäftigte sich angelegentlich mit seinem Sicherheitsgurt.

»Na?«

»Sie ist schon in Ordnung«, sagte Nestor.

»In Ordnung? *In Ordnung?*«

»Sie ist nett.«

»Nett!«

»Ach, hör doch auf. Sie ist alt.«

»Aha«, sagte Roberts. »Der Mutterkomplex.«

Nestor wollte das Gespräch beenden.
»Jaha.«
»Du willst nicht zugeben, dass du gern deine Mutter flachlegen würdest, das ist es doch, nicht?«
»Jaha«, sagte Nestor.
»Alles klar«, sagte Roberts. Und blinzelte verständnisinnig.

Dabei hätte er sich schwer getan, Mrs Blooms Alter zu schätzen. Ihr Haar war grau, aber dabei unheimlich schön; es war dicht und kräftig. Haar zum Hineintauchen und Drinherumrollen, Haar zum Überwintern, ja zum Darinsterben.

Roberts griff nach der leeren Schachtel: Loving Care. Seine Frau hing über dem Badewannenrand, sie trug Plastikhandschuhe und spritzte sich schwarzen Schmadder in die nassen Haarzotteln am Hinterkopf.
»Warum nimmst du dieses grässliche Zeug?«, fragte er.
»Um das Grau abzudecken«, sagte Patsy.
»Hast du gar nicht nötig«, antwortete Roberts. »Mir gefällt's so, wie es ist.«
»Mach die Tür zu, wenn du rausgehst«, sagte Patsy.

Mrs Blooms Gesicht war vom Leben gezeichnet, aber faltenlos, das Gesicht einer Frau, die einiges eingesteckt hat und immer wieder aufgestanden ist. Und deren Augen man ansah, dass sie es inzwischen gewohnt war, öfter auszuteilen, als einzustecken. Als sie bei ihrer ersten Begegnung diese Augen auf ihn gerichtet hatte, wäre er am liebsten losgelaufen. Zu ihr hin und weit von ihr weg. Sie waren unergründlich, blau und wild. Sie sogen ihn ein und stießen ihn ab, befahlen ihn zu sich und hielten ihn auf Abstand.
»Wir werden sehen, o ja.«

Und er hatte sich verliebt, so rettungslos, wie ein Unternehmertyp sich nur verlieben konnte. Am liebsten hätte er sich auf Dauer zu ihren Füßen niedergelassen. Auch jetzt noch, drei Jahre später, musste er seinen Knien energisch das Einknicken verbieten, wenn er neben Mrs Bloom stand.

Tatsächlich – ein Superweib! Sie hatte die ganze Welt im Sack, nichts konnte sie bremsen. Als Halbwüchsige hatte sie ihr Geld damit verdient, Ladendiebe zu beklauen. Vorher hatte sie die Jungs und Mädels in der Vorschule gezwungen, das Schulessen, das sie schon bezahlt hatten, bei ihr noch mal zu kaufen. Wie die Frau bei dem Seminar vom Industrieministerium zu Roberts gesagt hatte – dazu musste man geboren sein, und für Roberts war Mrs Bloom in dieser Liga einfach die Allergrößte.

Eine Unternehmerin reinsten Wassers.

Sie hatte fast alles ausprobiert, nur nicht die ehrliche Masche. Sie klaute grundsätzlich alles. Jeden Bissen, den sie aß, jeden Fetzen, den sie trug, jeden der Tausende von Bänden, mit denen sämtliche Räume ihres Hauses zugebüchert waren, alles, was es nicht umsonst gab, hatte sie gestohlen oder stehlen lassen. Selbst beim Atmen hatte man den Eindruck, dass sie die Luft stahl, sie rasch runterschluckte, ehe jemand anders sie sich nehmen konnte. Sicherheitssysteme und technische Neuerungen hatten gegen sie keine Chance, sie knackte jeden Code, jede Anlage. Sie war dahintergekommen, dass man einen Fiat mit den Scheibenwischern von einem Mini aufkriegt und die Stereoanlage im Auto decodieren kann, wenn man sie über Nacht in die Tiefkühltruhe legt. Große Teile der Cayman-Inseln gehörten ihr, noch ehe sie den Atlas geklaut hatte, um festzustellen, wo sie lagen. Sie dealte in Leitrim mit gestohlenem Heroin, ehe man in Dublin davon überhaupt gehört hatte. Alles ohne sich in ihrem Garten von ihrem päpstlichen Sessel (während der Kollekte bei der Papstmesse im Phoenix Park 1979 einer Frau aus Tallaght unter dem Hintern weggeklaut, o ja) auch nur einen Schritt wegzubewegen.

Roberts war total verrückt nach ihr.

»Steht dir«, sagte er zu Dymphna, der die Perücke immer wieder ins Gesicht rutschte.

»Scheußlich«, sagte Dymphna. »Wer will schon graue Haare?«

»Psst«, sagte Roberts. »Behalt sie auf. Mir zuliebe.«

»Ich schwitze am Kopf.«

»Komm, sei nicht so. Bei der nächsten Tankstelle kauf ich dir ein Magnum.«

»'ne Knuspertüte.«

»Meinetwegen«, sagte Roberts. »O ja.«

Ein Mr Bloom war, soviel Roberts wusste, nicht vorhanden, war wohl gestorben oder verspeist, lag vielleicht unter den Rosenbüschen. Auch kleine Blooms gab es nicht, keine Fotos in der Diele oder Küche, kein Spielzeug oder sonstige Anzeichen von Enkeln. Es gab nur sie in ihrer ganzen Pracht und Herrlichkeit. Und Mrs Blixen.

Mrs Blixen gab Roberts Rätsel auf. Zuerst hatte er sie für das Dienstmädchen gehalten. Beim ersten Mal hatte Mrs Blixen ihn durchs Haus in den Garten geführt und mit Mrs Bloom allein gelassen. Aber ein Dienstmädchen in einem Haus des sozialen Wohnungsbaus? Robert hatte überhaupt noch nie ein Dienstmädchen in einem Privathaus erlebt, nur einmal in einem Puff in Kinnegad. Dann hatte er sich überlegt, ob sie vielleicht Schwestern waren. Das schien schon logischer, nur sahen sie sich überhaupt nicht ähnlich und nannten sich beim Nachnamen.

»Und Mrs Blixen hat den Tee gebracht, o ja.«

Außerdem war da Mrs Blixens Akzent. Der irgendwie eigenartig und nach Ausland klang. Bei seinem zweiten Besuch hatte Roberts sie auf dem Weg durch die Küche gefragt, wo sie gelebt hatte, ehe sie nach Irland gekommen war.

»Ich hatte eine Farm in Afrika«, hatte sie gesagt.

»Wie schön.«

»Am Fuß der Ngong-Berge.«

»Toll«, hatte Roberts gesagt. »Und wie viel davon ist stillgelegte Fläche?«

Danach war ihm der Gedanke gekommen, sie könnten ein Liebespaar sein.

»Was meinst du?«, hatte er Nestor gefragt.

»Nein«, sagte Nestor.

»Und warum nicht?«

»Sie tragen Strickjacken«, sagte Nestor.

»Da ist was dran«, sagte Roberts. »Aber soll das heißen, dass alle Frauen, die keine Strickjacken tragen, lesbisch sind?«

Nestor schwieg.

»Hab ich dich jetzt verwirrt?«, fragte Roberts.

»Ja«, sagte Nestor.

»Kannst du dir vorstellen, dass sie's miteinander treiben?«

»Nein«, sagte Nestor.

»Versuch's doch mal«, sagte Roberts. »Mach die Augen zu.«

»Nein.«

»Jetzt komm schon«, sagte Roberts. »Augen zu.«

Nestor gehorchte.

»So. Kannst du's dir vorstellen?«

»Nein.«

»Ich auch nicht. Kannst sie wieder aufmachen«, sagte Roberts – was Nestor freute, denn er saß am Steuer.

Mrs Bloom und Mrs Blixen hatten nichts miteinander, aber irgendwas stimmte nicht mit den beiden, er kam nur nicht dahinter, was es war. Er vermutete, dass es was mit den vielen Büchern zu tun hatte, die im Haus rumstanden. Manchmal hatte er das Gefühl, dass sie mit ihm spielten, aber dagegen hatte er ja nichts. Die Vorstellung, ein Spielzeug für diese beiden Weibsleute zu sein, machte Roberts ganz hibbelig und hielt ihn wach, bis es Zeit zum Aufstehen war, und das fand er überhaupt nicht schlimm.

Es dauerte, bis Nestor sich ein Hemd ausgesucht hatte.
»Bisschen Beeilung«, sagte Roberts.
»Ich such eins, das mir passt.«
»Beeilung, Mann!«
»Kann ich nicht das Trikot einfach wenden?«
»Nein.«
Roberts versuchte, seine Unruhe zu verbergen, aber es fiel ihm nicht leicht. Er hatte noch nie einen Auftrag an die Wand gefahren, bisher war bei ihm immer alles glatt gegangen und gerechterweise musste er das auch Nestor zugestehen. Er hatte keinen Schimmer, was passieren würde, wenn er durchs Haus nach hinten zu Mrs Bloom ging und ihr meldete, dass sie den Toten erschossen hatten. Natürlich würde er Nestor die Schuld geben, was nicht mehr als recht und billig war. Schließlich war es sein Finger, der am Abzug gelegen hatte. Aber ob er damit aus dem Schneider war? Und im Grunde wollte er auch nicht, dass Nestor dafür büßen musste. Er mochte Nestor. Ein ordentlicher Junge, ein bisschen dämlich, zugegeben, aber sehr zuverlässig. Und lieb zu seiner alten Mutter.

Wieder guckte er sich den Toten an, von dem er so verdammt wenig wusste. Name: Reynolds. Adresse: Hinter dem verfallenen Cottage, o ja. Nachricht: Sie haben etwas, was Mrs Bloom haben will.

Das war alles. Keinen Dunst, was Mrs Bloom hatte haben wollen. Geld? Drogen? Informationen? Es konnte Gott weiß was gewesen sein. Heroin, ein Ratschlag, seine Frau, Schuhe – sinnlos, im Wohnwagen rumzusuchen. Was immer es war, hier war es nicht, davon war Roberts überzeugt.

Sie haben etwas, was Mrs Bloom haben will.

Schüchtert ihn ein.

Guckt ihm streng in die Augen.

Packt ihn am Revers, falls vorhanden.

Haut ihn mit dem Gesicht gegen die Wand.

Verpasst ihm einen Rippentriller.

Zeigt ihm die Kanone.

Das Übliche.

Wie es jetzt weiterging, war völlig offen. Roberts wusste nichts über den Toten. Überhaupt nichts. Und plötzlich begriff er, dass er auch über Mrs Bloom nichts wusste, nichts Brauchbares. Er kannte sonst keinen aus ihrer Organisation. »Sie sind mir empfohlen worden«, hatte sie gesagt, aber bis heute wusste er nicht, von wem. Er bereute jetzt, dass er nicht nachgehakt hatte.

Ein anderer Gedanke machte sich hinterrücks an Roberts heran und gab ihm eins über den Schädel, so dass er fast neben dem Toten auf dem Vorleger zu Boden gegangen wäre. Wenn Mrs Bloom auch nur ein Rädchen im Getriebe war? Auch nur eine Frau, die Nachrichten überbrachte? Ebenso unwissend und belanglos wie Roberts? Und ebenso entbehrlich?

Nicht zu fassen, dass er sich das noch nie überlegt hatte. Wie hatte er bloß so blöd, so nachlässig sein können! Verdammt, wenn das kein Eigentor war ...

Roberts setzte volles Vertrauen in die Wirkung seiner

Persönlichkeit. Er war ein gut aussehender Mann, das war ihm schon oft gesagt worden, und zwar meist von Frauen, die er nicht dafür bezahlt hatte, so was zu sagen. Aber das gute Aussehen allein machte es nicht. Dass es still wurde, sobald er einen Raum betrat, lag an seiner Persönlichkeit, das stand für ihn inzwischen felsenfest.

»Und es ist wirklich nicht nur mein Aussehen?«

»Nein«, sagte Dymphna.

»Nein«, bestätigte Roberts. »Es ist mehr. Und ich sag dir was, Dympers – wenn du's auf Flaschen ziehen könntest, würde dir das ein Vermögen einbringen.«

Wahrscheinlich kam es aus der gleichen Quelle wie seine unternehmerischen Talente: Es war ihm in die Wiege gelegt worden. Und zwar reichlich.

»Starke Persönlichkeit. Acht Buchstaben. Erster Buchstabe C.«

»Charisma«, sagte Patsy.

»Danke.«

Seit Jahren kriegte Roberts mit seinem Charisma Türen auf und Beine breit, ganz selten mal hatte es ihn im Stich gelassen. Weich eingebettet irgendwo in seinem Hinterkopf steckte die Überzeugung, dass er sich für den Fall, dass er mal Ärger mit Mrs Bloom kriegte, notfalls mit seinem geschmeidigen Charme aus der Klemme ziehen konnte. Zugegeben, es würde ein hartes Stück Arbeit werden, sie mit den Augen und Ohren von den Flugschneisen wegzukriegen, aber zu schaffen war es. Bestimmt. Aber wenn sie nun gar keine Rolle spielte? Wenn er aufs falsche Pferd gesetzt hatte?

»Beeilung!«

»Komme schon.«

Roberts gab dem Toten einen Tritt.

»Hättest du nicht in Deckung gehen können?«, zischte er ihn an.

Er holte noch mal aus, trat aber nicht mehr zu. Mit dem ersten Tritt hatte er genug Dampf abgelassen. Und er hatte seine guten Schuhe an. Inzwischen war sein Vertrauen zu Mrs Bloom wiederhergestellt. Sie hatte keinen über sich, der Chef war sie selber. Todsicher.

Nestor erschien in einem schmuddelig weißen T-Shirt mit der Aufschrift CHOOSE LIFE – wähle das Leben.

»Sehr sinnig«, sagte Roberts.

Ihm wurde schon besser.

Nestor hatte das zusammengerollte Fußballtrikot in der Hand.

»Schieb dir das in die Hose und hilf mir bei dem Ding da«, sagte Roberts, während er versuchsweise noch mal den Gasheizofen anschubste. Nestor griff sich eine Hand voll alter Zeitungen von dem Stapel in der Ecke, um sein Trikot einzuwickeln. Dann hielt er inne und guckte erschrocken. Und fing an, in dem Stoß zu blättern.

»Da steht ja nichts drauf«, sagte er. »Überhaupt nichts. Das ganze Papier von dem Stapel da ist leer.«

»Wie dein Hirn«, sagte Roberts.

»Am besten hauen wir ab, ehe die Polizei kommt«, schlug Nestor vor.

»Die Polizei, das sind doch wir, du Pfeife«, sagte Sergeant Roberts von An Garda Siochána, der irischen Nationalpolizei. »Aber du meinst die *guten* Kollegen, ist schon klar. Jetzt komm.«

Er machte die Tür auf.

»Tschüs«, sagte er zu dem Toten. »Meld dich mal wieder.«

Der Wohnwagen wackelte wie ein Lämmerschwanz, als sie ausstiegen. Garda Nestor machte die Tür hinter ihnen zu.

Zweites Kapitel
von Conor McPherson

Oberflächlich betrachtet schien mit Gary Reynolds alles in Ordnung zu sein.

Es war der erste freie Tag, den er jemals genommen hatte, und da mähte er den Rasen. Noch dazu rührte sich der Rasenmäher kaum. Es war eins von diesen alten Geräten, die man noch selber schieben musste; er hatte ihn im Schuppen gefunden, als sie eingezogen waren. Er musste geölt und überhaupt einmal durchgesehen werden, aber Gary kannte sich mit so etwas überhaupt nicht aus. Natürlich hätte er sich auch einen neuen Rasenmäher besorgen können. Er hätte jetzt einfach losgehen und einen kaufen können, wie ein Erwachsener im wirklichen Leben, dem es erlaubt war, Geld auszugeben und Sachen zu kaufen. Aber die Männer in Eisenwarenläden machten ihm Angst. Die meisten Menschen machten ihm Angst. Bankangestellte, Bauarbeiter, Ärzte und Krankenschwestern, Barkeeper. Sie wussten, wovon sie redeten. Sie durchschauten ihn. Sie waren erwachsen und hatten alles auf der Reihe, wohingegen Gary sich fühlte wie neun oder zehn.

In Wahrheit war er zweiunddreißig und hatte satte dreißig Kilo Übergewicht. Sich zu wiegen war aber etwas, das Erwachsene taten. Wenn man wusste, wie viel man wog, musste man Diät machen, und solche Entscheidungen hießen, dass man Verantwortung übernahm. Man bestimmte selbst über sein Leben. Allein die Vorstellung davon machte Gary Angst.

Es ist alles in Ordnung. Das war seine Einstellung. Wenn es nicht kaputt ist, hau nicht mit dem Hammer drauf. Über seine Fehler nachzudenken brachte einen nur durcheinander. Dann stellte sich vielleicht heraus, dass wirklich etwas nicht in Ordnung war. Und dann musste man sich jede Menge Sorgen machen.

Also schob er den stumpfen Rasenmäher mit aller Kraft vor sich her. Er war schon seit ungefähr zwanzig Minuten dabei. Wenn er so weitermachte, würde er noch mindestens eindreiviertel Stunden brauchen, bis er fertig war. Es war kein besonders großer Garten, im Gegenteil. Aber es schien, als müsste er alles, was er schon gemäht hatte, noch einmal mähen. Das Gras war ganz ... verfilzt oder so. Dann und wann kam die Sonne heraus und briet ihn. Er blieb stehen und keuchte ein wenig. Er schwitzte stark. Aber er dachte daran, was Madelene sagen würde, wenn sie sah, dass er es geschafft hatte.

Er machte es nicht ihretwegen. Er machte es, damit sie danke sagen musste. Er wollte eine Reaktion aus ihr herauszwingen. Sie stritten sich schon wieder. Mit diesen kleinen Streits kam Gary klar. Die waren sicher, da kannte er sich aus.

Sie stritten sich mal wieder über das Übliche. Wie er mit ihrer Mutter geredet hatte, auf der Hochzeit von Madelenes Schwester am Samstag. Er wollte nie wirklich gemein sein, aber in letzter Zeit wurde er immer häufiger unfreundlich zu Madelenes Verwandten. Ein paar Bier, dann verschwand die verfluchte Unsicherheit, die ihn überkam, wenn er mit Leuten redete – Kellnerinnen, Leute bei der Telefonauskunft, Supermarktangestellte –, und er konnte endlich mal er selbst sein. Ein paar Drinks, und ihm war auch egal, wie er aussah. Er hatte sich in den Spiegeln in Pubs angeschaut. Neulich Nacht hatte er Luftgitarre zu einem Eagles-Song gespielt und sich in der Glastür des Porzellanschränkchens beobachtet, bis Madelene mit einem Hausschuh oder so was auf den Schlafzimmerboden gehauen und er betreten die Musik leiser gedreht hatte.

Er sang oft mit, wenn er über Land fuhr und Larry Gogan im Radio lief. Manchmal trommelte er dabei auch aufs Lenkrad. In solchen Augenblicken kam er sich vor wie Harrison Ford in *Der einzige Zeuge*, wenn der Sam-Cooke-Song losgeht und er auf das Wagendach schlägt.

Sein Job bestand im Verkauf von Urinalsteinen für die Herrenklos der Pubs. Sie verstänkerten ihm den Laster, sie verstänkerten seine Klamotten. Die Leute wussten immer schon, dass Gary da war, ohne sich umgeschaut zu haben.

Außerdem spielte er eine nicht näher definierte unterstützende Rolle in dem örtlichen Spar-Supermarkt von Madelene. Er fuhr für Madelene zum Großhändler, aber er kaufte nie verderbliche Waren – alles, was in seinem Laster mitfuhr, roch am Ende nach billigem Lufterfrischer. Das Urinalsteingeschäft war Gary von seinem Onkel Peter vererbt worden. Ein eigenes Geschäft anzufangen wäre für ihn viel zu erwachsen gewesen. All seine Kunden waren dieselben, die sein Onkel schon gehabt hatte. Er hatte nie versucht, zu expandieren oder jemanden einzustellen. Wenn ein Kunde nicht mehr wollte, dann eben nicht.

Es gab einen Pub am Rande Clonmels, in den er gar nicht gerne ging. Es war ein riesiger Laden, in dem tagsüber nichts los war, bloß Videospiele, die einsam vor sich hin zirpten und grunzten. Der Barkeeper und die paar Stammgäste waren Garys Horror. Leute, die vielleicht – und auch nur vielleicht – über ihn redeten. Wann immer er hereinkam, saßen dieselben vier dicken alten Kerle am Tresen und murmelten vor sich hin, manchmal fingen sie auch an zu kichern. Gary hatte einfach aufgehört, dort reinzugehen. Eines Tages fuhr er hin, aber dann fuhr er einfach direkt vorbei. Einfach vorbei. Er schaute nicht einmal zurück. Er fühlte sich schuldig, er schämte sich, aber nicht lange. *»Es ist alles in Ordnung«*, hämmerte es in seinem Kopf, immer schneller und schneller, bis es klang wie eine Alarmsirene und er den Laster anhalten und eine Kippe rauchen musste.

So drehte sich also sein Leben um die Sicherheit von Suppe und Sandwiches in Kleinstadthotels und um Ausflüge zum Großhändler in der Vorstadt. Und für Gary bargen all diese Tätigkeiten die düstere Nervosität eines schrecklichen Abenteuers.

Manchmal störte ihn diese Clonmel-Geschichte immer noch. Er fühlte sich dadurch weniger männlich. Wann immer das passierte, trank er sich in einen Zustand, in dem sich seine Wut gegen absolut alles richtete. Auf der Hochzeit von Madelenes Schwester hatte Madelenes Mutter beobachtet, wie er während des ausgefeilten Gitarrensolos in »Sweet Home Alabama« langsam vornüber auf den Tisch gesunken war.

»Garrett Reynolds, du bist betrunken«, hatte sie mit höhnischer Zufriedenheit gesagt, während die Gäste heraneilten und ihn aus einem Berg Roastbeef mit Kartoffeln hievten.

»Mrs Fenit«, hatte er geschafft zu blöken, »mir ist doch kackegal, was Sie glauben. Ich bin ein ...« – er versuchte, auf etwas Profundes und vielleicht sogar ein bisschen Heldenhaftes zu kommen – »ich bin ein Mann! Ich bin ein *Mensch*! Ich bin ein trauriger Mann und *ich brauche etwas Respekt*!«

Aber dann kippte er schon wieder zur Seite und knallte einer der Brautjungfern in den Rücken, bevor er schließlich mit einem lauten Furz auf seinem riesigen Hintern landete. Natürlich war es ihm nicht kackegal, was Mrs Fenit dachte. Es war ihm sogar ganz und gar nicht kackegal, was alle anderen dachten. Den Großteil der Zeit wünschte er sich, unsichtbar zu sein.

Trotzdem hatte er nicht vor, sich bei Madelene zu entschuldigen, und schon gar nicht bei ihrer Mutter oder irgendjemand sonst. Sich zu entschuldigen hieße, zuzugeben, dass etwas schief gelaufen war. Und wie kann etwas schief gelaufen sein, wenn immer alles in Ordnung ist?

So war das also, als er sich gegen den alten Rasenmäher stemmte und ihm der Schweiß über den Rücken lief. Jetzt brachte er wieder alles in Ordnung. In Wahrheit hatte er sich den Tag freigenommen, um Madelene zu verwirren. Er wollte, dass sie sagte: »Wieso stehst du nicht auf?« Und wenn sie das gefragt hätte, dann wäre er mürrisch und rätselhaft gewesen. Das hätte sie verunsichert, woraufhin sie gefragt hätte: »Gary? Geht es dir gut?« Und er hätte ja gesagt und das wäre es dann gewesen. Es wäre ihm gut gegangen und ihr wäre es gut gegangen und es wäre gewesen, als hätten sie sich nie gestritten. Aber dummerweise war es nicht so gelaufen. Es war überhaupt nicht so gelaufen.

Sie war aufgestanden. Er hatte dagelegen. Er hatte ungefähr eine halbe Stunde zugehört, wie sie vor sich hin rumorte. Dann hörte er die Haustür zuknallen. Er trat ans Fenster und sah sie noch in ihrem Opel Kadett wegfahren. Er hatte überlegt, ans Fenster zu schlagen, aber stattdessen hatte er sich nur mit den Händen auf den Knien auf die Bettkante gesetzt.

Jetzt, wo er den Tag freigenommen hatte – und daran war ja nichts Schlechtes –, hatte es auch keinen Sinn mehr, sich doch noch auf den Weg zu machen. Er saß in der Küche, aß eine Schüssel Frosties und schaute Sky News. Als die Stunde rum war und die Nachrichten sich wiederholten, kratzte er sich ein Weilchen, dann seufzte er, zog sich an und ging in den Garten, wo ihm der Einfall kam, den Rasen zu mähen.

Die ganzen Häuser um ihn herum. Alle leer, weil alle irgendetwas zu tun hatten. Aber er hatte auch etwas zu tun. Er kümmerte sich um seinen Garten. Was könnte schöner sein? *Ich bin ein Mann in seinem Garten, der den Rasen mäht.* Zuverlässig und gut gelaunt. Beschäftigt. Nützlich.

Er wollte gerade eine Pause machen und eine Instantsuppe essen, als er in der Ferne die Türklingel hörte. Sofort dachte er, dass es jemand wäre, der irgendwas verkaufte, und ihm war kaum (jemals) danach, dass jemand irgendetwas von ihm wollte. Er ging langsam durch die Terrassentür hinein, die Aussicht auf eine menschliche Begegnung bereitete ihm Unbehagen. Er stützte ein Knie auf die Couch im Vorderzimmer und neigte sich zum Fenster, um hinauszulinsen. Er erschrak so sehr, dass er tatsächlich rülpsen musste. Es waren zwei Bullen! Ein Mann und eine Frau. Ihr Ford Sierra stand vor dem Tor.

Sein Kopf fühlte sich an, als fülle er sich mit Luft.

Der tote Mann im Leichenschauhaus war definitiv sein Vater. Er war kleiner, als Gary ihn in Erinnerung hatte, und sein Mund sah komisch aus.

Sie hatten einander seit der Beerdigung von Garys Mutter Betty vor acht Jahren nicht mehr gesehen. Gary hatte eine Weile versucht, mit ihm in Kontakt zu bleiben. Aber wann immer er ihn auf einen Drink ausgeführt hatte, wirkte sein Vater unsicher und ablehnend, entgeistert über die Wendungen seines eigenen Lebens.

Tommy hatte gekündigt und sich eine Abfindung geben lassen, als Gary zehn und seine Schwester Margaret sieben waren, er hatte gesagt, er wolle seine eigene Firma aufbauen. Er hatte in der pharmazeutischen Industrie angefangen, als die Öffentlichkeit sich für Vitamine und Mineralien zu interessieren begann und die Apotheken zu Läden wie alle anderen wurden. Es hatte einen kommerziellen Boom im Medizinmarkt gegeben und Tommy war von Anfang an dabei gewesen. Er hatte zu einem außerordentlich erfolgreichen Forschungsteam gehört, das noch attraktivere Abnehmhilfen und Wundermittel produzierte.

Gary war nicht sicher, auf was Tommy gestoßen war, das er auf eigene Faust zu Geld machen wollte. Aber irgendwo im Hinterkopf spukte ihm herum, dass es etwas mit dem Stoppen des Alterungsprozesses zu tun hatte – die Leute würden nicht mehr vergreisen. Er verließ die Firma mit einem hübschen Sümmchen, von dem Garys Mutter ihn einen Teil in ein sicheres Geschäft investieren ließ. Dieses Geschäft war Peters Urinalsteinhandel, Garys kleine Erbschaft von seinem Onkel.

Gary erinnerte sich an seinen Vater als einen Mann, der wusste, was er wollte. Er war nicht verrückt, er schien damals ganz friedlich. Ein bisschen wie Val Doonican mit seinem Pullover und seinen Hausschuhen. Ein Mann, der am Weihnachtsmorgen stolz, mit leicht gespreizten Beinen, dastand und eine Zigarre rauchte, während Gary und Margaret den Berg Geschenke öffneten, den sie immer bekamen.

Er hatte sich mit seiner Geschäftsidee an mehrere Firmen gewandt, er war sogar ein paarmal bis nach England gefahren. Aber was auch immer es war, niemand wollte es entwickeln. Er wurde wie ein leicht Verrückter behandelt, ein Quacksalber. Die Leute rieten ihm, die Sache zu vergessen und zurückzukehren in das lukrative, abgesicherte Angestelltendasein, das er bisher auch immer genossen hatte. Aber stattdessen brütete er. Es waren dunkle Tage. Gary erinnerte sich, dass sein Vater durch das Haus stapfte, er machte lange Spaziergänge den Howth Head hinauf und manchmal wurde er sogar bissig zu Betty. Er war angeschlagen. So viel war klar. Und vielleicht kam er sich auch ein bisschen blöd vor. Ironischerweise trug die Investition, die er in Peters Firma gemacht hatte, zu dem Schlamassel bei. Die Schecks kamen, Geld war kein Problem, also musste

Tommy seinen Arsch nicht wirklich hochstemmen und sich Arbeit suchen. Er hatte schon immer gern einen getrunken und galt als echte Stimmungskanone, wenn er ausging – aber jetzt begann er fast jede wache Stunde in einem örtlichen Pub, dem Blind Beggar, zu verbringen.

Gary konnte sich vorstellen, was Tommy dort gefiel; immer dieselben Gesichter, und niemand hatte das Recht, über irgendeinen anderen zu urteilen, denn die meisten dort hatten es schon lange aufgegeben, irgendetwas zu erreichen. Und dort hatte er an einem verregneten Winternachmittag Patricia kennen gelernt, eine geschiedene Frau in den Vierzigern, die gerade aus Zürich oder Frankreich oder sonstwo nach Irland zurückgekehrt war. Vielleicht auch aus Belgien. Und in dem brackigen Dreckwasser eines dreitägigen Besäufnisses hatte er sie auf den Mund geküsst.

Gemeinsam, Hand in Hand, waren sie zu Tommys Haus getaumelt, wo Margaret im Flur Lego spielte. Patricia war versehentlich auf ein kleines Legohaus getreten, während Tommy Betty seine hundsgemeine Entschuldigung hinnuschelte. Sie waren in den Regen hinausgegangen und Betty hatte sich immer wieder die Hände abgewischt, bevor sie hinter ihnen die Straße hergerannt war, sie hatte an Tommy gezerrt und ihn angefleht, heimzukommen und wieder nüchtern zu werden. Aber Tommy hatte sich aus ihrem Griff gewunden und Betty war auf dem Gras ausgerutscht und hatte sich den Knöchel verstaucht.

Sie war nach Hause gehinkt, nach oben gegangen und hatte drei Tage geweint. Die Nachbarin von nebenan, Mary O'Gorman, brachte Gary und Margaret zu essen. Sie sahen den ganzen Tag fern. Nachts konnte Gary seine Mutter weinen hören. Er verkroch sich dann unter das Bett und drückte seine Stirn gegen die kühle Scheuerleiste. Eines Morgens wurde es gerade hell, als er Margaret neben sich krabbeln spürte, sie schnaufte – es war die erste Dämmerung, an die er sich erinnern konnte.

Mit der Zeit erholte sich Betty ein wenig. Sie hatten gute Nachbarn und ihre Familie unterstützte sie. Aber Tommy Reynolds kehrte niemals zurück. Je länger er wegblieb, desto beschämender wurde der Skandal und desto schwerer wäre es gewesen zurückzukehren. Er zog in ein Ferienhäuschen, das Patricia von ihren Eltern geerbt hatte. Es lag am Fuße der Dubliner Berge. Er ging in den Wäldern spazieren, kratzte Moos von den Bäumen, sammelte Rinde und Steine. Er verbrachte viel Zeit in der örtlichen Bibliothek und im Pub. Jeder, der damals mit Tommy sprach, erinnerte sich an merkwürdige Konversationen über Menhire, Grabhügel, Dinge auf dem Land, die organisch, natürlich, uralt waren. Er tat allen ein wenig Leid. Er lebte mit Patricia zusammen, bis ihre Leber sie im Stich ließ. Nach ihrem Tod hatte ihre Familie Mitleid mit Tommy und überließ ihm den Anhänger hinten im Garten, damit sie das Häuschen verkaufen konnten, aber niemand kaufte es je. Er lebte also in einem Schuppen hinter einem heruntergekommenen Schuppen. Und jetzt war jemand gekommen und hatte ihn erschossen und er war tot.

»Ist das mit Sicherheit Ihr Vater?«, fragte die hübsche Polizistin. Gary nickte. Sein Vater tat ihm Leid, aber gleichzeitig fand er all das schrecklich peinlich, typisch für ihn. Er fühlte sich gedemütigt. Er ging Margaret anrufen.

Gary saß vorne, Margaret hinten. Die hübsche Polizistin fuhr. Sie hatte Gary ihren Namen genannt, aber er konnte sich nicht daran erinnern. Niemand sagte etwas.

Margaret war Tommy nicht so nahe gewesen wie Gary. Er war überrascht, als er sie tatsächlich die Leiche berühren sah. Und als sie sich ihm dann zuwandte, waren ihre Brillengläser mit heißen Tränen verschmiert. Sie umarmte Gary. Er schaute zu Boden.

Jetzt fuhren sie durch Carrickmines. Dann und wann knisterte das Funkgerät. Die Polizistin ignorierte es. Gary wandte sich um und schaute Margaret mit einem traurigen kleinen Lächeln an, er zog die Augenbrauen hoch, als wollte er sagen: »Verrückt! So ist das also! Also wirklich!« Margaret lächelte schwach zurück. Sie war mit einem Lasterfahrer verheiratet. Der war immer auf dem Kontinent. Sie hatte zwei kleine Kinder in der Grundschule. Sie rief Gary öfter an als er sie. Einmal hatten sie sich ein Jahr lang nicht gesehen. Manchmal blieben ihre Kinder bei Gary. Es waren stille, gut erzogene Kinder. Gary war einmal mit ihnen ins Kino gegangen. Erst als er ihnen danach Burger mit Fritten kaufte, fand er heraus, dass sie den Film schon gesehen hatten.

Sie fuhren eine kurvige Straße hinauf. Gary sah, wie sich zu seiner Rechten Dublin ausbreitete. Die Polizistin hatte ihr blondes Haar straff zu einem kurzen Pferdeschwanz zurückgebunden. Sie hob den Arm, um den Sitz ihres Haarbands zu überprüfen, und Gary schaute ihr in den kurzen Ärmel. Weißer Spitzen-BH, ein paar Stoppeln unter dem Arm. Er fragte sich, ob sie einen Freund hatte. Er fragte sich, ob der auch bei den Bullen war. Wahrscheinlich schon. Die blöden Säue. Wahrscheinlich machten sie im Sommer ein Grillfest, den ganzen Garten voller Bullen. Alle mit ihren Rugby-Tops, und dann hielten sie ihre kleinen Papptellerchen in den Händen und ihre Bud-Flaschen. Schweine. Gary fühlte sich der Polizei überlegen. Er sah es vor sich, wie sie sich Soße auf die Jeans kleckerten, wie sie in die Blumenrabatten kotzten, während sein Vater in seinem Anhänger gequält wurde.

Sie bogen in einen kleinen Weg ein und blieben vor einem winzigen Häuschen mit zerbrochenen Scheiben stehen.

»Ach du Scheiße!«

Es war wirklich ekelhaft. Der vergammelte Wohnwagen war mal weiß gewesen. Jetzt war er grau, orange und schwarz. Sie stiegen auf eine alte Milchkiste und standen dann nebeneinander in der stinkigen Wärme. Es gab ein kleines, ungemachtes Sofabett, einen runden Lederhocker, einen Ofen, in dem ein Bräter voller kaltem Fett stand, ein paar Regale, und Zeitungen lagen da und dort auf dem Teppich. Margaret ging wieder hinaus.

Eine Wand war mit getrocknetem braunem Matsch bedeckt, genau wie der halbe Boden.

»Der Barkeeper von einem Pub in der Nähe hat angerufen, um herauszufinden, ob es ihm gut ginge. Sie hatten ihn seit ein paar Tagen nicht gesehen«, sagte die Polizistin. »Ich weiß nicht, ob es hier etwas gibt, was Sie haben möchten.«

Gary schaute sich eine Weile um. Die Polizisten hatten schon alles mitgenommen, was ihnen helfen konnte. Sie hatten jede Menge Notizbücher voll mit endlosen Kritzeleien und wissenschaftlichen Aufzeichnungen gefunden, alle völlig unlesbar. Die Bücher waren an die Leiter aller möglichen Physik- und Mathematikabteilungen verschiedener Universitäten verschickt worden, um herauszufinden, worum es in ihnen ging, falls es überhaupt um etwas ging. Tommy war immerhin ein gebildeter Mann. Aber bisher hatten sie noch kein Ergebnis.

»Hier hat irgendwas Schweres gestanden.« Die Polizistin zeigte auf vier kleine Eindrücke auf einem Teppichende. »Vielleicht ein Schränkchen – oder sogar ein Safe.«

»Ein Safe?«

»Na ja, vielleicht doch kein Safe. Ich glaube, es hatte Räder – oder Rollen. Aber was auch immer es war, es sieht so aus, als hätten sie es mitgenommen.«

Auf dem Herd stand eine kleine Pfanne, in der verklebte

Baked Beans lagen, auf die jemand eine Tomate gehackt hatte. Seitlich aus der kleinen Uhr über dem Herd sah Gary die Ecke eines Schwarzweißfotos rausragen. Er zog es heraus.

Darauf war Tommy abgebildet, wie er sich auf die Motorhaube des neuen Hillman Hunter, den er 1973 gekauft hatte, stützte. Er hatte die Arme verschränkt, und seine Pfeife ragte stolz über seinem quadratischen Kinn heraus. Ein achtjähriger Gary stand in fast identischer Pose neben ihm und strahlte schüchtern in Richtung der Kamera. Etwas abseits von ihnen stand Betty mit Margaret in den Armen, eine coole, schwarze Sonnenbrille und ein schiefes, geduldiges Lächeln im Gesicht.

Er schaute auf die Rückseite des Fotos. Darauf stand ein Datum. Juni 1948. Beinahe lachte er. Das war völlig falsch. Sein Vater war 1948 noch nicht einmal verheiratet gewesen. Er fragte sich, ob sein Vater vielleicht das Gedächtnis verloren hatte. Vielleicht war er ein bisschen verrückt geworden, hier draußen ganz allein?

Gary steckte das Foto in die Tasche und dann gingen sie wieder hinaus. Margaret rauchte, sie schaute hinüber auf den Wald und die hohen Berge. Gary blieb einen Augenblick neben ihr stehen. Die Polizistin schloss die Wohnwagentür, dann gingen sie.

»Das habe ich gefunden«, sagte Margaret. »In einer Milchflasche da drüben, vor der Tür.«

Sie hielt einen Notizzettel voll mit merkwürdigen, sinnlosen Worten, vielstelligen Zahlen und mathematischen Symbolen hoch – alle in ordentlicher schwarzer Schrift. Eine Zeile, in der stand: »*Y8S = +!*«, war mit rotem Kugelschreiber dick umkringelt. Sie war außerdem mehrfach unterstrichen.

»Was ist das?«, fragte Gary.

»Ich weiß nicht. Du?«

»Nein.«

»Sollten wir das vielleicht den Bullen geben?«

»Nee«, sagte Gary und steckte den Zettel in die Tasche. »Ist doch nett, was Persönliches von ihm zu haben. Selbst wenn wir nicht wissen, was es ist.«

»Du bist ja ein Brüller«, sagte sie, aber sie ließ es ihn behalten.

Als sie über das Feld zu dem Häuschen gingen, sah Gary eine Gasflasche an der Wand lehnen.

»Es ... es kann doch wohl kein Superser gewesen sein, oder?«

»Was?«

Gary zeigte auf den Kanister. »Ein Gasofen. Den sie geklaut haben.«

Die Polizistin grunzte. »Na klar ...«

Gary und Margaret saßen im North Star Hotel. Gary trank Whiskey, Margaret Tomatensaft. Gary hatte Madelene noch nicht angerufen. Wenn einem der Vater starb, war das verdammt echt und erwachsen. Damit musste man sich auseinander setzen, ganz klar. Also war Gary natürlich paralysiert. Der Whiskey brachte ihn dazu, auf einen Bierdeckel zu starren.

»Wer will schon einen alten Mann in einem Wohnwagen erschießen?«, fragte Margaret.

»Verrückte.«

»Da muss man schon ziemlich verrückt sein.«

»Es gibt jede Menge Verrückte. Die Leute wohnen hier oben in den Bergen.«

»Wovon redest du?«

»So verrückte ... Brüder, die hier oben ganz allein leben.«

»Wo oben?«

»Im Wald. Oben in den Bergen.«
»Wir sind in Irland, Gary.«
»Jemand, der nach Geld sucht.«
»Wie viel Geld wird er schon gehabt haben?«
»Ich weiß nicht. Vielleicht war er ja ein Geizhals.«
Sie lachte. »Ach ja? Mit einem Topf voll Gold, oder wie?«
»Wir wissen es einfach nicht. Das ist alles, was ich sage.«
»Wer dann?«
»Onkel Peter?«
»Ja, der vielleicht.«
»Mmmm. Vielleicht hat er auch was im Wald gesehen.«
Margaret seufzte. »Was denn? Einen Schatz?«

Er zog den Zettel noch einmal heraus, den sie gefunden hatte, und starrte ihn an. »Vielleicht hat das doch etwas damit zu tun. Was meinst du?«

»Ich bezweifle es«, sagte sie. »Das ist doch bloß Gekritzel. Guck es dir an.«

Gary guckte es sich an.

$$Y8S = +! \, E = MC^2 - b \pm \sqrt{\frac{b^2}{4\,ac}}$$

Er verstand es nicht. Für ihn war das auch alles Gekritzel.

Gary fand es gar nicht unangenehm, die Beerdigung zu organisieren. Da wusste er Bescheid. Es ging um Geld. Es ging darum, welche Zeit dem Priester passte. Es ging darum, ein Plätzchen zu finden, Blumen zu kaufen. Es ging nicht darum, sich tote Menschen anzugucken und darüber nachzudenken, dass man auch selbst sterben könnte. Es ging darum, am Leben zu sein und in einem Pub Sandwiches aufzutreiben.

Wenn man bedachte, dass Tommy ein normales Leben hinter sich gelassen hatte, um ein beschissenes anzufangen, lief es gar nicht schlecht. Margarets Verwandte, Madelenes Familie. Madelenes Mutter setzte ein trauriges Gesicht auf, aber Gary wusste, dass sie sich insgeheim freute, wie peinlich Tommys Leben geendet hatte. Dann waren da jede Menge alte Kumpel von Tommys Arbeit und Gary fiel auf, dass er selbst eigentlich keine Kumpel hatte. Er fragte sich, wieso ihm das noch nie aufgefallen war und was zum Teufel er eigentlich in seiner Freizeit tat. Ihm wurde klar, dass er sie irgendwie damit verbrachte, sich Sorgen zu machen. Er hing so ein bisschen beunruhigt in einer Bar rum und fuhr dann heim zum Tee.

Nach der Beerdigung saß er mit Onkel Peter im Pub.

»Typisch. Konnte nichts richtig machen. Konnte nicht mal wie ein normaler Mensch krepieren. Musste natürlich von einem Killer umgenietet werden. In einem Wohnwagen.«

»Wer würde das wollen, Pete?«

»Bei Tommy könnte es jeder gewesen sein. Kartenspieler. Prossis.«

»Prostituierte?«

»Er war ein einsamer Mann. Hätte doch sein können, oder nicht?«

»Ich weiß nicht.«

Peter seufzte. »Wer weiß das schon? Mir geht's wie dir, Gary. Es ist Jahre her.«

Er nahm einen Schluck und dann einen langen Zug an seiner Kippe.

»Er war ein guter Mann, Gary. Innen drin jedenfalls. Was auch immer er getan hat. Wie blöd auch immer er war. Das lag nur daran, dass er verwirrt war. Er war kein schlechter Mann ... bloß ein bisschen abgedreht.«

»Wir haben einen Zettel mit seiner Handschrift gefunden, Pete. Alle möglichen komischen Diagramme und so. Merkwürdige Zahlen.«

»Hast du den noch?«

Gary holte den Zettel aus der Tasche und reichte ihn rüber. Wieder fiel ihm der unterstrichene Teil in dem roten Kreis auf. *Y8S = +!* Was sollte das bloß heißen?

»Ich glaube immer noch, dass es irgendwas mit der Sache zu tun hat, Pete. Ich weiß nicht, wieso. Aber Margaret glaubt, ich habe Unrecht.«

Peter schaute sich den Zettel eine Minute lang an. Dann schüttelte er langsam den Kopf.

»Ich glaube, Margaret hat Recht, Junge«, lachte er leise.

»Wieso das?«

»Weil das nicht die Schrift deines Dads ist.«

»Oh.«

»Du wirst doch wohl noch die Schrift deines Alten kennen, oder?«

»Er hat mir nicht viel geschrieben.«

»Und was ist mit dir, Gary? Hast du ihm viel geschrieben?«

Gary sagte nichts.

»Nein«, antwortete Peter. »Ich auch nicht, Junge. Aber ich würde seine Schrift überall erkennen, und das ist sie ganz bestimmt nicht. Er hatte eine scheußliche Schrift. Wie eine verrückt gewordene Spinne oder so.«

Die Autopsie ergab, dass Thomas Stanislaus Francis Reynolds am Schuss einer großkalibrigen Pistole gestorben war, die ihn letztendlich über die ganze Wand verteilt hatte. Der Tod war sofort eingetreten. Gary war überrascht, zu erfahren, dass sein Vater mehrfach mit dem Verdacht auf Herzinfarkt ins Krankenhaus eingeliefert worden war. Er dachte daran, wie Tommy in einem Krankenzimmer gelegen hatte; niemand war ihn besuchen gekommen. Und zum ersten Mal seit langer Zeit weinte Gary.

Drittes Kapitel
von Gene Kerrigan

Garda Sergeant Joe Roberts schaute Detective Superintendent Andrew Andrews direkt in die Augen und sagte: »Leck mich am Arsch und such dir einen anderen Idioten für deine Drecksarbeit.«

Auf jeden Fall sagte er das in Gedanken. Tatsächlich sagte er im Flur des Polizeireviers, genau vor dem Verhörzimmer Nummer zwei: »Ja, Sir. Selbstverständlich, Sir. Sofort, Sir.«

Andrew Andrews' Eltern besaßen einen gewissen Sinn für Humor, eine von vielen Eigenschaften, die sie nicht an Andrew Andrews vererbt hatten. In den ersten Schuljahren pflegte er jeden zu verprügeln, der die Dummheit beging, sich über seinen Namen lustig zu machen. Mit der Zeit beherrschte er diese Übung sehr gut. Hinter seinem Rücken nannten ihn die anderen Rohrstock-Andy. In einem verrückten Anfall von Mut sprach ihn einmal ein Junge mit Rohrstock-Andy an, woraufhin ihm sein linker Arm gebrochen wurde. Andrew gab dem Burschen zwei Dinge mit auf den Weg: »Hör auf zu heulen und hör mir zu«, war das Erste. »Wenn du mich verpetzt, breche ich dir auch den anderen«, war das Zweite. Der Junge verpetzte ihn nicht, bis er sechsundzwanzig war, noch gelegentlich das Bett nässte und sein Hausarzt ihn zu Professor Anthony Clare überwies, der nach einigen Stunden behutsamer Nachforschung den Namen Rohrstock-Andy aus ihm herausbekam.

In seiner Jugend war Andrew Andrews unter seinen Altersgenossen in seiner Heimatstadt in Munster für kurze

Zeit als Rohrkrepierer-Andy bekannt, ein Spitzname, dessen Ursprung in der rachsüchtigen Gehässigkeit einer ehemaligen Freundin lag. Einer jener Altersgenossen, ein Kerl namens Padraig, ging ein paarmal mit dieser ehemaligen Freundin aus, wobei sie ihm den Spitznamen verriet, über den er sich gemeinsam mit seiner Schwester lustig machte, die ihn wiederum ihrer besten Freundin erzählte, welche ihn ihrem Verlobten erzählte, einem jungen Mann, der es unterlassen hatte, sie davon in Kenntnis zu setzen, dass er in einer leidenschaftlichen, heimlichen und eigentlich kurzlebig gedachten Affäre mit Andrews jüngerer Schwester Andrea verwickelt war. Eins führte zum anderen und ein paar Wochen später statteten drei Mädchen der örtlichen Klosterschule während der Mittagspause der Grotte der Jungfrau Maria ihrer Schule einen Besuch ab und fanden Padraig splitterfasernackt an die Statue der Grotte gebunden. Als er gefragt wurde, wer das getan hatte, zuckte Padraig nur zusammen. Danach nannte niemand Andrew Andrews jemals wieder Rohrkrepierer-Andy, nicht einmal im engsten Kreise oder in Gedanken. Stattdessen wurde er »dieser durchgeknallte Scheißkerl« genannt.

Zur Zeit dieses Vorfalles hatte Andrew Andrews die Schule verlassen und war in den Polizeidienst eingetreten. Groß und breit und vom Rugby mit einer anständigen Muskelpracht versehen, hatte er nie etwas anderes sein wollen als Polizist. Sein Weg die Karriereleiter hinauf verlief rasch und war erstaunlich. Von Zeit zu Zeit wurde hinter vorgehaltener Hand bemerkt, mit welcher Regelmäßigkeit Verdächtige in seiner Obhut eine Treppe hinuntergefallen oder gegen eine Tür gestoßen waren. In einem Schließfach in den Büros des Irischen Ausschusses für Bürgerrechte lagerte eine Akte bescheidenen Umfangs, die ausschließlich Andrews' Aktivitäten gewidmet war. Die zwei Bürger, die es gewagt hatten, bei der Beschwerdebehörde der Polizei eine formelle Klage einzureichen, sahen ihr Gejammer aus »Mangel an Beweisen« abgewiesen. Pech für die Bürger, denn als Andrews mit ihnen zu tun gehabt hatte, hatte er es unterlassen, dies in Sichtweite unabhängiger Zeugen zu tun. Einer der Bürger, der sich beschwert hatte, ein Softwarespezialist, war von da an in einem Zeitraum von sechs Wochen siebzehnmal mit seinem Wagen auf dem Weg zur Arbeit angehalten worden und schließlich, nachdem er aus dem Parkplatz eines Supermarktes geschert war, ohne in seinen Rückspiegel zu schauen, angezeigt worden. (Die Anzeige wurde fallen gelassen.) Der andere Beschwerdeführer, der jüngere Bruder eines bekannten Mitgliedes der fortschrittlichen Demokraten, war danach bei der Razzia einer Party in Ranelagh mit Stoff für zwei Joints in seiner Tasche aufgegriffen und wegen des Besitzes von Cannabis und Dealerei angezeigt worden. Seltsamerweise war dies die dritte Party in Folge, die der junge Mann seit seiner Beschwerde besucht hatte, sowie die dritte in Folge, bei der eine rigorose Razzia durchgeführt worden war. Da die Leute ihn nicht mehr zu ihren Partys einluden, kam sein Sozialleben einigermaßen zum Erliegen. Er musste 10 Pfund Strafe bezahlen und verlor seinen Job bei der National Irish Bank, wo er zwei Jahre lang für bevorzugte Kunden ruhig und effizient günstige Steuermodelle im Ausland arrangiert hatte.

Andrew Andrews erzielte Resultate. In bestimmten offiziellen Kreisen war er als genau die Sorte gewissenhafter Polizist geschätzt, die dringend gebraucht wurde, um den kriminellen Abschaum von der irischen Insel zu fegen. Die Kriminalbeamten in Zivil nannten ihn Renko. Die uniformierten Beamten jedoch, solche wie Sergeant Joe Roberts, nun, die sagten »Sir« zu Andrew Andrews.

»Haben Sie Ihr Notizbuch dabei?«, fragte Andrew Andrews Sergeant Roberts.

»Ja, Sir«, antwortete Roberts und griff an die Klappe seiner Brusttasche.

»Lassen Sie es stecken«, sagte Andrews. »Hier, nehmen Sie diese.« Er überreichte ihm eine Hand voll lose Blätter Schreibmaschinenpapier. »Nehmen Sie immer eins nach dem anderen. Setzen Sie sich. Der Verdächtige ist gerade am Schiffen, ich bin in einer Sekunde mit ihm zurück.«

Andrews ging weg. Roberts setzte sich an den Tisch. Zum Zwecke des Verhörs gestaltet, war das Zimmer bar jeder Verzierung, die dem Verdächtigen auch nur die geringste emotionale Unterstützung bieten könnte. Keine Bilder, keine Kalender, keine Poster, keine Anzeichen von Normalität. Eine einzelne nackte Glühbirne. Keine Fenster. Die Wände waren in einer neutralen Farbe gestrichen, in der Farbe von Zimmern, in die Ärzte kummererfüllte Verwandte führen, um ihnen zu sagen, dass sie alles in ihrer Macht Stehende tun würden, aber ...

Roberts trug oben auf einem Blatt Papier das Datum ein und schaute auf seine Uhr. Es war 18.25 Uhr. Annähernd zweiundsiebzig Stunden, seit Nestor sich aus dem Staub gemacht hatte. Sein Partner, mit dem er nach Dienstschluss im Sicherheitsdienst tätig war, schien seine Gefühle genau bis zu dem Punkt im Griff gehabt zu haben, als Mrs Bloom ruhig gefragt hatte: »Also, wer von euch beiden hat abgedrückt?«

Roberts sagte nichts. Nestor sagte: »Äh, das war so ...«, und für einen Augenblick hatte es den Anschein, als wollte er wieder seine Herzinfarkt-Erklärung vom Stapel lassen. Aber Mrs Bloom sagte, und zwar erneut sehr ruhig: »Geht jetzt, bitte. Beide.« Nestor drehte sich um und wankte auf wackeligen Beinen hinaus. Aus dem Korridor drang ein

Ton, der gut als Schluchzer hätte durchgehen können. Roberts sagte: »Es war ein Unfall, er wollte das Arschloch nicht erschießen.« Es überraschte ihn selbst, wie er sich aus reinem Mitleid derartig für einen Kollegen ins Zeug legte.

»Dies ist nicht das erste Mal, dass jemand einen Auftrag versaut hat«, sagte Mrs Bloom, wobei sie angestrengt auf den Boden starrte. »Damit wir nicht mit diesem bedauerlichen Vorfall in Verbindung gebracht werden, wird es einen routinemäßigen Säuberungsprozess geben. Solange jeder seinen Mund hält, sehe ich keinen Grund, in Panik zu geraten.«

»Danke«, sagte Roberts und fühlte sich sofort erleichtert.

»Gib mir die Waffe.«

»Ich wollte sie in den Fluss werfen.«

»Ich habe jemanden, der sich gründlich darum kümmern wird.«

Roberts verkniff sich eine Entgegnung, holte die Waffe hervor und händigte sie aus.

»Können wir uns auf Nestor verlassen?«, wollte Mrs Bloom wissen.

»Er ist ... er weiß ... ich will nicht andeuten ... er ist immer«, begann und unterbrach Roberts vier Antworten. »Er hat mich bisher nie im Stich gelassen«, sagte er schließlich mit müde gesenkter Stimme.

»Verstehe«, sagte Mrs Bloom. »O ja.«

»Worum ging es? ... Vielleicht geht es mich nichts an, aber was hat das alte Arschloch gehabt, das Sie haben wollten?«

»Ich schlage vor, du läufst jetzt deinem Kollegen hinterher und überzeugst ihn davon, wie wichtig es ist, seinen Mund zu halten und seine Nase nicht in Dinge zu stecken, die ihn nichts angehen.«

»Na schön«, sagte Roberts. »Na schön.« Er überlegte, wie er sich etwas bestimmter ausdrücken könnte. »Na schön«, sagte er wieder. »Sie melden sich?«

Mrs Bloom griff nach ihrem halb ausgefüllten Kreuzworträtsel der *Irish Times*. »Solltest du in dieser Sache noch einmal gebraucht werden, wirst du es erfahren«, murmelte sie.

Nestor befand sich weder draußen noch in seiner Wohnung. Roberts rechnete damit, ihn am nächsten Tag auf dem Revier anzutreffen, aber dazu kam es nicht, er meldete sich krank. Trotz einem Dutzend Telefonate und zwei Besuchen bei Nestors Wohnung war die Suche nach dem jammernden Polizisten von Misserfolg gekrönt und Roberts war gerade drauf und dran, einen dritten Ausflug zu unternehmen, als Detective Superintendent Andrew Andrews ihn auf dem Flur des Reviers abfing.

»Ich habe da einen kleinen Gauner, den ich zu einer Aussage überzeugen konnte«, sagte er. »Kommen Sie mit rein und nehmen Sie sie auf.« Das war der Moment, als Sergeant Roberts gesagt hatte: »Ja, Sir. Selbstverständlich, Sir. Sofort, Sir.« Man erlaubte sich bei Andrew Andrews keine Widerworte.

»Da haben wir den kleinen Gentleman«, sagte Andrews nun und schob den Verdächtigen ins Verhörzimmer. »Setz dich da hin und erzähl uns deine Version der Geschichte. Der nette Sergeant wird alles aufschreiben. Dann kann jeder nach Hause in seine eigene Hütte gehen, sei sie nun bescheiden oder nicht, und eine schöne Tasse Tee trinken. In Ordnung, Jason?«

Jason Dunphy war ungefähr fünfundzwanzig Jahre alt, hatte sehr kurzes Haar und einen dünnen Schnurrbart. Er trug eine dreistreifige, zerrissene, nachgemachte Adidas-

Trainingshose, die er an einem Marktstand gekauft hatte, sowie ein Oberteil von Nike, das er aus einem Apartment am Fluss hatte mitgehen lassen, kurz bevor er mit einem CD-Player, den gesammelten Werken von Garth Brooks und einer Familienpackung Kondome, von denen erst drei fehlten, durch das Schlafzimmerfenster verschwunden war. Als er mit Garth Brooks' komplettem, vorne in seine Jeans gestopften Œuvre über ein Geländer geklettert war, war der CD-Player unter seinem freien Arm weggerutscht, auf den Boden gefallen und in mehrere Teile zerbrochen.

Jason war nicht deswegen geschnappt worden, aber er bat darum, auch die CDs zu berücksichtigen, die zwei Tage später bei einer Durchsuchung seiner Bude gefunden wurden, als er für den Diebstahl eines Sony-Radios aus einem Honda Civic, der in einer Nebengasse der Pearse Street parkte, eingebuchtet wurde. Der Richter, ein Musikliebhaber, brummte ihm für das Sony einen Monat auf, zog allerdings für den Diebstahl der Garth-Brooks-CDs eine Woche ab.

»Ach, was soll das denn, verdammter Schwachkopf!«, blaffte Andrew Andrews.

Sergeant Roberts schaute auf und war überrascht. Der Superintendent hatte ihn gemeint, nicht Jason.

»Eins nach dem anderen, habe ich gesagt.« Andrews langte rüber und riß ihm die Blätter weg. Er schaute auf das oben eingetragene Datum und die Zeit, faltete die Blätter zusammen und warf sie beiseite. Aus einer Aktentasche zu seinen Füßen nahm er ein paar weitere Blätter heraus und legte sie sorgfältig auf den Tisch. »Immer nur ein Blatt, keine anderen darunter, legen Sie es zur Seite, wenn es voll ist, und fahren Sie auf dem nächsten Blatt fort.«

Roberts runzelte die Stirn, unsicher, ob Andrews ihn auf den Arm nehmen wollte. Dann dämmerte es ihm. ESD.

Der elektrostatische Detektor, diese Trickkiste, die Einkerbungen auf Papier zum Vorschein bringt. Seit den frühen achtziger Jahren waren durch dieses Gerät Geständnisse zunichte gemacht worden.

»Papier ist ein erstaunliches Material, Sergeant. Jedes Blatt erzählt eine Geschichte. Beinahe so empfindlich wie die menschliche Haut. Haben Sie das gewusst?«

Roberts legte ein einzelnes Blatt Papier vor sich, schrieb das Datum und die Zeit auf und fügte dann die Standardformulierung hinzu, die den Verdächtigen darauf hinwies, dass er nicht dazu verpflichtet war, etwas zu sagen. Eigentlich galt es offiziell als obligatorisch, diese Absicherung mündlich vorzutragen, aber in der Praxis wurde nach Gutdünken entschieden. (Andrews zum Beispiel war der Meinung, dass es den Gedankenfluss des Verdächtigen unterbrechen könnte.) Auf jeden Fall war eine Aussage, bei der versäumt worden war, den Verdächtigen auf seine Rechte hinzuweisen, vor Gericht keinen Pfifferling wert.

»Sein Name ist Jason Dunphy, er wohnt in einem der Häuser hinter der De Valera Avenue. Ich habe vergessen, wie die heißen«, sagte Andrews.

St. Anthony's Flats, sagte Roberts zu sich selbst, das Refugium des verloren gegangenen Eigentums. Wenn etwas vermisst wird, kann man sein Leben darauf verwetten, dass St. Anthony's weiß, wo es sich befindet.

»Wann wurdest du geboren, Jason?«, fragte Roberts.

Jason schaute ihn einen Augenblick an, so als würde er überlegen, ob Roberts vielleicht auch nur ein kleines bisschen Mitgefühl haben könnte. Sein Gesicht war blass, seine Hände zitterten leicht. Er hatte keine Kratzer, die Sergeant Roberts sehen konnte. Nach einem Augenblick schaute Jason weg und brummte: »16. Juni 1973.« Roberts schrieb das auf.

»Bloomsday«, sagte Andrews.

»Was?«, meinte Jason.

Roberts hielt inne. Für einen schrecklichen Moment glaubte er, er hätte Andrews »Mrs Bloomsday« sagen hören. Doch dann straffte er die Schultern und nahm das Schreiben wieder auf.

»Erzähl uns, Jason«, sagte Andrews, »wann hattest du beschlossen, dort einzubrechen?«

Jason schüttelte den Kopf.

»Es war eine ganz spontane Tat, oder? Du bist einfach so rumgefahren und hast dich umgeschaut, wo du einbrechen könntest, und bist zufällig dort vorbeigekommen. War es so?«

Jason zuckte mit den Achseln und nickte halb.

Roberts wusste, wie der Hase läuft. Sorgfältig schrieb er auf:

Am Tage der Tat bin ich herumgefahren und habe mich umgeschaut, wo ich einbrechen könnte. Dabei bin ich zufällig an diesem Ort vorbeigekommen.

»Was glaubtest du dort zu finden, Jason?«, fragte Andrew Andrews.

»Keine Ahnung«, sagte Jason.

»Geld, nehme ich an. Das soll ja im Ruf stehen, Wurzel allen Übels zu sein, nicht wahr?«

Jason zuckte erneut mit den Achseln. »Geld, ja, Geld.«

Ich hatte die Absicht, Geld zu stehlen, sollte ich welches finden.

Subjektiver Tatbestand. Guter Mann, Jason.

»Du hast die Tür aufgebrochen, nicht wahr?«

Jason nickte.

»Sprich lauter!«

»Ich habe die Tür aufgebrochen.«

Objektiver Tatbestand. Lieber Junge.

»Keiner da, oder?«

»Es war niemand da.«

»Was hast du dann gemacht?«

Jason saß einfach da.

»Was hast du gemacht, du dämliches, kleines Arschloch?«

»Ich bin reingegangen.«

»Du bist reingegangen?«

»Ich bin reingegangen.«

»Ziemliches Dreckloch, oder? Gab nicht viel, was sich zu stehlen gelohnt hat, richtig?«

Jason zuckte mit den Achseln.

»Sag es, du kleiner Scheißer.«

»Es gab dort nicht viel, es war ein ziemlicher Saustall.«

»Aber du hast immer noch geglaubt, es könnte Geld da sein, richtig? Oder dass wenigstens ein bisschen was zu trinken rumsteht. Ja?«

»Ich ...«

Andrews war im Begriff aufzustehen.

»Ich habe gedacht, es könnte was zu trinken da sein oder so«, sagte Jason.

»Und da stand eine Flasche Whiskey rum, nicht wahr?«

»Ja. Ich habe ein paar Schlucke getrunken. Während ich mich umgesehen habe.«

»Guter Junge, guter Junge. Wo hattest du die Pistole her?«

»Keine Ahnung.«

»Hast du sie mitgebracht oder war sie schon da, lag sie vielleicht auf dem Tisch oder in einer Schublade?«

»Ich glaube.«

Andrews deutete mit dem Finger auf ihn. »Streng dein Scheißgehirn an, kleiner Mann. Streng dein dämliches, nutzloses Scheißgehirn an oder wir müssen uns noch einmal unter vier Augen unterhalten!«

»Die Pistole lag auf dem Tisch.«

»Und?«

»Ich habe sie genommen.«

»Warum?«

»Sie lag einfach da.«

»Warum hast du sie genommen?«

»Für den Fall, dass jemand reinkommt, schätze ich.«

»Du wolltest sie benutzen, falls dich jemand beim Einbruch stören würde?«

»Ja.«

Subjektiver Tatbestand.

»Warum hast du ihn erschossen?«

Keine Antwort.

»Was hast du gerade gemacht, als er zurückkam?«

»Keine Ahnung.« Jason wurde immer ängstlicher.

»Vielleicht hast du nach etwas gesucht, was du stehlen könntest?«

»Keine Ahnung.«

»So war es, du kleines Arschloch!« Andrews stand auf, wobei sein Stuhl auf dem dreckigen grünen Linoleum einen schrillen Kratzlaut erzeugte.

Jason brachte die Worte nicht schnell genug heraus. »Okay, ich habe nach etwas gesucht, was ich stehlen könnte, ja. Ich glaube, ich habe eine Schublade durchsucht, als er reinkam.«

Andrews setzte sich langsam wieder hin und starrte ihn an. »Und dabei ist es passiert, richtig?«

Jason saß stumm da.

»Komm schon, Junge, rede es dir von der Seele.«

Was, ohne in irgendeiner Weise Zufall zu sein, der erste Satz war, den Andrew Andrews gebraucht hatte, als sein Verhör mit Jason Dunphy einen Tag vorher begann.

»Komm schon, Junge, rede es dir von der Seele.«

»Verpiss dich, ich habe nichts getan, du fettes Schwein«, hatte Jason blitzschnell erwidert. Unter seinen Kumpeln besaß Jason einen gewissen Ruf für seinen raffinierten Umgang mit den Bullen.

Andrews ging auf Jason zu und baute sich dicht vor ihm auf. Jason lehnte sich zurück. Andrews packte mit einer Pranke in Jasons Nike-Top und zog Jason daran so weit nach vorn, bis er die Hitze spüren konnte, die vom roten, verschwitzten Gesicht des kleinen Arschlochs ausströmte.

»Du kleines Stück Scheiße«, sagte Andrews ruhig. Und mit einem Brüllen, das aus seinem Bauch zu kommen schien, einem Brüllen, das der geschockte Jason buchstäblich durch seinen Schädelknochen rauschen hörte, fügte der Superintendent dann hinzu: »In deinem Kopf gibt es NICHTS, was mir verborgen bleibt! NICHTS, was ich wissen will, wirst du mir verheimlichen! NIEMAND wird dich schreien hören! Und wenn dich jemand hört, wird NIEMAND darauf achten! Du jämmerlicher, kleiner Scheißkerl, du gehörst MIR!«

Jasons Gesicht war immer noch verschwitzt, nun war es zudem auch noch blass.

Die Kunst, eine belastende Aussage oder ein lupenreines Geständnis zu erhalten, umfasst drei Phasen. Die Phasen zwei und drei, also die Aussage aufzunehmen und unterzeichnen zu lassen, sind ein Kinderspiel. Die wirkliche Arbeit liegt in der ersten Phase: den Willen des Verdächtigen zu brechen.

Was das Schlagen von Verdächtigen betraf, war Andrews vorsichtig geworden. Er hatte seine Regeln, er hatte seine Grundsätze. Niemals ins Gesicht schlagen, die Spuren sieht man. Der Kopf ist eine gute Stelle, die blauen Flecken bleiben unsichtbar, es sei denn, der Gauner ist kahlköpfig. Schienbeine sind gut, Nieren auch. Ziemlich viel Eindruck macht es, wenn man hinter dem Verdächtigen steht und ihm mit beiden offenen Handflächen gleichzeitig auf die Ohren klatscht. Sollten dabei Spuren zurückbleiben, so können sie recht glaubwürdig als selbst zugefügt abgetan werden. Doch man musste vorsichtig sein. Man konnte nie wissen, wer vielleicht durch die Tür kam, wenn man gerade seine Faust auf irgendwelche Nieren treffen ließ. Bei den meisten Kollegen konnte man sich darauf verlassen, dass sie sich in einem solchen Fall plötzlich intensiv für irgendetwas anderes irgendwo anders interessierten. Allerdings schwirrten bei der Polizei auch ein paar beschissene Vollidioten herum, die in ihrer späten Jugend zu viele Folgen von *Polizeirevier Hill Street* gesehen hatten. Ein paar von denen hatten schon eine weiche Birne davon, zu viel Schwachsinn über Nicky Kelly oder diesen anderen Dünnschiss gelesen zu haben, der von den West-Midlands-Jungs verzapft wurde. Meistens verwies ein direktes Wort solche Mädels in ihre Schranken, es bestand jedoch immer die Möglichkeit, auf einen kleinen Wichser zu stoßen, der sich in der verfickten Fair-Play-Rolle eines Frank Furillo gefiel.

Wie auch immer, während er seine Erfahrungen sammelte, hatte Andrew Andrews entdeckt, dass er Verdächtige nur selten wirklich schlagen musste, um Resultate zu erzielen. Es ist eine Lebensweisheit, dass du, wenn dich ein großer, finster dreinschauender Mann drohend anbrüllt, einen Adrenalinschub erfährst und sich dein Körper unfreiwillig gegen dich verschwört. Dein Gesicht wird blass, dein Blutdruck steigt und die Säure in deinem Magen bricht in alle Richtungen aus. Nach drei oder fünf Minuten wirst du mehr oder weniger dein Gleichgewicht wiedererlangen.

Es sei denn, der große, finster schauende Mann hat dich bis dahin zum zweiten Mal angebrüllt.

In diesem Fall werden deine Körperreaktionen noch unkontrollierter: Du wirst wahrscheinlich unfähig sein, das eigene Zittern zu stoppen.

Wenn er dich für gut fünf Minuten drohend anbrüllt, wirst du wahrscheinlich keine guten fünf Minuten haben.

Wenn er dich über einen Zeitraum von einer halben Stunde wiederholt drohend anbrüllt, wird dein seelisches Gleichgewicht flöten gehen und dein Gehirn nicht mehr wissen, wo oben und unten ist.

»Schau mich an, wenn ich mit dir rede, du erbärmlicher, kleiner Verlierer! ICH WEISS, dass du es getan hast, DU weißt, dass du es getan hast! Und jedes Mal, wenn du den Kopf schüttelst – da, Jason, du hast es schon wieder gemacht, du kleiner, stinkender Scheißhaufen. HÖR AUF, DEINEN SCHEISSKOPF ZU SCHÜTTELN – jedes Mal, wenn du den Kopf schüttelst, beleidigst du meine INTELLIGENZ, und ich lasse mich von dir verdammt noch mal nicht mehr beleidigen, hast du mich gehört? Nicke! Gut! Nicke! Na also! Wenn ich dir eine Frage stelle, dann nickst du, okay? Du nickst mit deinem Kopf, hast du mich verstanden? Schüttel noch einmal deinen Kopf, bei Gott, und ich binde deine Eier an die Stoßstange eines Streifenwagens und schleife dich der Länge und Breite nach durch den Phoenix Park!«

Der große, finster schauende Mann ist nicht nur groß und finster, er hält dich auch in seiner Höhle gefangen, in der er der König ist und dein eigener Status nach Lage der Dinge irgendwo unter einem Stück Scheiße liegt. Ohne seine Erlaubnis darfst du nicht fortgehen, keine Tasse Tee trinken und nicht auf die Toilette.

»Ich versuche dir zu helfen, Jason, und du machst es mir nicht gerade leicht dabei. Wir sprechen hier nicht über einen Griff in die Kasse des Tante-Emma-Ladens um die Ecke. Wir sprechen von einem Einbruch, einer Pistole und einer Leiche. Und je nachdem wie ich die Sache behandle, kann dabei vorsätzlicher Mord oder Totschlag herauskommen. Der Unterschied besteht für dich darin, ob du zwei Jahre lang deine Scheiße in Mountjoy auslöffelst oder fünfzehn Jahre lang in Portlaoise langsam verrückt wirst. Also hilf mir weiter, Jason.«

Wenn der große, finster schauende Mann nach Stunden der Dominanz, nach denen dein Körper so verbeult wie dein Kopf verängstigt ist, gerade wenn du denkst, er macht eine Pause, mit seinem Gesicht noch näher an deines kommt, so nah, wie du es nicht für möglich gehalten hast, und er dich derartig laut anbrüllt, dass das anfängliche Brüllen in der Erinnerung zu einem zärtlichen Flüstern wird, dann ist es an der Zeit, allmählich darauf zu achten, dieses Monster zufrieden zu stellen, damit er wieder eine Form der Normalität einkehren lässt.

»Ich habe es nicht getan!«

»Scheiße, ich WEISS, dass du es getan hast, Jason, und du wirst hier nicht rauskommen, ehe du mir erzählt hast, wie es passiert ist.«

Du weißt nicht, ob das noch Stunden oder Tage dauern wird. Selbst der unbescholtenste Bürger wird in dieser Situation anfangen, nach einem Ausweg zu suchen. Und bei den Menschen, die Andrew Andrews in seine ganz persönliche Mangel nahm, handelte es sich in aller Regel nicht um die unbescholtensten Bürger. Die meisten waren des einen oder anderen Verbrechens schuldig, wenn nicht sogar desjenigen, dessen Andrews sie schließlich bezichtigen würde. Schuld aller Art schwächt die Entschlossenheit, und die anhaltende Gewissheit, dass der große, finstere Bulle von deiner Schuld weiß und es keine Erlösung geben wird, bis du zustimmst, eine Aussage zu machen, bietet dir letzten Endes lediglich einen Ausweg. Also stimmst du nach und nach zu, eine Aussage zu machen.

Die zweite Phase beginnt und du nickst und zuckst mit den Achseln und sagst, was von dir erwartet wird, belastest dich widerwillig selbst, würdest aber noch widerwilliger die relative Behaglichkeit der Phase zwei gegen einen Rückfall in Phase eins eintauschen. Ein Polizeibeamter nimmt alles schriftlich auf. Solltest du nicht gerade Lust auf einen krassen Rückzieher verspüren, steckst du nun so tief in der Scheiße, dass es kein großer Akt mehr ist, dich zur Unterzeichnung der Aussage zu bewegen.

Manchmal hat es nicht funktioniert; der Verdächtige hat auf einen Punkt an der Wand gestarrt und Andrews und seinesgleichen konnten schimpfen und ihm den gelegentlichen Haken in die Nieren versetzen, ohne weiterzukommen. Bis der Wille eines verängstigten Mitgliedes der provisorischen irisch-republikanischen Armee gebrochen war, wenn man es denn überhaupt schaffte, konnten vierundvierzig Stunden unter Einsatz von einiger Muskelkraft vergehen; um einen Taschendieb so weit zu bringen, konnte es eine halbe Stunde dauern. Einschließlich einer Auszeit für ein kleines Nickerchen (Andrews schlief, Jason lag die ganze Nacht wach und lauschte jemandem in der Nachbarzelle, der betrunken jammerte, er habe seinem Vater nicht den Arm brechen wollen) dauerte es etwas mehr als siebenundzwanzig Stunden, bis sich Jason Dunphy nickend dazu bereit erklärte, eine Aussage zu machen. Das war der Zeitpunkt, als Detective Superintendent Andrew Andrews Sergeant Roberts ins Verhörzimmer Nummer zwei rief, um die Drecksarbeit zu übernehmen, eine Zusammenfassung von Jasons Worten niederzukritzeln.

Das Schlimmste ist nicht die Angst vor Schlägen, sondern vielmehr die Reduzierung des Verdächtigen auf ein Wesen mit flatternden Nerven, gedemütigt, von seinen eigenen Reaktionen beschämt, sein Wille durch die Dominanz des großen, finster dreinschauenden Polizisten aufgelöst, gebrochen und auf kleiner Flamme geschmort.

Der Verdächtige glaubt nicht, dass das Geständnis standhalten wird. Wenn es außer der totalen Unterwerfung keinen anderen Ausweg mehr gibt, redet sich der Verdächtige ein, dass es ein raffinierter Plan wäre, alles zu sagen, was der Polizist hören will, zum Teufel damit, und dass er, sobald er den Fängen des Polizisten entkommen ist, jedem erzählen wird, wie es wirklich zu dem Geständnis gekommen ist, und jeder wissen wird, dass es dadurch null und nichtig ist. Allerdings glaubt niemand, dass ein unschuldiger Mensch ein Geständnis unterschreiben würde. Um das zu glauben, müsste man sich auch vorstellen können, dass ein altgedienter Polizeibeamter einen Verdächtigen derartig behandelt, wie es unsere zivilisierte Gesellschaft niemals zulassen würde. Eine entsetzliche Vorstellung.

Meistens ist der Verdächtige schuldig; viele widersetzen sich nur pro forma, der gelegentliche Gang ins Gefängnis ist Teil ihres Berufsbildes. Manche sind des Verbrechens, dessen sie verdächtigt werden, unschuldig, haben aber die Woche davor etwas ausgefressen, so dass im Großen und Ganzen ausgleichende Gerechtigkeit herrscht. Wenn es allerdings um ein großes Ding geht, um eine wirklich bedeutende Straftat, durch die der Verdächtige in eine höhere Liga mit härteren Strafen aufsteigt, dann sträuben sich Jason und Konsorten, ein Eingeständnis zu machen.

Jetzt befand sich Jason auf der Zielgeraden, mitten in Phase zwei, kurz vor dem Geständnis. Stimme allem zu, was der verrückte Scheißkerl von einem Bullen sagt, bringe es hinter dich, lass es vor Gericht darauf ankommen.

»Wenn du es dir von der Seele redest, wirst du dich besser fühlen.«

Jason seufzte. »Okay.«

»Du hattest die Pistole in der Hand, als er hereinkam.«

»Ja.«

»Er hat dich erschreckt.«

»Ich habe einen Schreck bekommen.«

»Du wolltest nicht abdrücken.«

»Das Ding ging irgendwie los.«

»Und du hast den ganzen Ärger und sogar den Tod eines Menschen in Kauf genommen, nur um einen Scheißheizstrahler zu bekommen.«

Der Stift in Roberts' Hand machte einen Ruck und ritzte ein kleines Loch in das Blatt.

»Geht es Ihnen ... gut, Sergeant?«, fragte Andrews.

»Tut mir Leid, Sir.«

»Ich kann es Ihnen nicht verdenken, wenn Sie schockiert sind. Was ist nur aus unserer Welt geworden? Der *Evening Herald* wird sich darauf stürzen: ›Für einen Heizstrahler getötet‹. Sie hatten mit dem Reynolds-Fall nichts zu tun, oder, Sergeant?«

»Äh ... Nein, Sir. Ich habe davon nur in der Zeitung gelesen und im Revier gehört. Gestorben, erschossen, in einem Wohnwagen, nicht wahr?«

»Wirklich schrecklich, was aus Dublin geworden ist, der Stadt von Swift und O'Casey und Joyce und Brendan Behan und Yeats sowie dem kleinen Jason Dunphy, und der stürzt sich wie ein Aasgeier auf solche harmlosen alten Kerle wie Tommy Reynolds und erschießt den armen Mann für einen Scheißheizstrahler.«

»Wie haben Sie ... was ... wann haben Sie ... äh, Sie wissen schon ... wie haben Sie ihn geschnappt?«

»Ermittlungsarbeit erstes Semester, Sergeant. Ich habe die Namen von ein paar Gaunern bekommen, die auf dieser Schiene reiten, kleine Wichser, die raus aufs Land fahren oder in die Außenbezirke der Stadt und alles klauen, was nicht niet- und nagelfest ist, besonders von älteren Opfern, und dann zurück in ihr Rattenloch laufen. Unser Jason hier ist dafür bekannt, die Hilflosen auszuplündern. Nicht wahr, Jason? Ich habe angefangen, diesen Armleuchtern Besuche abzustatten, und er war Nummer drei auf der Liste. Und tatsächlich, kaum bin ich in Jasons sehr bescheidene Bude spaziert, sah ich den Heizstrahler. Er wollte mir weismachen, er hätte ihn gebraucht gekauft.«

Für einen Moment sah Jason so aus, als wollte er gleich etwas sagen, aber dann änderte er seine Meinung.

»Also habe ich seine Bude auf den Kopf gestellt und die Pistole in einem Aktenkoffer unter seinem Bett gefunden. Er hatte sie natürlich noch nie gesehen. Nach und nach gab er zu, den Heizstrahler geklaut zu haben, aber er behauptete, ihn auf einer Baustelle am Artane Way geklaut zu haben. Erst als Jason und ich uns irgendwie persönlich näher gekommen sind, hat er eingesehen, dass es keinen Sinn macht, mir dämliche Geschichten aufzutischen, nicht wahr, du Armleuchter?«

Roberts schaute Jason an. Die Augen des Verdächtigen waren auf den Boden gerichtet.

»Er wollte mir erzählen, am Tag des Mordes zu Hause krank im Bett gelegen zu haben, aber nach und nach haben wir eine Vereinbarung getroffen. Stimmt doch, Jason, oder?«

Jason biss sich auf die Lippe.

»Lassen Sie mich mal hören, was Sie haben«, sagte Andrew Andrews. Sergeant Roberts nahm die zwei Blätter, auf die er das Geständnis gekritzelt hatte. Mit trockenem Mund begann er zu lesen:

»*Aussage aufgenommen von Sgt. Joseph Roberts. In meiner Anwesenheit wurde der Verdächtige am 02. 12. 98 um 18.30 Uhr von Det. Sup. Andrews auf seine Rechte hingewiesen. Sie sind nicht verpflichtet, etwas zu sagen, es sei denn, es ist Ihr ausdrücklicher Wunsch. Alles, was Sie sagen, wird jedoch schriftlich festgehalten und kann als Beweismittel gelten. Bei dem Verdächtigen handelt es sich um Jason Dunphy, wohnhaft in St. Anthony's Flats, De Valera Avenue, Dublin, geboren am 16. 06. 73:*

Am Tage der Tat bin ich herumgefahren und habe mich umgeschaut, wo ich einbrechen könnte. Dabei bin ich zufällig an diesem Ort vorbeigekommen. Ich hatte die Absicht, Geld zu stehlen, sollte ich welches finden. Ich habe die Tür aufgebrochen und bin hineingegangen. Es war niemand da, alles war leer. Ich habe mich nach möglichem Diebesgut umgeschaut. Es war ein ziemlicher Saustall. Ich habe ein paar Schlucke aus einer Flasche Whiskey getrunken, die sich dort befand. Auf dem Tisch habe ich die Pistole gesehen und sie an mich genommen. Ich wollte sie in der Hand haben für den Fall, dass jemand zurückkam und mich packen wollte. Als ich gerade eine Schublade durchsucht habe, ist die Tür aufgegangen und ein Mann hereingekommen. Er hat mich aufgeschreckt. Ich habe die Pistole in der Hand gehalten, einen Schreck bekommen und ihn erschossen. Die Pistole schien von allein losgegangen zu sein. Ich habe nur den Heizstrahler mitgenommen.

Mir ist diese Aussage vorgelesen worden und ich bestätigte ihre Richtigkeit.«

»Dann hätten wir das, Jason. Sei ein guter Junge und setz deine Unterschrift drunter.«

In Jason schien ein letztes Fünkchen Willenskraft aufzukeimen. »Ich will meinen Anwalt sehen«, sagte er.

»Selbstverständlich. Unterschreib die Aussage hier unten, dann machen wir eine kleine Pause und ich sehe zu, ob ich ihn erwischen kann.«

»Hören Sie, ich glaube, ich sollte ...«

»Sergeant, würden Sie uns bitte für ein paar Minuten allein lassen?«

Roberts stand auf. Mit Blick zurück auf den Verdächtigen, bewegte er sich widerwillig auf die Tür zu.

Jason starrte geradeaus. Nach vielleicht einer halben Minute lief eine Träne über seine Wange. Mit einer Wut, die mehr gegen ihn selbst als gegen seinen Peiniger gerichtet war, wischte er sie weg. »Okay«, sagte er. »Okay.«

»Setzen Sie sich wieder hin, Sergeant, ruhen Sie Ihre Beine aus«, sagte Andrews.

Sorgfältig setzte Jason seine verschnörkelte Unterschrift unter das zweite Blatt Papier.

»Guter Junge.«

Jetzt, da Jason mit der Unterschrift seine Seele verkauft hatte, besaß Andrews ein Druckmittel, um ihm Geständnisse zu weiteren, diesen Fall betreffende Straftaten zu entlocken. Wenn man den Verdächtigen dazu bringt, für eine Tat ein ernsthaftes Geständnis abzulegen, hat man ihn an der Angel. Man sollte nicht von ihm verlangen, die ganze Chose in einem Rutsch zu schlucken. Es ist nur eine Frage der Zeit und der Druckmittel und von beiden hatte Andrew Andrews eine Menge auf Lager. Jason mochte bocken und nichts weiter zugeben, dieser Fall war in trockenen Tüchern und Jason war festgenagelt.

Das Geständnis war wunderbar, es besaß alle notwendigen Elemente. Es gab *objektive Tatbestände* in Hülle und Fülle: die eingestandenen Gesetzesbrüche. Außerdem war der *subjektive Tatbestand* ermittelt worden: die böse Absicht. Es reicht schon aus, wenn der Verdächtige zugibt, irgendwo eingebrochen zu sein, besser ist es jedoch, wenn eine Aussage auch den *subjektiven Tatbestand* enthält, nämlich das Zugeständnis, dass er die Absicht hatte, etwas zu stehlen. Das Gleiche gilt, wenn der Gauner zugibt, jemanden erschossen zu haben; es ist schön, den *subjektiven Tatbestand* zu haben, das Eingeständnis, dass er die Absicht hatte, die Waffe zu benutzen, sollte ihn jemand überraschen.

Bei all den besserwisserischen Rechtsanwälten, welche Aussagen zerpflückten, die er für wasserdicht gehalten hatte, hatte Andrew Andrews die Techniken, um ein juristenfestes Geständnis zu erhalten, auf mühsame Weise erlernt. Dazu kamen die modernen elektronischen Tricks wie der ESD-Test, der jegliche Geheimnisse eines Blatts Papier, auf dem eine Aussage geschrieben worden war, sowie die Einkerbungen auf dem darunter liegenden Blatt zum Vorschein brachte. Ehe man sich versah, arrangierte ein cleverer Knallkopf von einem Anwalt wie Paddy McEntee einen ESD-Test und fand heraus, dass die Seite 4 einer Aussage vor der Seite 3 verfasst und ein belastender Absatz auf Seite 2 ein paar Wochen nach der angeblichen Unterzeichnung der Aussage eingefügt worden war. Andrew Andrews träumte von einem neuartigen Papier, das keine Geschichten erzählte. Manchmal kursierten Gerüchte in der Dubliner Unterwelt, dass es ein solches Papier tatsächlich geben könnte. Ein Bandenkönig hatte ihm von einem Kontakt erzählt, einem Schmalspurfälscher, der an einer speziellen Salbe arbeitete, die nach dem Auftragen den Alterungsprozess des Papiers beschleunigte, so dass es, auch bei einem noch so raffinierten Test, nichts entlarvte. Andrews machte es sich zu seiner Aufgabe, mehr darüber herauszufinden. So eine Substanz würde für einen einfallsreichen Polizisten genauso nützlich sein wie für einen Kriminellen. Doch bis dahin gab es nur einen Weg, dem ganzen Unsinn eines Verteidigers aus dem Wege zu gehen: immer eine Seite nach der anderen beschreiben, zur Vermeidung der verräterischen Spuren keine Blätter darunter legen und Mr Klugscheißer McEntee aus der Sache heraushalten.

»Okay, Jason, gut gemacht. Du hast es dir von der Seele

geredet. Jetzt machen wir erst einmal eine Pause, dann setzen wir uns an den Rest der Aussage und du erklärst uns, wie und warum du den Polizisten erschossen hast.«

Sergeant Roberts' Kopf zuckte hoch.

Jason Dunphy sagte: »Ach du Scheiße.«

»Oh, entschuldigen Sie, Sergeant, das konnten Sie natürlich nicht wissen«, sagte Andrews. »Ich habe es erst vor einer Stunde erfahren, gerade als unser Jason sich bereit erklärt hat, alles auszuplaudern.«

Jason sagte: »Hören Sie, ich ...«, und Andrews klopfte ihm mit den Knöcheln auf den Kopf. »Ruhe, du unverschämtes kleines Arschloch. Bis wir fertig sind, hast du noch eine Menge Gelegenheiten zum Reden.« Er nahm Jason am Arm und führte ihn aus dem Zimmer. In den zwei Minuten, die Andrews weg war, saß Sergeant Roberts einfach nur da und starrte mit laut pochendem Herz auf die Tür.

»Armer Garda Nestor, Gott hab ihn selig«, sagte Andrew Andrews, als er sich auf den Stuhl gegenüber Roberts fallen ließ. Er bot dem Sergeant eine Zigarette an. Roberts schüttelte den Kopf und bereute es sofort, als die Muskeln in seinem Nacken, steif wie Feuerhaken, vor Schmerz aufschrien. »Garda Nestor – es tut mir Leid, Ihnen das sagen zu müssen – wurde mit einem Kopfschuss tot im gleichen Wohnwagen aufgefunden, in dem wir auch den armen Mr Reynolds gefunden haben, möge der Herr ihm gnädig sein. Den ersten Berichten zufolge hat er seit mindestens zwei Tagen tot in diesem Saustall gelegen. Gott weiß, was er dort verloren hatte, er hatte mit dem Reynolds-Fall nichts zu tun, nicht mehr als Sie. Ein Schuss in den Kopf. Soweit ich mich mit solchen Dingen auskenne – und ich kenne mich damit aus, Sergeant Roberts, glauben Sie mir, ich kenne mich damit aus –, werden wir herausfinden, dass die Kugel, die Dr. Harbison aus dem Kopf des armen Garda Nestor holen wird, aus der gleichen Waffe abgefeuert wurde, die auch Mr Reynolds seinem Schicksal entgegenschickte. Aus der Waffe, die der kleine Armleuchter Jason unter seinem Bett liegen hatte.«

Roberts spürte, wie es in seinem Magen rumorte. Er setzte sich auf und holte tief Luft.

»Sieht so aus, als wäre Jason zum Wohnwagen zurückgekehrt, um sich noch einmal umzuschauen. Ich schätze, dass er mir genau das sagen wird, wenn ich mich noch einmal mit ihm unterhalte. Der arme Garda Nestor muss anscheinend auf eigene Faust Detektiv gespielt haben und – peng.«

Sergeant Roberts kam die Galle hoch.

»Mir wurde gesagt, dass er ein Freund von Ihnen war«, sagte Andrew Andrews. »Er war natürlich stockschwul, aber wir wollen keine abfälligen Bemerkungen über einen Kollegen machen, der so brutal aus unserer Mitte gerissen wurde. Eine Tragödie, anders kann man es nicht sagen.« Er seufzte und schaute Roberts direkt in die Augen. »Ich habe gehört, er hat Sie nie im Stich gelassen.«

Roberts stand plötzlich auf, eine Hand vor dem Mund, und taumelte Richtung Tür.

»Ein furchtbarer Verlust für die Polizei«, sagte Andrew Andrews noch, »und ein äußerst unglückseliger Verlauf der Dinge, o ja.«

Viertes Kapitel
von Gina Moxley

Sie dankte gerade im Stillen dem Erfinder nahtloser Strumpfhosen, als einer der Schinkenscheibenjungs an die Tür hämmerte. »Dymphna, Telefon!«

Soeben hatte sie einen Mittagsauftritt in einer Druckerei in der Nähe der Long Mile Road hinter sich gebracht. Ein Lithograph namens Mousey Doran ging in den Ruhestand. Dymphna hatte sich als diese Tennisspielerin verkleiden müssen, die sich am Hintern kratzte – offensichtlich das Lieblingsmotiv seines ganzen Berufslebens, wenn es ihm auch nicht so viel eingebracht hatte wie die selbst gedruckten Zusatztickets für das jährliche Boyzone-Konzert im Point Theatre.

»Hey, Dymphna, Telefon! Bist du da?«

Sie fluchte über die Studenten und Muttersöhnchen im Haus, die alle direkt aus der Polizeiakademie in Templemore hierher kamen.

»Ich komme!«, rief sie zurück und blieb mit der Strumpfhose an dem Superser hängen. »Mist!«

Der junge Polizeianwärter stand glotzend im Türrahmen. Er war so groß und breit, dass er den ganzen Treppenabsatz verdunkelte. Wenn er ein Stück Fleisch gewesen wäre, hätte man ihn sicher exportiert. Sie zwängte sich an ihm vorbei und drückte auf den Zeitschalter für das Licht im Flur.

»Mensch, Dymphna, du siehst ja echt stark aus«, lechzte der stämmige Junge aus Bantry, lehnte sich über das Treppengeländer und schaute ihr nach.

Sie schwenkte die Arme in der Luft, so dass ihr Kleid ihren halben Po hinaufrutschte, genau wie bei ihrer Doppelgängerin auf dem Poster. Er konnte es sich gut vorstellen, von seinem Platz aus aber nicht sehen. Sie wusste das. Tja, auf dieser Welt bekommt man nichts geschenkt, Schätzchen. An seinem Handgelenk baumelte eine Tüte von Spar und Dymphna hätte wetten können, dass sie ein paar eingeschweißte glänzende Schinkenscheiben und zwei weiche Tomaten enthielt. Davon lebten diese Jungs nämlich, wenn sie nicht gerade nach Hause zu ihrer Mama fuhren. Sie gehörten zu der Sorte, die es nie lernte, einkaufen zu gehen, und es vermutlich erst dann tun würde, wenn sie ordentlich verheiratet war. Dann würden sie diese typischen Pullover tragen, ihren souveränen Frauen ziellos durch die unbekannten Gänge des Supermarktes folgen und den Einkaufswagen mit einem so verwirrten Gesicht vor sich herschieben, als wäre das eine völlig neue Erfahrung für sie.

Dymphna Morkan wartete, bis er seine Zimmertür geschlossen hatte, und nahm dann erst den Hörer vom Telefon. Eine Laufmasche kroch an ihrem Oberschenkel hinauf und auf ihrer Wade kam ein hübscher Blutstropfen zum Vorschein.

»Hallo, Joe«, sagte sie, weil sie genau wusste, dass er es war, obwohl sie nicht mit seinem Anruf gerechnet hatte. Die wichtigen Geschäfte wurden per Handy erledigt und die Nummer hatte Joe Roberts nicht. Nur sehr wenige hatten sie.

»Dymphna«, keuchte er, »es gibt Schwierigkeiten. Große Schwierigkeiten.«

»Ich weiß«, antwortete sie. »Nestor. Ich hab davon gehört.«

»Hör mal, kannst du für mich beim Spar vorbeifahren?

Die haben da irgendein Problem. Ich brauch Zeit, um was zu regeln.«

»Es liegt am Griff, glaube ich. Das meint jedenfalls dieser junge Typ aus der Nachtschicht.« Die Geschäftsführerin des Spar versuchte, die kaputte Tür des Croissantofens zu reparieren. »Der Thermostat funktioniert dadurch nicht mehr richtig. Ein ganzer Schub ist verbrannt. Was soll ich jetzt machen, Dymphna?«

»Wie ich schon sagte, ich weiß es nicht. Ich bin nur Mr Roberts zuliebe hier. Er konnte nicht selbst kommen.«

Dymphna mäßigte ihren schroffen Tonfall. Die Frau war ein Wrack. Dennoch begann sie das Ganze zu langweilen. Sie hatten die Sache schon ein paarmal durchgekaut und ehrlich gesagt war ihr Wissen über Croissantöfen fast ebenso begrenzt wie ihr Interesse dafür. Der arme alte Roberts musste wirklich im Stress sein, wenn er sie Botengänge machen ließ. Im Laden fand sich allmählich die übliche Mittagskundschaft ein – Frauen in Bankerkleidung, Männer mit Anoraks über den Anzügen.

»Sehen Sie sich mal die Schlangen an. Alle wollen Brötchen. Was soll …?«

Das Telefon klingelte. Die Frau nickte Dymphna zu, damit sie einen Moment wartete. Dymphna stibitzte eine Kinderüberraschung und begann, die Schlagzeilen im *Evening Herald* zu lesen. Armer alter Nestor. Aber ein schönes Bild von ihm.

Erschossen in einem Wohnwagen. Was für ein Abgang. Ein Typ namens Dunphy war als Täter festgenommen worden. Sie kniff die Augen zusammen und überflog den Artikel. Hervorragender Polizeibeamter … schrecklicher Verlust. Und was war das? Irgend so ein Provinzler aus der Gegend hatte als Zeuge ausgesagt, er habe wenige Minuten vor dem Schuss zwei alte Damen mit ihm auf dem Feld gesehen.

Während sie wartete, dass die Geschäftsführerin vom Telefon zurückkehrte, bemerkte sie einen alten Mann, der die Mülltonne vor der Tür durchwühlte. Er hatte bereits eine Zeitschrift mit Tauschanzeigen eingesteckt und untersuchte jetzt die Plastiktüte, die Dymphna gerade dort eingeworfen hatte. Der Mann zog eine graue Perücke hervor und drehte sie ein paarmal herum, als wäre er sich nicht ganz sicher, was er da gefunden hatte. Er setzte sie auf, verkehrt herum, und begann vor den Passanten den Hampelmann zu spielen. Die Leute lachten, machten aber trotzdem einen weiten Bogen um ihn.

Dymphna schaute amüsiert zu und dachte an ein Erlebnis in Paris zurück – oder war es in Amsterdam? –, als sie vor einem schicken Café saß und einen älteren Mann sah, der seinen Lebensunterhalt mit einer großen, falschen schwarzen Ratte verdiente. Er stellte sich in Sichtweite der versammelten Kaffeetrinker an den Bordstein und hielt die Ratte unter seiner Jacke versteckt. Wenn er einen besonders modisch gekleideten oder dünkelhaften Passanten auf sich zukommen sah, nickte er der Menge verschwörerisch zu, wartete, bis ihn der ahnungslose Fußgänger erreicht hatte, sprang ihm dann brüllend in den Weg, schwenkte die Ratte vor seiner Nase und jagte ihm dadurch eine Heidenangst ein. Es klappte jedes Mal. Unglaublich, wie brüchig die Fassade der meisten Menschen ist, wenn sie von einer dämlichen Gummiratte zum Einsturz gebracht werden kann. Wenn sein Opfer dann gedemütigt davongestolpert war, ging er mit dem Hut bei den Cafébesuchern herum. Natürlich nahm er eine schöne Stange Geld ein. Mit so einer billigen Masche. Ein wahrer Entrepreneur. Dazu musste man geboren sein.

Wieder zurück am Ladentisch, hörte sie das Telefongespräch der Geschäftsführerin mit.

»Okay«, sagte sie gerade in den Hörer hinein, »ruf mich in einer Viertelstunde noch mal an. Ich weiß, es ist furchtbar, Gary. Ich kann dann besser reden.«

Gary stand im Hayes Hotel in Thurles, der Heimat der Gaelic Athletic Association – einem Ort, an dem er sich häufig besonders dick und unfit fühlte. Aber im Augenblick wusste er gar nicht, was er fühlte. Er nahm deutlich seine Füße auf dem Teppich wahr, so als könnte er den ebenen weichen Stoff durch die Schuhe hindurch spüren. Sein Herz schlug wie verrückt, sein Hemdkragen berührte seinen Hals und ein einzelner Nerv zuckte auf seinem Augenlid. Hatte er Hunger? Vielleicht sollte er ein Bier trinken. Wie ein Schlafwandler durchquerte er die Hotelhalle.

Letzte Woche um diese Zeit war noch alles in Ordnung gewesen. Dann war sein Vater erschossen worden und keiner wusste, warum. Und jetzt war auch noch ein Polizist im Wohnwagen seines Vaters umgebracht worden. Was hatte der Polizist mit seinem Pa zu tun? Wie konnte sein Leben so schnell aus den Fugen geraten?

Der in nikotingelbes Licht getauchte Salon war ziemlich leer – nur ein paar alte Damen mit Hüten, die an ihrem Kaffee nippten, und einzelne Bürotypen mit Tomatensuppen-Schnurrbärten. Im Radio lief der Wetterbericht. *Heute trocken bis auf gelegentliche Schauer.* Ein Sonnenstrahl fiel auf die Spinnweben, die über der Theke hingen. *Leichter Wind. Eine langsam heranziehende Kaltfront.*

Molly Ievers, die die Bar betrieb, trat mit einer Reihe randvoller Teller auf den Armen die Küchentür auf.

»Wo waren Sie bloß? Wir haben Sie schon Montag erwartet. Besser, wenn die Typen aus Tipperary was zum Zielen haben, sonst stinken die Klos immer so.«

»Mein Vater ist gestorben«, sagte Gary nur. »Er wurde erschossen.«

Bisher hatte er es noch nicht laut aussprechen müssen. Nicht so offen wie jetzt. Es klang so erwachsen. Aber sie hörte ihm nicht einmal zu. Sie huschte an der Bar entlang und servierte den Gästen ihr Mittagessen.

Die Nachrichten um eins brachten den Mord an Garda Nestor als Aufmacher. Sie zeigten einen Livebericht aus Tommys Wohnwagen, der im Fernsehen alt und trostlos aussah. Gary versuchte, dem Reporter zuzuhören, doch er konnte nicht alles verstehen. Polizisten durchsuchten auf Knien das Gras. »*Tommy Reynolds*«, sagte der Reporter. Der Name seines Vaters, da in den Fernsehnachrichten. Plötzlich stand die Barfrau mit gezücktem Bestellblock vor ihm. »Okay. Was möchten Sie?« *Dubliner Berge.* »Die Suppe ist hausgemachte Tomatencreme, Sandwiches wie üblich.« *Garda Bartholomew Nestor. Tödlich verletzt.* »Und das Tagesgericht ist Cornedbeef oder Hachse vom Lamm.« *Die Polizei befasst sich mit der Klärung der Todesursache.*

»Das Cornedbeef, bitte, und ein Guiness.«

Und schon war sie wieder weg, durch die Küchentür wie eine Pistolenkugel. *Der Tote war unverheiratet, er hinterlässt seine Eltern im fortgeschrittenen Alter. Die Ermittlungen werden fortgesetzt. Nichts wird unversucht gelassen.*

Er beobachtete die übrigen Gäste im Spiegel hinter der Theke. »Entschuldigung«, wollte er sagen. »Da in den Nachrichten geht es um meinen Pa. Ich bin Gary Reynolds, Tommys Sohn. Ja, *der* Reynolds, hören Sie auch zu, Lady, Sie da mit dem Hut, der wie ein Pilz aussieht?« Doch niemand schaute auch nur auf den Bildschirm. Alle waren zu beschäftigt damit, sich einen unidentifizierbaren Brei in den Mund zu schaufeln, zu nicken und sich mit Papierservietten den Mund abzutupfen; zufrieden, dass die Welt für sie hinter Thurles endete. Dann verdeckte ihm Molly die Sicht auf den Spiegel.

»Bitte schön, einmal Cornedbeef.«

Sie stand mit fünf Tellern vor ihm, die alle gleich aussahen. Er wusste, dass er sich einen davon nehmen sollte, hatte aber keine Ahnung, welchen. Lieber Himmel. Warum musste auch jede Kleinigkeit so schwierig sein? Halbherzig griff er nach einem Teller auf ihrem rechten Arm.

»Das ist die Hachse, Sie Dummkopf. Das Cornedbeef ist links.«

Woran konnte sie das nur erkennen? Mit zitternder Hand nahm er den Teller und verschüttete die Soße auf der Theke.

»Ganz ruhig, Junge, das Bier kommt gleich.«

Gary stellte das Essen vor sich ab und betrachtete sein verschwommenes Spiegelbild im Fettfilm auf der Soße. Er wusste wirklich nicht, was er wollte: heulen, kotzen oder Madelene noch mal anrufen?

Genau in diesem Moment rief die Barfrau seinen Namen. »Telefon für Sie, Dummrian!«

Er ging an der Theke entlang und nahm den Hörer ab. Dabei lief er rot an, denn inzwischen schauten alle zu ihm herüber.

»Hallo? Gary Reynolds? Hier spricht Gerty MacDowell, Sie kennen mich nicht. Ich arbeite im Anwaltsbüro von MacDowell, Boylan und Mulligan. Ihre Frau Madelene hat mir diese Nummer gegeben.«

»Ja?«

»Ich bin hier Hauptteilhaberin und habe Ihren verstorbenen Vater vertreten. Wie Sie sicher wissen, war er nicht gerade reich, aber er hat den klaren Wunsch geäußert, Ihnen etwas Persönliches zu vermachen. Es ist nur ein Buch, glaube ich, in einem verschlossenen Umschlag. Würden Sie vielleicht so nett sein, in meinem Büro auf der Westland Row vorbeizuschauen und es abzuholen, wenn es Ihnen passt?«

Sie legte sofort auf. Aus den Augenwinkeln sah er, dass die Leute immer noch zu ihm herüberschauten. Aus irgendeinem Grund redete er einfach weiter.

»Ja«, antwortete er. »Okay. Das mach ich. Ja.«

Er war fest entschlossen weiterzureden, bis sie alle woandershin blickten.

»Ja, mache ich. Ja. Ja. Ja.«

Leise verließ Dymphna Jason Dunphys Wohnung und wischte sorgfältig ihre Fingerabdrücke vom Türknauf ab. Nicht, dass sich die Cops die Mühe machen würden. Das wusste sie sicher. Sie tat es aus reiner Gewohnheit. Der Superser hatte in der Ecke gestanden und sie hatte schnell gefunden, was sie gesucht hatte.

Das Taxi blieb kurz hinter dem Wohnhaus an der Ampel stehen. Der Fahrer drückte die Knöpfe runter und kurbelte die Fenster hoch. Hier im Messerstecherland wollte er kein Risiko eingehen. Es hatte sich nicht viel verändert, seit Dymphna hier in der Gegend gewohnt hatte. Vom Rücksitz aus konnte sie sehen, wo sie aufgewachsen war – da drüben war der Balkon ihrer Tante Julia Morkan und ein Stück die Straße runter die Wohnung ihrer Cousine Evelyn. Nur noch selten kehrte sie hierher zurück. Sie hatte ihrer Mutter vor ihrem Tod versprochen, dass sie sich von hier fern halten werde. Das war schon vier Jahre her, drei davon hatte sich Dymphna daran gehalten. Meine Güte, sah es hier aus. Die gleichen Haufen von Plastiktüten um die Bäume – die paar jämmerlichen Bäume, die es geschafft hatten, stehen zu bleiben. Die gleichen Horden von jungen Typen auf Fahrrädern, die sich Zeichen zupfiffen und nach einem sinnvollen Zeitvertreib suchten. Ein paar standen mit Handys an der Ecke. An der Bushaltestelle drängten sich Frauen, die ihre Handtaschen fest umklammerten und sich zugleich umschauten und ihre Umgebung ignorierten. Die Läden, die kein Silberpapier verkaufen wollten. Ein vielleicht fünfzehnjähriger Junge hockte vor der Imbissbude – »Acht Chicken-Nuggets für ein Pfund!« – und schluckte hastig das Methadon eines anderen. Wellen der Glückseligkeit schwappten über sein kleines blasses Gesicht. Verräterisches Heroinpapier flatterte über den Gehweg. Eine armselige alkoholgeschädigte Gestalt bummelte vor dem Fenster des Schnapsladens entlang. Die größte Auswahl an Cider von ganz Irland.

»Soll ich am Kanal oder den Südring entlangfahren?«, wollte der Taxifahrer wissen.

»Kanal«, antwortete Dymphna und zog sich den Mantel um die Schultern. Hör auf, so notgeil in den Spiegel zu glotzen, und fahr den blöden Wagen.

»Es ist Ihr Geld.«

»Was meinen Sie damit?«

»Um diese Zeit ist der Kanal total zu.«

Sie schaute auf die Uhr – von wegen total zu, es war erst halb vier – und machte sich nicht die Mühe, ihm zu antworten. Er schaltete das Taxameter ein. »Mich juckt das nicht, Lady.« Als die Ampel auf Grün sprang und sie sich in Bewegung setzten, stolperte plötzlich ein Mann vor den Wagen. Der Fahrer bremste und drückte auf die Hupe. Der Mann wirbelte auf dem Absatz herum, als hätte er den Verkehr gerade erst bemerkt. Dann grinste er high, entblößte eine Zahnlücke und hielt einen Daumen hoch. Das ist das Schöne am Heroin, dachte Dymphna, es verändert nicht die Persönlichkeit, so wie der Alkohol manchmal. »Abschaum«, zischte Mr Total-zu aus dem Mundwinkel. Der Wagen bog um die Ecke und fuhr über die Brücke. Sie hatte selbst nie gespritzt, nur geraucht, sonst könnte sie inzwischen wahrscheinlich hervorragend pfeifen.

Eine halbe Stunde später hielt das Taxi vor Dymphnas oder besser Roberts' Haus. Als sie frisch hierher gezogen war, musste sie das Wort immer wiederholen. Rathmines. Wie ein Kind. Rathmines. *Rathmines.* Schreibe eine Billion verschiedener Sätze, in denen das Wort Rathmines vorkommt. Es gibt Bäume in Rathmines. Ich bin nach Rathmines geflüchtet. Ich liebe Rathmines und es liebt mich.

Das Taxameter war kaputt, deshalb berechnete der Fahrer den Fahrpreis nach einer Tabelle.

»Neun fünfzig.«

»Kann ich bitte eine Quittung haben?«

Sie reichte ihm einen Zehnpfundschein. Er steckte ihn ein.

»Ich hab meinen Quittungsblock gestern aufgebraucht.«

»Ich brauche eine Quittung für meinen Chef. Schreiben Sie sie auf einen Zettel.«

An den Wochenenden wurde sie von Bantam Lyons – einem von Roberts' Handlangern – zu ihren Auftritten gefahren. Unter der Woche machte sie nicht viele davon. Aber der in der Druckerei hatte ihr fast gefallen. Sie kam leichter durch, wenn alle nüchtern waren. Und schneller, wenn sich das Publikum keinen Mut angetrunken hatte, um sie zu begrapschen. Ärgerlich wühlte der Fahrer im Handschuhfach.

»Ich hab keinen Zettel.«

Vor ein paar Jahren hätte sie ein Typ wie dieser noch zur Weißglut getrieben. Sie gab ihm einen Zettel. Jetzt suchte er im Fach in der Tür, hinter den Sonnenblenden und entlang des Armaturenbretts.

»Ich hab keinen Kuli.«

Sie reichte ihm einen. Er kritzelte die Quittung und drückte sie ihr in die Hand.

»Danke«, lächelte sie und wartete. Er starrte sie wütend im Rückspiegel an.

»Wollten Sie hier nicht aussteigen?«

»Was ist mit dem Wechselgeld?«

Er gab ihr die fünfzig Pence in den kleinsten Münzen, die er hatte.

»Danke.«

Dymphna schwang sich aus dem Taxi und drückte einen dicken Kuss auf das Fenster an der Fahrerseite.

»Blöde Kuh!«

Sie notierte sein Kennzeichen. Wenn sich die Lage wieder etwas beruhigt hatte, würde sie Roberts dazu bringen, dass er mal ein Wörtchen mit den Leuten in der Fahrzentrale redete. Er würde schon dafür sorgen, dass er dann einen Scheißkuli hatte.

Zweimal in der Woche ging sie einer kleinen Putzarbeit nach. Nichts Großes. Nur das Haus in Ordnung halten, die Bücher sortieren, die Stufe vor der Haustür wischen. Mrs Bloom hatte es mit der Stufe. Sie musste blitzblank sein. Alles musste blitzblank sein. Sie war der Typ Frau.

Als Dymphna eintrat, saßen Mrs Bloom und Mrs Blixen im Wohnzimmer, tranken Wein und tauchten fröhlich Löffelbiskuits darin ein.

»Erfolg gehabt?«, fragte Mrs Bloom beiläufig über den Rand ihres Glases hinweg.

»Bingo!«, antwortete Dymphna und klopfte gegen ihre Tasche. Sie war erleichtert, gute Neuigkeiten überbringen zu können.

»Bingo ist gut«, rief Mrs Blixen, heute ohne den geringsten Akzent. Ein leises Anstoßen der Gläser. Keine übermäßige Reaktion.

Sie waren Schwestern. Zumindest Halbschwestern. Keine von beiden hatte je ihren jeweiligen Vater kennen gelernt. Pauline Bloom war die ältere der beiden – achtundfünfzig, obwohl sie nicht so aussah, und sie hatte die attraktiven Züge und das glänzende Haar ihrer Mutter geerbt. Betty Blixen hatte ihr Aussehen von einem Matrosen, dessen Name nie erwähnt wurde, falls er überhaupt bekannt war. Obwohl Mrs Blixen ein Jahr jünger war als ihre Schwester, benahmen sie sich wie Zwillinge.

In ihren Kindertagen kannte man sie als die Reillys. Da sie unzertrennlich waren, brauchte man sie nicht durch Vornamen zu unterscheiden. Sie hoben sich von den anderen Kindern auf der Straße ab, weil sie ständig lasen und Glücksspiele machten. Mit Vergnügen gaben sie sowohl die naive Prinzessin als auch die böse Hexe und nie ließen sie zu, dass ihre Armut ihre Phantasie einschränkte. Als Teenager schlichen sie sich dann ins Kino, zahlten nie und wurden nie geschnappt, die Mienen so unschuldig wie Butterblumen im Frühling. Als sie noch älter waren, lernten sie zwei Brüder kennen und heirateten sie: die Breslins, Dennis für Pauline und Joe für Betty. Doch die Ehe war nichts für sie, oder vielleicht lag es auch an den Männern, die sie sich ausgesucht hatten. Ohne eine große – oder besser, überhaupt eine – Erklärung abzugeben, zogen sie ein halbes Jahr nach der Heirat einfach zusammen in dieses Haus. Seitdem hatten sie sich nicht mehr vom Fleck gerührt. Die Welt kam zu ihnen.

Dymphna holte einen gefalteten braunen Umschlag aus ihrer Tasche. Von beiden Enden hing Klebeband herab. Mrs Bloom lachte wie üblich prustend auf.

»Sehr gut«, stellte Mrs Blixen fest und nahm den Umschlag entgegen. Sie öffnete ihn vorsichtig und warf einen Blick auf den Inhalt: ein einzelnes Blatt aus einem billigen Notizbuch, das mit seltsamem Gekritzel voll geschrieben war.

»Das war alles? Eine Seite?«

»Ja, das war alles.«

»Bist du sicher, Mädchen?«

»Ja, Mrs Blixen, ich bin absolut sicher.«

»Mist!«, rief die alte Frau. »Verdammter Mist! Nur eine Seite und die ist auch noch voll geschmiert!«

»Ruhig Blut«, sagte Mrs Bloom. »Ist eine Seite nicht besser als gar keine?«

Mrs Blixen saß einen Moment lang schweigend da. Dann nickte sie ihrer Schwester zu, die zurücknickte. »Sei so gut und reich mir das Buch mit den Eintragungen«, bat Mrs Bloom.

Dymphna nahm die abgenutzte *Ulysses*-Ausgabe aus dem obersten Fach und gab sie Mrs Bloom, während ihre Schwester die Weingläser auffüllte. »Möchtest du ein Gläschen?« Dymphna schüttelte den Kopf. »Nein danke, im Moment nicht. Ich werde mal weiterputzen.«

Sie trat in die Küche, zog ihre Gummihandschuhe an und ging zu dem einzigen Schrank, den sie hier je öffnete. Niemand besaß so viele Reinigungsprodukte wie Mrs Bloom und Mrs Blixen. Sie liebten Chlorreiniger und hatten mehrere Liter von dem Zeug, außerdem Fensterreiniger, WC-Frisch, Möbelpolitur, Messingpolitur, Gardinenweißer, Schrubber, Raumerfrischer mit Maiglöckchenduft, Stahlwolle, Scheuerlappen, Topfreiniger. Alles fein säuberlich für den Notfall eines Schmutzpartikels aufgereiht.

»Und wo genau war sie?«, rief Mrs Bloom zu ihr hinüber.

»Genau dort, wo Sie gesagt hatten, unterhalb der Zündflamme im Superser.« Chlorreiniger, Scheuerbürste, Schüssel. Dymphna kehrte ins Wohnzimmer zurück.

»Ehrlich gesagt war ich überrascht, dass der Superser überhaupt noch da war«, sagte sie. »Ich dachte, die Polizei hätte ihn als Beweismittel mitgenommen.«

»Och«, lachte Mrs Bloom in sich hinein. »Wir haben bei ihnen für einen kleinen Gedächtnisschwund gesorgt, wenn ich so sagen darf.«

»Aber woher wussten Sie, wo er war?«

Mrs Bloom blickte zu Dymphna hinüber und zwinkerte ihr zu. »Dublin ist eine kleine Stadt. Unser Freund Sergeant Roberts hat ihn an einen unserer Partner verkauft. An einen Geschäftspartner, könnte man sagen. Und der hat ihn dem armen Jason verkauft.«

Die beiden Frauen kicherten.

»Das ist Roberts' Schwäche«, meinte Mrs Blixen. »Er ist billig. Aber er kann nichts dafür.«

»O ja«, pflichtete ihr Mrs Bloom bei. »Billig und schlampig. Wir hätten lange nicht so viel Unannehmlichkeiten gehabt, wenn sie den Raum ordentlich verlassen hätten.«

Betty nickte zustimmend. »Du hättest mal sehen sollen, in welchem Zustand er war, Dymphna. Furchtbar ... schmutzig alles.«

Die Blicke der drei trafen sich und alle brachen in Gelächter aus. Mrs Bloom leerte die Weinflasche in das dritte Glas. »Hier, Liebes. Lass das mal stehen.« Sie nahm Dymphna die Schüssel und den Reiniger ab. »Damit ist es jetzt vorbei, mein Mädchen. Wir haben ab heute Abend eine neue Putzhilfe. Dir steht eine kleine Beförderung zu. Damit deine Talente besser genutzt werden können, o ja.«

Typisch Mrs Bloom. Wie immer hatte sie alles gut im Griff. Nicht, dass es Dymphna etwas ausgemacht hätte, weiterhin zu putzen. Sie hatte sogar festgestellt, dass sie sich dabei prima abreagieren konnte. Aber Mrs Bloom hatte Recht. Sie war lange genug Lehrling gewesen. Jetzt war es an der Zeit, auf der Karriereleiter wirklich nach oben zu klettern.

Als sie einige Jahre zuvor angefangen hatte, für Mrs Bloom zu arbeiten, hatte sie von ihr kaum genug Geld bekommen, um ihre Ausgaben zu decken. Der Rest kam auf ein gemeinschaftliches Kreditkonto, bis sie sich als fähig erwies, damit umzugehen. Das Kontobuch bewahrte Mrs Bloom auf, deshalb hatte Dymphna keine Ahnung, wie viel Geld auf dem Konto war. Sie vertraute Mrs Bloom. Ihr blieb auch keine andere Wahl. Bald begann sie mit den Strip-Auftritten für Roberts und zog in die Wohnung in seinem Haus. Es war ihre eigene Idee und eine raffinierte dazu. Mrs Bloom hatte dieser Schachzug gefallen: Eines ihrer Helferlein wohnte in einem möblierten Zimmer, das einem für sie arbeitenden korrupten Polizisten gehörte. Wie wunderbar! Es war ungeheuer nützlich, eine kluge Mitarbeiterin an Ort und Stelle zu haben, die ein Auge auf alles haben und das Geschehen beobachten konnte. Der ahnungslose Roberts hatte natürlich keinen blassen Schimmer und hielt sich für den Größten.

Dann hatte Dymphna mit den Dutyfreetrips begonnen. Ein Kinderspiel – auf die Kanarischen Inseln und zurück, die Koffer voller Zigaretten. Das ganze Jahr über war sie schön braun, was sich auch für den Wochenendjob als nützlich erwies. Gegen Ende dieser Zeit trank sie wieder – nur einmal, auf der Party zum siebzehnten Geburtstag ihrer Cousine Michelle. Mrs Bloom wusste bereits Bescheid, bevor Dymphna am nächsten Tag zum Putzen kam. Sie reagierte anständig und fair, jeder durfte mal einen Fehler machen. Dennoch machte sie unmissverständlich klar, dass sie keinen zweiten Fehler tolerieren werde. Dymphna wusste nicht genau, was das zu bedeuten hatte, war aber nervös genug, um es nicht herausfinden zu wollen. Sie arbeitete weiter, blieb trocken und begann schließlich als Kurier auf der Strecke nach Amsterdam. Jedes Mal, wenn sie durch den Zoll kam, dachte sie an den alten Mann mit der Gummiratte. Ganz ruhig bleiben. Nur nicht nervös werden. Lass dich nicht aus der Ruhe bringen. Einfach weiterlächeln. Sie schwebte hindurch wie auf Rollen. Ihr eigenes kleines Rattenspiel. Das war eine gute Übung.

Das Telefon klingelte. Dymphna hatte es noch nie zuvor klingeln hören. Sie konnte sich nicht einmal vorstellen, wo es stand – aber sie mussten eines haben, weil Dymphna oft von hier aus angerufen wurde. Mrs Bloom atmete leicht hörbar ein. Mrs Blixen stand auf, um ranzugehen.

»Du könntest auf dem Rückweg noch eine Flasche mitbringen!«, rief ihr Mrs Bloom nach.

»Meine verdammten Knie. Ich werde alt.«

Mrs Bloom und Dymphna blieben sitzen und nippten an ihrem Wein. Die Stufen knarrten, als Mrs Blixen hinaufstieg, so als wollten sie ihr Mitgefühl für ihre verkalkenden Knochen ausdrücken. Das Telefon muss in einem der Schlafzimmer stehen, dachte Dymphna. Sie hörten, wie Mrs Blixen den Hörer abnahm: »Hallo?«

Mrs Bloom zog einen gefalteten Umschlag aus der Tasche ihrer Strickjacke und reichte ihn Dymphna. »Ein kleines Dankeschön.«

Was konnte das sein? Das einzige Geschenk, das sie bisher von Mrs Bloom bekommen hatte, war ein kürzlich bei Brown Thomas entwendeter Kaschmirmantel. Er hatte einen ziemlich altmodischen Schnitt, aber natürlich trug sie ihn trotzdem. Sie betastete den Umschlag. Vielleicht Geld? Nein, sie konnte einen losen Gegenstand darin fühlen. Sie öffnete den Umschlag. Ein einzelner Sicherheitsschlüssel fiel ihr in den Schoß. Dann zog sie einen Maklerprospekt für ein zweistöckiges rotes Backsteinhaus in Stoneybatter mit vier Zimmern heraus.

»Was ist das?«, fragte sie.

»Wie ich gesagt habe, nur ein kleines Geschenk.«

Paulines Gesten, egal ob groß oder klein, wirkten immer nonchalant.

Dymphna war völlig platt. Ein Haus. Ein eigenes Haus. Wahnsinn! Aber Vorsicht. Pass auf. Das könnte ein Test sein. Sie überflog ruhig den Werbetext. *Elektrische Dusche von Mira. Gefliese Südterrasse.* Lass dir keine Überraschung anmerken. *Erstes Schlafzimmer.* Keine Aufregung. *Zweites Schlafzimmer.* Sie steckte den Prospekt in den Umschlag zurück.

»Vielen Dank, Mrs B. Das ist sehr großzügig von Ihnen.«

»Es ist nur gerecht.«

Betty kehrte ins Wohnzimmer zurück.

»Würdest du uns bitte einen Augenblick allein lassen, Dymphna?« Sie sah sehr alt aus und schien einen Friseurbesuch nötig zu haben.

Dymhna nahm ihre Tasche und verließ das Zimmer. Sie hörte Pauline fragen: »Wer war es denn?«

»Andr...« Dann schnappte die Tür zu.

Dymphna blieb in der Küche stehen und betrachtete die kümmerlichen Rosensträucher vor dem Fenster. Sie brannte darauf, sich das Bild von dem Haus noch einmal anzuschauen, wollte aber nicht dabei ertappt werden, wie sie eine übermäßige Freude an den Tag legte. Man stelle sich vor, eine *Terrasse*! Lieber Himmel!

Morgen früh würde sie sich als Allererstes in der Stadt einen Morgenmantel kaufen. Er musste einen riesigen, schicken Kragen haben und warm und kuschelig sein, damit man darin draußen frühstücken konnte. Normalerweise frühstückte sie gar nicht, aber damit könnte sie ja jetzt anfangen. Angeblich war es gesund und gab einem Kraft für den Tag.

Mrs Blixen kam mit der Schüssel und dem Reiniger herein. Sie machte ein besorgtes Gesicht.

»Würde es dir etwas ausmachen, Liebes? Das junge Mädchen, Sharon, schafft es doch nicht zu kommen. Unsere neue Putzhilfe, meine ich. Das war sie gerade am Telefon.«

Tapferes Mädchen, dachte Dymphna und nahm die Schüssel. Doch sie glaubte Mrs Blixen keine Sekunde. Niemals war das Sharon vorhin am Telefon. »Kein Problem, Mrs Blixen. Das mach ich doch gern.«

Sie ließ die Schüssel voll laufen. Das Wasser kochte.

Wenn man bedachte, dass die Stufe vor der Haustür fast eine Woche lang nicht geputzt worden war, sah sie gar nicht so schlimm aus. Doch sie schrubbte sie trotzdem.

Fünftes Kapitel
von Marian Keyes

Für Micky McManus fing der Tag schlecht an und wurde dann schlimmer.

Erst einmal wachte er nur auf, um festzustellen, dass er immer noch Europide war. Obwohl Coolios Bild an der Wand seines Einzelzimmerapartments klebte, gab es kein Entrinnen vor der schlichten Tatsache, dass er immer noch der verfickte Weiße war, der er immer gewesen war.

Micky McManus wollte schwarz sein. Er wusste genau, dass alles in seinem elenden, unzulänglichen Leben irgendwie okay wäre, wenn er groß, glänzend, anmutig und schwarz wäre. Und nicht klein, gedrungen, sommersprossig und rotblond.

Kelly, das Mädchen, das er in der Nacht zuvor im Major Disaster kennen gelernt hatte, machte gerade die Fliege. Sie war zwar nicht erste Klasse – eher vom Tiefgeschoss mit den Sonderangeboten –, doch besser als gar nichts.

Mickys Sexleben war unregelmäßig und unbefriedigend. Bei den seltenen Gelegenheiten, da er Frauen überreden konnte, mit ihm zu schlafen – wobei für gewöhnlich Geld den Besitzer wechselte –, hatte er den Verdacht, dass ihm dies nur gelang, weil die Frauen sehen wollten, ob seine Schamhaare rotblond waren und ob sein Schwanz Sommersprossen hatte. (Was der Fall war.) Der Fairness halber muss erwähnt werden, dass Kelly sich nicht besonders für Mickys Schambehaarung interessiert hatte. Eigentlich hätte sie gar nicht weniger Interesse zeigen können. Sie hatte nur mit ihm geschlafen, weil sie kein Geld für das Taxi nach Hause hatte.

»Gehst du?«, fragte Micky unruhig vom Bett aus. Da sie bereits vollständig angezogen und schon halb aus der Tür war, schien die Frage etwas überflüssig.

»Ich muss zur Arbeit«, sagte sie.

»Kann ich dich anrufen?«

Kellys Schulterzucken sollte wohl Zustimmung bedeuten.

»Aber ich hab deine Nummer nicht«, wandte er ein.

»Steht im Buch.«

»Aber ich weiß deinen Nachnamen nicht.«

»Steht auch im Buch.«

Und dann war sie weg.

Trübe starrte Micky auf die Tür, die hinter ihr zugeknallt war, dann spielte er seine CD von Cypress Hill, laut, sehr laut. Nach ein paar Songs zum Thema Schnallenknallen fühlte er sich besser, ruhig sogar. Wenn die Bassline Boden, Wände und Bauch zum Vibrieren brachte, war er wenigstens kurzfristig ein Europide, der mit sich selbst im Einklang war.

Obwohl es keinen triftigen Grund gab, sich anzuziehen, streifte er seinen glänzenden schwarzen Freizeitanzug und die brandneuen Sportschuhe über, die er gerade noch hatte retten können, bevor er aus dem Sportgeschäft geflogen war, wo er bis vorgestern gearbeitet hatte. Um genau zu sein, war er geflogen, *weil* er sie gerettet hatte.

Er entschied, noch nicht sofort seine Goldketten anzulegen. Es war zu früh. Und außerdem färbten sie neuerdings seinen Hals grün.

Vor dem Spiegel über dem Waschbecken experimentierte er mit einem Stück Goldpapier von einem Schokoriegel, klebte es über einen Zahn und grinste sich dann in verschiedenen Posen bedrohlich an. Gott, er wünschte, er könnte sich einen echten leisten. Als Cypress Hill zu Ende war, legte er NWA ein – ein paar gute, laute Raps über Bullenabknallen mit einer Uzi. Großartig! Doch Moment mal. Da klopfte jemand laut an seine Tür. Wahrscheinlich eines von diesen verfickten Landeiern, das sich über den Krach beschweren wollte. »*Fuck off, muddafucka!*«, brüllte er.

Als das Klopfen lauter wurde, und die Tür sich langsam ausbeulte, setzte Micky sich rhythmisch schlurfend in Bewegung, um sie zu öffnen. »Yo! ... Oh fuck ... hallo, Mr Roberts ...«

Es war der bitterböse Boss, der seine Miete wollte.

Normalerweise schickte Joe Roberts zum Einsammeln der Miete einen Lakaien, doch da er an diesem Tag ohnehin in der Gegend war – Stippvisite bei Dymphna – und da Micky McManus eine Woche im Rückstand war, hatte er beschlossen, persönlich vorbeizuschauen. Er verspürte das Bedürfnis, sich durchzusetzen, sich zu beweisen, dass er ein Mann mit Macht war. Was war da besser, als einen Mieter rumzuschubsen?

»Mista Roberts, huh!« Micky lächelte nervös und enthüllte das Goldpapier auf seinem Schneidezahn.

»Stell den Lärm ab!«

Eilfertig folgte Micky dieser Anweisung.

»Was kann ich für Sie tun, Mr Roberts?«

Roberts streckte die Hand aus. »Geld, Micky!«

Bebend versuchte Micky sich zu rechtfertigen. Er hatte seinen Job im Sportgeschäft verloren, aber es war nicht sein Fehler, er würde Montagmorgen mit einem neuen Job anfangen. Dann hätte er wieder Geld, ganz im Ernst.

»Micky, so geht's nicht«, sagte Roberts mit schrecklicher Ruhe. »Ich bin Geschäftsmann, das verstehst du doch, oder? Ein Entrepreneur. Wenn ich heute Nachmittag eine

Anzeige in den *Herald* setze, dann werden fünfzig, sechzig, *hundert* Typen Schlange stehen, um in diesem reizenden Bijou von einem Haus zu wohnen.«

Bijou. Er liebte dieses Wort. Er hatte Patsy gefragt: »Wie lautet das französische Wort mit einem B, das klein und teuer bedeutet?«

»Bollix«, hatte Patsy gesagt.

»Das kann es, glaube ich, nicht sein, Schatz. Es passt nicht.«

»Bijou«, sagte sie daraufhin, ohne ihn eines Blickes zu würdigen.

»Bijou«, hatte er nickend wiederholt und so getan, als würde er es in das Kreuzworträtsel eintragen.

Mickys Herz fühlte sich an, als würde es eine Welle kalter Furcht aus ihm herausschwemmen. Wenn Roberts ihn rausschmiss, hatte er nichts, wohin er gehen konnte. Für ihn gab es keinen Schoß der Familie, in den er zurückkehren konnte. Und er konnte auch nicht wieder auf die Straße: Kälte, Dreck und Langeweile hatten ihn beim letzten Mal fast umgebracht.

»Mr Roberts, ich verspreche …«

»Sicherheiten, Micky. Gib mir Sicherheiten.«

Micky wusste nicht genau, was das sein sollte, aber er hatte den Verdacht, dass er damit nicht dienen konnte.

Roberts sah sich mit leichtem Abscheu in dem winzigen Zimmer um. Wie konnten Menschen *so* leben? Der einzige Gegenstand mit einem gewissen Wert war der verdammte Ghettoblaster. Nun, wenn's nichts anderes gab, musste es der eben auch tun.

»Nein, bitte, den nicht, Mr Roberts«, sagte Micky heiser. »Warum nehmen Sie nicht den Wasserkessel? Oder den Heizlüfter? Oder meinetwegen das Bett.«

»Weil die alle *mir* gehören, du Pimmel.«

Mit dem Gefühl tiefsten Ekels überschritt Roberts die

Schwelle – Himmel, der Boden *klebte* auch noch! – und stöpselte den Kassettenrecorder aus.

»Wenn du deine Schulden bezahlt hast, kriegst du ihn zurück. Bis dahin wird er sich auf meiner Anrichte hübsch machen.«

Roberts wusste, dass er ungewöhnlich großzügig war. Wenn er aus allen Rohren gefeuert hätte, würde Micky bereits seine schäbigen Habseligkeiten packen und das Telefon würde nur noch so hüpfen von den vielen Anfragen potentieller Mieter. Aber die Ereignisse der jüngsten Vergangenheit hatten ihm den Mumm aus den Knochen gesogen.

Er ging, den Kassettenrecorder unterm Arm, und ließ Micky nackt und schutzlos zurück. Der fühlte sich, als wäre ihm ein Teil seines Körpers amputiert worden, und das ohne Narkose. Es drohte die Stille. Oh, wie er das hasste. Er konnte schon das Schnattern seiner gepeinigten Gedanken hören. Ohne die tröstende Geräuschkulisse stand er von Angesicht zu Angesicht vor seinen eigenen, rotblonden Unzulänglichkeiten. Was sollte er jetzt den ganzen Tag tun?

»*Sheee-it!*«, rief er aus. »Dieser ... *Muddafucka*!«

Nicht zum ersten Mal wünschte sich Micky McManus eine große, fette Uzi. Er legte sich auf sein ungemachtes Bett und suhlte sich im Groll. Ungeheure Gewaltphantasien flackerten ihm durch den Kopf; sie alle schienen damit zu enden, dass Roberts Micky auf Knien anflehte, mit der Uzi seine Qualen zu beenden.

Im Leben eines jeden Mannes kommt der Augenblick, da er wählen muss, ob er am Boden liegen und auf sich herumtrampeln lassen will oder aufstehen und kämpfen für das, was recht und billig ist. Für Micky McManus war dieser Augenblick nun gekommen. Plötzlich wusste er, was er tun würde. Er würde sich seinen Kassettenrecorder zurückholen! Er würde zu Roberts' Haus gehen und seinen Schatz befreien. Oder er wollte nicht Gangsta MMC Manus heißen.

Zu diesem Zeitpunkt wurde Gary Reynolds vier Meilen entfernt eine ähnliche Offenbarung zuteil.

In der schrecklichen Woche, die dem Tod seines Vaters folgte, war Gary schmerzhaft klar geworden, dass er so, als großer, dicker Schisshase, nicht weitermachen konnte. Obwohl er seinen Vater in den letzten Jahren nicht gesehen hatte, war er sich seiner Existenz doch stets bewusst gewesen, als schützende Membran zwischen Gary und dem Erwachsensein. Aber der Mord an Tommy hatte Gary in das Land der Erwachsenen katapultiert. Nun waren da keine Generationen mehr zwischen ihm und dem Tod. Jetzt stand er voll in der Schusslinie. Die Augen der Welt waren auf ihn gerichtet und wollten einen Erwachsenen sehen. Er hatte keine Wahl, er musste sich fügen. Er hasste das, wirklich.

Das Paket, das er von Gerty MacDowells Kanzlei erhalten hatte, brachte weder Tipps noch Trost. Keine Zeile, kein Brief gar von seinem lieben alten Pa, nur eine Sammlung dicker, verblichener Notizbücher, alle gefüllt mit seltsamen, bedeutungslosen Symbolen und Schnörkeln, ein bisschen wie die auf dem Zettel, den Margaret in der Milchflasche gefunden hatte, aber die Schrift größer, krakeliger, kindlicher. Dieses Mal hatte er die Schrift mit der seines Vaters verglichen, doch auch dieses Mal war es nicht Tommys Handschrift.

Es waren insgesamt 299 Seiten, jede von ihnen einzeln numeriert. Doch die 299 Seiten schienen ziemlich unzusammenhängend und konfus – ehrlich gesagt, sogar ein wenig verrückt. Wahrscheinlich hätte er sie gleich weggeworfen, wenn er nicht etwas Seltsames bemerkt hätte: Auf der ersten Seite stand in derselben Schrift wie auf dem Zettel aus der Milchflasche im Wohnwagen: *Y8S = +!*

Ein, zwei Sekunden hatte er das aufregend gefunden. Doch obwohl er sich den Kopf zerbrach, konnte er sich einfach nicht vorstellen, was das bedeuten sollte. Wenn es überhaupt etwas bedeutete. Und tief im Herzen wusste er, dass dies wahrscheinlich nicht der Fall war. Die Zeitungen waren voll von Geschichten über Tommy Reynolds' exzentrisches Gebaren gewesen. Nachbarn hatten gesehen, wie er sich spät in der Nacht vollkommen nackt in den Feldern herumtrieb und im Mondlicht mit Fett einschmierte. »Er brauchte Hilfe«, sagte ein Anwohner, der ungenannt bleiben wollte. »Ein Mann wie er hätte in eine psychiatrische Anstalt gehört. Es war nicht recht, ihn einfach so allein zu lassen.« Gary fragte sich, ob sein armer, alter Pa wirklich durchgeknallt war, dort oben, so ganz allein in den Bergen. Es hieß noch gar nichts, wenn man wie ein Tier hauste und alte Zettel sammelte, die nichts zu bedeuten hatten. Er hatte mehrere Stunden damit verbracht, sie durchzusehen – schließlich waren sie das einzige Vermächtnis seines traurigen, verrückten Pas –, doch dann hatte ihn der Kummer überwältigt und er hatte alles in den Mülleimer geworfen.

Zu viele Absonderlichkeiten waren im Spiel bei der Untersuchung von Tommy Reynolds' Tod. Es stand in allen Zeitungen, dass der Knabe, der sich in der Untersuchungshaft erhängt hatte, es nicht gewesen war. *Tragisch! Jason unschuldig!* hatte eine der Überschriften in den Boulevardzeitungen gelautet. Es gab nichts, was Jason Dunphys Aussage stützte. Am Tatort waren keine Fingerabdrücke gefunden worden. Und obwohl er kein Alibi für die Todeszeit von Tommy Reynolds hatte, besaß er ein hieb- und stichfestes für den Todestag von Garda Nestor – und doch hatte er aus irgendeinem Grund diesen Mord gestanden. Es gab Anspielungen in den Zeitungen, dass die Cops ein falsches Geständnis von ihm erzwungen hatten.

Außerdem hatte sich unerwartet ein Farmer gemeldet und behauptet, er hätte zwei Männer gesehen, die Tommy Reynolds an seinem Todestag besucht hätten. Jason Dunphy entsprach keiner der beiden Beschreibungen – der eine Besucher war Ende dreißig, der andere Anfang vierzig gewesen. Beide waren sehr gut gebaut. »Sie sahen aus wie Rugbyspieler«, sollte der Farmer behauptet haben. »Aber einer von beiden trug ein Shirt von Manchester United.«

Die Polizei hatte die beiden Männer aufgerufen, sich zu melden, doch bis jetzt war das nicht geschehen. Warum sollte jemand seinen Vater umbringen?, fragte sich Gary schon zum millionsten Mal. Hatte er jemanden beleidigt? Angegriffen? Was hatte er getan? Er war doch nur ein unschuldiger Einfaltspinsel. Oder hatte er etwas besessen, was jemand anderer haben wollte? Im Wohnwagen jedenfalls war nichts von Wert gewesen. Warum sollten ihn an seinem Todestag Rugbyspieler besuchen? Sein Pa hasste Rugby, er war immer für Fußball gewesen. Und warum war ein Polizist wenige Tage später im Wohnwagen seines Vaters getötet worden? Und warum brachten die Cops den Falschen dazu zu gestehen?

Obwohl Gary Reynolds lieber den Rest seines Lebens im Bett geblieben wäre und Chips gegessen hätte, hatte er widerstrebend beschlossen, dass er wohl erwachsen werden musste. Es war Zeit, ein paar eigene bescheidene Untersuchungen anzustellen.

Auch wenn Gary Reynolds nun zweifelsohne ein frisch gebackener Erwachsener war, so war er doch kein geborener Held. Oder geborener Alleinunterhalter. Er wollte nicht hingehen und mit irgendwelchen Freunden oder Nachbarn seines Pas plaudern. Aber er hatte keine Wahl.

Das sah er ein. Es war das Wenigste, was er tun konnte. Denn hatte sein armer, verstorbener Pa nicht ein Foto aufbewahrt von einem der glücklichsten Tage im Leben des dicken, ängstlichen Kindes Gary – nämlich, als sie das neue Auto gekauft hatten? Selbst wenn der arme, einsame Tommy sich um einige Jahrzehnte im Datum vertan hatte, war es doch der Gedanke, der zählte.

Also rein in den Wagen und rauf in die Berge, auf dem Weg, den die hübsche Polizistin ihm und Margaret gezeigt hatte. Er wusste, es musste ein Pub in der Nähe des Wohnwagens sein, denn es war ja der Barmann gewesen, der Tommy vermisst hatte. Er fuhr fast eine Stunde lang über die schmalen Bergstraßen. Fast wollte er schon aufgeben und mit klarem – oder zumindest klarerem – Kopf nach Hause zurückfahren, als er schließlich auf etwas stieß, das sich Straßencafé nannte.

Straßencafé, meine Fresse, hatte er gedacht, als er aus dem Wagen stieg. Der Name allein war schon ein Fall für das Gewerbeaufsichtsamt. Das Etablissement stand weder an einer Straße noch war es ein Café. Trampelpfadbunker hätte besser gepasst. Ein düsterer Flachdachklotz aus Beton ohne Fenster und ohne auch nur das geringste Anzeichen von Gastfreundlichkeit. In *Beim Sterben ist jeder der Erste* hätte er nicht fehl am Platz gewirkt. Er schien die machtvolle Botschaft auszusenden: »Hier wird sich nicht amüsiert.«

Gary zitterte, als er hineinging. Drei alte Männer saßen mit grimmigen Gesichtern vor ihrem Bier und unterbrachen abrupt ihr Gespräch. So weit, so gut, dachte er nervös. Das war zu erwarten gewesen. In den Kriminalfilmen, die er sich manchmal ansah, war der Held von den Stammgästen auch immer misstrauisch beäugt worden. Doch nachdem der Held ein paar wohl gezielte Drinks spendiert hatte, sang einer der grimmigen alten Knaben immer wie Daniel O'Donnell.

Gary schleppte sich schwerfällig über die zwei Meter Betonboden und fühlte sich mehr denn je in seinem Leben den Blicken anderer ausgesetzt. Hinter der braunen Resopaltheke beobachtete der Barmann mit stetiger Verachtung, wie er näher kam. Gary versuchte, lässige *Bonhomie* auszustrahlen, und lehnte sich gegen die Theke: »Was empfehlen Sie?«, fragte er ängstlich und mit einer vagen Handbewegung zu den Flaschen auf dem Regal.

»Dass du in deinen Wagen steigst, abfährst und nie mehr zurückkommst«, sagte der Barmann und funkelte feindselig mit seinen Knopfaugen.

Gary hatte das Gefühl, sein Magen versuchte, ohne ihn zu fliehen. Seine Kopfhaut juckte und kribbelte vor Entsetzen, als ihm langsam eine schreckliche Erkenntnis dämmerte. Was, wenn diese Männer hier seinen Vater ermordet hatten? Sie wirkten verrückt genug, um das zu tun, wirklich. Man brauchte sich nur die Bar anzusehen, um zu wissen, dass dahinter ein großes, dickes Gewehr versteckt war. O Gott, warum, verdammt noch mal, war er hierher gekommen? Warum hatte er sein Leben als fetter, feiger Bastard aufgegeben, eine Existenz, die so viel besser zu ihm passte? Er hätte bei dem bleiben sollen, was er wirklich konnte.

Einer der Männer stand langsam auf. Er schlurfte zu Gary hinüber und streckte ihm sein Gesicht entgegen. Langsam sagte er mit der Stimme des Hinterwäldlers: »Du bist nicht von hier, oder, mein Sohn?«

Vor Garys Augen begann langsam sein Leben vorbeizuziehen. (Besser gesagt, es wäre vorbeigezogen, wenn je irgendetwas Interessantes passiert wäre.)

»Yeah«, rief ein anderer Mann im gedehnten Tonfall des tiefsten Südens, »Fremde mögen wir hier gar nicht.«

Auch in seinen besten Zeiten war Gary nie ganz schweißfrei – die Bürde des dicken Mannes –, doch jetzt schwitzte er definitiv wie aus einer Sprinkleranlage.

»Aber ... warten Sie eine Sekunde«, bettelte er. Seine Stimme klang hoch, ängstlich und unglaublich städtisch. »Ich bin kein Fremder, ich bin Tommy Reynolds' Sohn.«

Verblüffte Stille erfüllte die Bar. »Beweis es«, forderte schließlich einer der Männer.

»Sehen Sie sich meinen Wagen an«, schlug Gary vor. »Darauf steht ›Reynolds' Hygiene‹.«

»Geh schon, Tadgh«, sagte der Barmann. Der Älteste der drei ging zur Tür, überprüfte es und bestätigte, dass dies in der Tat stimmte.

»Weißt du«, sagte einer der beiden anderen und blickte Gary nachdenklich an, »du siehst ihm ziemlich ähnlich.«

Und plötzlich löste sich alles in Wohlgefallen auf. Lautstarkes Gelächter und Schwatzen brach aus. »Du bist Tommys Sohn. Hey, warum hast du das nicht gleich gesagt? Hier, komm schon, trink was mit uns, ja?«

Garys Entsetzen hatte für große Heiterkeit gesorgt.

»Dein Gesichtsausdruck, als Henry sagte, Fremde mögen wir hier gar nicht!« Der Barmann, dessen Name Peadar lautete, schüttelte sich vor Lachen.

»Wir machen das mit jedem«, gackerte Henry. »O Mann, der Spaß, wenn sich Leute verirrt haben und hier nach der Richtung fragen!«

»Ich dachte, du würdest dir gleich in die Hose machen«, teilte Peadar Gary freudestrahlend mit.

»Ahaha«, lachte Gary lahm.

»Trotzdem, das mit deinem Vater tut mir Leid.« Tadgh war es gerade noch rechtzeitig eingefallen, dass lärmende Heiterkeit vielleicht nicht ganz angebracht war.

»Wie war er denn in letzter Zeit, bevor er, ihr wisst schon ...?«, fragte Gary.

Sie wechselten Blicke.

»Nicht ganz er selbst«, sagte Peadar schließlich.

»Aber guter Dinge«, fügte Tadgh rasch hinzu.

»Unglaublich guter Dinge«, bestätigte ein anderer.

»Der Suff?«, fragte Gary.

»Nein«, sagte Peadar bestimmt. »Was auch immer es war, der Suff war es nicht.«

»Was dann?«, fragte Gary und wunderte sich über die seltsame Atmosphäre.

»Wir wissen es nicht«, sagte Peadar achselzuckend.

»Doch nicht ... etwa ... Drogen?«, fragte Gary stotternd. »Wo hätte er hier in der Gegend Drogen kaufen können?«

»Nirgendwo«, sagte Tadgh entschieden. »Glaub mir, ich habe es versucht.«

»Ist der Mann hier, der die beiden Rugbyspieler gesehen hat?«, fragte Gary. Er hasste es, Fragen zu stellen. Er hatte Angst, zu viele zu stellen und allen auf die Nerven zu gehen.

»Das bin ich«, sagte Tadgh. »Aber die Rugbyspieler sind Schnee von gestern. Gestern war hier Betrieb wie auf 'nem verfickten Bahnhof. *Frauen* sind hier herumgeschlichen, ist das zu glauben?«

Garys Herz verkrampfte sich. Er wusste nicht, ob er noch mehr Informationen aufnehmen konnte.

»Ja«, sagte Tadgh. »Zwei Weiber.«

»Zusammen?«

»Nein. Die erste sah ein bisschen aus wie eine Nonne, sie trug so was auf dem Kopf, was Nonnen tragen, aber sie hatte nette Beine. Beine von einer Jungen. Ungefähr eine Stunde nachdem sie weg war, kam eine andere. Meine Herren, die war fast so alt wie ich ...«, er machte eine Pause, um zu lachen, »und trug eins dieser Pariser Hütchen auf dem Kopf, du weißt schon, was ich meine.«

Gary verblüffte der Gedanke, dass eine alte Frau mit einem Pariser auf dem Kopf seinen toten Vater besucht hatte.

»Ein Baguette!«, sagte Tadgh triumphierend. »Das meine ich. Sie trug ein schwarzes Baguette auf dem Kopf!«

Gary fragte sich langsam, ob er versehentlich ein paar Halluzinogene genommen hatte.

»Sie trug ein schwarzes Stangenbrot auf dem Kopf?«, fragte er schwach.

»Was französische Maler tragen.«

Ah, ein *Barett*.

»Ich weiß ja nicht«, sagte Tadgh leise. »Vor einer Weile ging es auf diesem Feld da sonderbar zu ... Aber jetzt sollten wir den Toten lieber ruhen lassen, nicht?«

»Ja«, sagte Gary.

»Er ruht jetzt sowieso in Frieden, mein Sohn. Das ist die Hauptsache.«

»Ich hoffe es«, sagte Gary.

Tadgh nickte. »Der arme Kerl. Wie er lebte! Ich hätte nie gedacht, dass er so reich war. Oder hätte sein können.«

»Wie meinen Sie das?«, sagte Gary.

»Tja, weißt du«, der alte Mann senkte die Stimme. »Hast du das Buch bekommen, das dein Dad dir hinterlassen hat?«

»Das Buch?«

»Das Buch, jaah. Sein Manuskript da. Ich hab es selbst oft gesehen. Ein Stapel alter Notizbücher mit seltsamen Zeichen und Zahlen drin?«

»Oh, das, ja ... Das habe ich bekommen.«

»Und hast du es dir gut angesehen?«

»Nun ... ja. Natürlich.«

»Na dann ... hast du ja ausgesorgt.«

»Was?«

Der alte Mann zwinkerte. »Du wirst in deinem ganzen Leben nicht mehr arbeiten müssen, du Glückspilz, ich beneide dich.«

»Was?«

»Nun, was ich sagen will – du weißt doch, was dein Vater dir hinterlassen hat? Richtig? Ich meine, du hast es doch rausgekriegt, oder nicht, mein Sohn? Ich meine, nur ein selten dämlicher Schwachkopf würde nicht sehen, wie wertvoll es ist. Da müsste man schon das Hirn im Arsch tragen, um es nicht zu sehen.«

»Ähm ... ja. Natürlich.«

»Genau.« Der alte Mann zwinkerte wieder und berührte seine Nase. »Wie ich schon sagte, die Zettel sind Millionen und aber Millionen von Pfund wert. Wahrscheinlich Milliarden. Du bist jetzt ein gemachter Mann, mein Sohn. Es ist mit Sicherheit besser, als im Lotto zu gewinnen. Genau wie es dein Dad immer für dich geplant hat, nicht?«

»Ich schätze, die Drinks gehen auf dich, Gary«, sagte Peadar. »Wir haben nicht jeden Tag einen Millionär hier.«

»Ja«, sagte Gary und dachte daran, wie er die Papiere seines Vaters in den Müll geschmissen hatte. »Hm ... Ja ... ich bin jetzt ein gemachter Mann.«

Sergeant Joe Roberts' Haus lag wundersamerweise direkt im Herzen von Spießerland. Man hätte doch denken können, dass er bei all dem Geld, das er aus seinen Apartmenthäusern herauspresste, in einer Villa in Howth leben würde, dachte Micky McManus, anstatt in dieser bescheidenen Straße in Mount Merrion mit den adretten kleinen Wintergärten, den Fensterläden und den Kunststofffenstern. In der Auffahrt stand ein Wagen, ein beschissener alter Lancia. Micky lungerte auf der Straße herum und wartete darauf, dass der Besitzer des Wagens verschwinden würde. In einem Vorgarten fand er einen Fußball, wünschte sich, es wäre ein Basketball, und schoss ihn immer wieder gegen die Giebelwand eines Hauses. Nach zehn Minuten sah er eine Frau, die Roberts' Angetraute sein musste, in den Lancia steigen und wegfahren.

Kaum war sie außer Sichtweite, schlenderte Micky die Kiesauffahrt hinauf und schlich um das Haus. Mit klopfendem Herzen und rauschendem Adrenalin spürte er eine Angst, die fast angenehm war. Meine Herren, man konnte glatt süchtig danach werden.

Er brach nicht das erste Mal ein – hey, das war unvermeidlich, vom Mindestlohn konnte man unmöglich leben –, doch seit er in Ranelagh eingezogen war, hatte er nichts mehr gestohlen. Keine gute Idee, einen Haufen heißer Ware unter seinem Bett zu verstecken, wenn rechts und links neben einem Polizeianwärter wohnen.

Tagsüber war definitiv die beste Zeit zum Einbrechen in solchen Wohngegenden. Die Männer waren bei der Arbeit, die Kinder im Kindergarten und die Frauen beim Aerobic oder Golf. Er nahm einen Stein aus dem dekorativen Steingarten und zerbrach leise, fast zärtlich das Glas in der Hintertür, dann entfernte er die Scherbenzacken, steckte seine Hand hinein und drehte den Schlüssel um. Eine Sekunde lang hielt er inne, für den Fall, dass die Alarmanlage losging – sie ging nicht los –, dann drückte er die Tür auf und schlich hinein.

Er drückte sich an der Küchenwand entlang, roch die Gerüche anderer Menschen, sah die Details eines fremden Lebens. Gelber Wasserkessel und dazu passender, gelber Toaster, Rechnungen und Briefe, die hinter dem Radio steckten, abgewischte Arbeitsplatte, der Lappen über dem Wasserhahn, der Frühstücksteller und das Schmiermesser mit Toastresten im Spülbecken. Das Blut pulsierte laut in seinen Ohren, sein Atem ging flach und scharf. Immer wenn er so was wie das hier tat, hatte er einen Ständer.

Nun, da er schon mal da war, wollte er nicht nur den Ghettoblaster. Er beschloss, dass sein Besuch sich lohnen sollte. Also ging er schnurstracks zum Gefrierschrank, der ersten Anlaufstelle für jeden Einbrecher, der etwas auf sich hielt, denn dort bewahrten die Hausfrauen der Vorstadt ihren Schmuck auf. Sie hielten sich für so verdammt schlau! Schmuck im Gefrierschrank, Fernseher im Ofen. Routiniert wühlte er zwischen gefrorenen Hühnerbeinchen, Familienpackungen Eiscreme und Fleischbeuteln, auf der Suche nach schweren Armbändern und Eheringen.

»Ich sehe, Sie haben sich selbst hereingelassen«, sagte jemand. Micky bekam fast einen Herzanfall. Kälte kroch ihm den Rücken hinunter. Langsam hob er die Hände und wandte sich um. Eine Frau stand in der Küchentür – dieselbe Frau, die ein paar Minuten zuvor mit dem Auto weggefahren war.

Er starrte sie an, während aus jeder Pore seines Körpers der Schweiß ausbrach. »Mrs Roberts?«, krächzte er.

»Nennen Sie mich Patsy.«

»Ich …«

»Sie hätten sich gar keinen besseren Zeitpunkt aussuchen können«, sagte sie. »Ich hatte mich gerade entschlossen, einen Schläger anzuheuern.«

Hier lief etwas vollkommen schief. Sie hätte ihn anflehen sollen, ihr nicht wehzutun und leise wieder zu verschwinden. Stattdessen blickte sie ihn abschätzend mit ihren durchdringenden blauen Augen an und sagte in fast herzlichem Tonfall: »Machen Sie den Gefrierschrank zu und setzen Sie sich.«

»Äh, nein, Missus, ich geh dann mal.« Er drehte sich um und steuerte die Hintertür an.

»Setz dich!«, bellte sie. Und dann sah er die Waffe.

Micky McManus war kein Waffennarr, außer mit seiner heiß ersehnten Uzi kannte er sich nicht aus. Aber ihm war klar, dass sie kein Spielzeug in der Hand hielt. Die Waffe war schwarz, schwer und sah böse aus. Sie schien vor Echtheit geradezu zu vibrieren.

»Diese Dinger ...«, sie warf einen Blick darauf und wedelte abwesend damit, »können eine Menge schreckliches Unheil anrichten. Also setz dich. Und lass deine Flöte los! Männer! Ihr seid doch alle gleich! Kaum werdet ihr nervös, fummelt ihr schon an eurer Ausrüstung rum.«

»Ich hab mir die Eier gekratzt«, sagte Micky in einem Versuch, seine Würde wiederzugewinnen. »Sie haben gejuckt.«

»Du hast an deiner Flöte gefummelt«, sagte Patsy Roberts in einem Tonfall, der keine Widerrede duldete. »So. Wie auch immer. Was wolltest du?«

»'n paar Sachen.«

»Bist du ein Junkie?«

»Nein.«

»Warum nicht?«

»Mir wird schlecht von Spritzen.«

»Wie heißt du?«

»Micky.«

Patsy seufzte schwer.

»Ich dachte, Sie wären beim Aerobic«, hörte Micky sich sagen.

»Nein, nur im Laden unten.« Sie wedelte mit der Zeitung. »Der Zeuge meint, die beiden Männer hätten einen Lancia gefahren. Einen alten.«

Micky hatte keine Ahnung, wovon sie sprach – Zeugen, Männer, Lancias.

Patsy seufzte wieder und wies mit der Waffe auf ihn. »Setz den Kessel auf, ja, Schatz?«

Sie jagte ihm jetzt eine Höllenangst ein. Sie war eine gut aussehende Frau, von einer einschüchternden Üppigkeit. Der Mangel geistiger Gesundheit sprang ihr geradezu aus den blauen, glitzernden Augen.

»Ich bin eine Frau, die zu weit getrieben worden ist«, sagte sie, während Micky den Kessel füllte.

»Entrepreneur«, sagte sie langsam und verbittert. »Ent. Re. Pren. Eur. Dieser Idiot weiß doch noch nicht mal, wie man das buchstabiert. *Ich* musste es ihm sagen. *Verstehst* du?«

»Ja ... Natürlich.« Um ehrlich zu sein, er verstand es nicht, doch er dachte, wenn er das zugab, würde sie ihn umpusten.

»So ist es. Er verdankt mir *alles*. Ich hatte all die Ideen und er denkt, es wären seine gewesen!«

Micky warf ihr einen nervösen Blick zu. Sie war ein bisschen zu jung für die Wechseljahre. Schien eher ein klarer Fall von gutem altmodischem Irrsinn zu sein. Mal wieder sein verdammtes Glück. Eine Irre aus Mount Merrion.

»Was ich alles aushalten musste«, fuhr sie fort. »Polizeigewalt? Ich kann dir sagen, was Polizeigewalt ist. Riech mal an seinen Socken. Sieh dir mal an, wie viel Haushaltsgeld er mir gibt.«

»Ich ...«

»Vierzehn Jahre sind wir verheiratet gewesen. Vierzehn Jahre. Wenn ich jemanden umgebracht hätte, wäre ich jetzt wieder draußen! Die Teebeutel sind im Schrank.« Sie wedelte wieder mit der Waffe. Micky hatte das Gefühl, seine Eingeweide würden schmelzen.

»Und es stört mich *nicht*, dass er diese Dymphna vögelt«, sagte Patsy nachdrücklich.

»Was stört Sie denn, Missus?«, fragte Micky und fand selbst, dass seine Stimme sich erstickt anhörte. Er bekam langsam das Gefühl, sich im Alptraum eines anderen verirrt zu haben. Dinge wie diese passierten nicht in der Vorstadt.

»Mich stört, Micky«, zischte sie, »dass er ein Versager ist. Mich stört, Micky, dass ich lange, lange Zeit auf das gewartet habe, was mir zusteht. Und jetzt droht alles aufzufliegen!«

Micky zwang sich, mitfühlend zu nicken. Wovon zum Teufel sprach sie überhaupt?

»Hol mal zwei Becher, guter Mann«, sagte sie. »Willst du ihn schwach oder stark?«

»Schwach.«

»Weißt du, was Joe Roberts ist, Micky?« Sie goss den Tee ein.

»Nein.«

»Er ist Abschaum, das ist er. Und du bist genau der richtige Mann, um ihn zu entsorgen.«

»Ich könnte noch nicht mal mein Altglas entsorgen«, protestierte Micky in panischer Angst.

»Dann lernst du es besser. Und zwar schnell!«

»Sie sind irre, Missus.«

»Höchstwahrscheinlich. Ich stamme aus einer langen Linie von Irren. Du solltest mal meine Mutter kennen lernen.«

»Bitte, kann ich gehen?«, bettelte Micky.

Patsy lachte. »Wenn das Leben nur so einfach wäre. Nein, die Regelung lautet: Du erledigst einen kleinen Job für mich und ich verpfeife dich nicht wegen des Einbruchs.«

»Ich kann niemanden umbringen.«

»Vielleicht brauchst du ihn ja gar nicht umzubringen.«

Micky entspannte sich leicht.

»Du musst ihm nur furchtbar wehtun«, fuhr Patsy fort. »Hast du schon mal jemandem ein Auge ausgestochen? Nein? Nun, es gibt immer ein erstes Mal. Und überhaupt, es ist nicht so schwer, wie es sich anhört, ich habe hier ein kleines Spezialmesser, das ganz nützlich dafür ist. Ein Kiwischälmesser.« Sie wühlte in einer Schublade und gab ihm ein Messer. »Hier.«

Mickys Stirn juckte vor Schweiß. Er hatte das Gefühl, jeden Augenblick ohnmächtig zu werden.

»Ich muss jetzt wirklich gehen, Missus«, sagte er hoffnungsvoll. »Danke für den Tee und viel Glück beim ...«, er zögerte, »beim, Sie wissen schon, Augenausstechen.«

»Netter Versuch, Micky, aber du kommst mit mir. Sonst hast du selbst ein Auge weniger.«

Mit der Waffe in der einen Hand und einem Kamm in der anderen begann sie, vor dem kleinen Küchenspiegel ihr dickes, schwarzes Haar in Ordnung zu bringen. »Ist es nicht ein Jammer?«, rief sie aus und studierte ihr Gesicht. »Da verbringt man sein ganzes Leben damit, seine Mutter zu hassen, und ehe man sich's versieht, *ist man eine verdammte Zweitausgabe von ihr*!«

Micky zuckte hilflos mit den Schultern.

»Okay«, sagte sie und überprüfte ihre Handtasche. »Schlüssel, Geld, Lippenstift, Knarre. Los geht's.«

Draußen hatte es aufgefrischt. Micky setzte sich auf den Beifahrersitz des 87er Lancia. Patsy grinste ihn an. Fröhlich. Optimistisch. Irre.

»Genau wie *Thelma und Louise*«, lachte sie.

Sie startete mit der Waffe auf dem Schoß den Wagen. »Dann sag mal, Micky, hast du rotblonde Schamhaare?«

Trübsinnig nickte er.

»Gott liebt dich. Und ist deine Flöte sommersprossig?«

Wieder nickte er.

»Das dachte ich mir«, sagte sie mit einem teuflischen Grinsen.

Patsy Roberts glühte vor Zorn. Sie strahlte und glitzerte

in ihrer psychotischen Raserei. Sie surfte darauf, schwelgte darin. Es war Zeit für sie, *ins Spiel zu kommen.*

Offensichtlich hatte die alte Frau es nicht mehr im Griff. Sie machte langsam Fehler. Und es sah aus, als würde Joseph Pius Mary Roberts auch langsam dumme Schnitzer machen. Vielleicht hätte sie die alte Frau nicht überreden sollen, ihn anzuheuern.

Sie fuhren Richtung Stadt. Mickys Gedanken drehten sich nur um Flucht. An einer Ampel ging ihm auf, dass er ja einfach hinausspringen konnte.

»Denk nicht einmal daran«, warnte Patsy ihn. »Ich würde dir die Beine wegpusten, bevor du aus dem Wagen wärst. Hast du schon mal jemanden mit zerschossenen Kniescheiben gesehen? Kein schöner Anblick, Micky.«

Micky schluckte und hoffte, nicht kotzen zu müssen.

»Sie werden eingesperrt«, sagte er.

»Kaum«, sagte sie fröhlich. »Ich bin mit einem Bullen verheiratet. Sagt dir das Wort ›Vertuschung‹ irgendwas?«

Micky entschied, dass er gestorben und in der Hölle gelandet war. Roberts war ein *Bulle*? Konnte das denn wahr sein? Er war wirklich und wahrhaftig in das Haus eines Polizisten eingebrochen? Konnte dieser Tag überhaupt noch schlimmer werden?

Wortlos fuhren sie weiter. »Warum hassen Sie Ihre Mutter?« Mit dieser Frage brach Micky schließlich das Schweigen. Er hatte irgendwo gelesen, dass es das Beste war, sich mit seinen Kidnappern anzufreunden, mit ihnen zu reden, ihnen in Erinnerung zu halten, dass man ein menschliches Wesen war.

»Wovon redest du?«

»Als Sie in den Spiegel blickten, sagten Sie, Sie würden sie hassen. Und dann sagten Sie, Sie wissen schon, Sie wären wie sie geworden.«

Sie warf ihm einen zornigen, hasserfüllten Blick zu. »Weil sie abhaute und mich weggab, als ich ein Baby war. Und weißt du was? Das hat mich wirklich, wirklich aufgeregt. Das ist mir wirklich, *wirklich* auf die Nerven gegangen.«

Sie zitterte vor unterdrückter Wut. Obwohl die Wut für Mickys Geschmack noch nicht unterdrückt genug war.

»Aber ich habe sie gefunden. O ja. Und sie macht es wieder gut. Schuld ist eine wunderbare Waffe, Micky. Natürlich nicht so wunderbar wie diese hier.« Sie streichelte zärtlich den Revolver.

Sie fuhren durch die Stadt, über die O'Connell Bridge, Richtung Norden. Die Dorset Street entlang. Folgten den Schildern zum Flughafen. Dann bogen sie von der Hauptstraße ab in eine schmalere Straße und dann noch einmal in eine schmalere. Schließlich blieben sie vor einem kleinen Reihenhaus aus roten Backsteinen stehen. Die Fenster blinkten, die Vorhänge waren schneeweiß, die Eingangstreppe strahlte, als wäre sie gerade geputzt worden.

»Raus!«, befahl Patsy.

Betty Blixen, groß und elegant, das Haar zu einem Knoten aufgesteckt, öffnete die Tür. Ihr Gesicht verhärtete sich zu einem Ausdruck des Abscheus.

»Die gottverdammte Mrs Danvers«, grüßte Patsy sie verächtlich und schob Micky in den winzigen Flur. »Ich will die Alte Mutter Zeit sehen, und erzähl mir jetzt keinen Quatsch, von wegen sie ist nicht da. Sie verlässt nie das Haus.«

»Sie ist draußen im Garten«, sagte Mrs Blixen.

»Flieger zählen, nehme ich an«, gab Patsy zurück. »Behalt den Knaben hier im Auge, er könnte versuchen zu fliehen.«

Um in den Garten zu kommen, musste sie durch die Küche. Als sie an dem blauen Resopaltisch vorbeikam, sah sie überraschenderweise das »Rezeptbuch« darauf. Sie wusste, dass es normalerweise auf dem obersten Regal im Wohnzimmer lag.

Sie blieb stehen. Ein starker Impuls trieb sie dazu, das ramponierte Exemplar von *Ulysses* an sich zu nehmen, es am Rücken festzuhalten und heftig zu schütteln. Eine Seite von einem billigen Notizbuch fiel heraus und Patsy warf einen kurzen Blick darauf. Bedeutungslose Worte. Zahlen. Und etwas, das aussah wie ein Rezept. Krötenauge und Molchbein, so was in der Art. Patsy faltete rasch den Zettel und steckte ihn sich in den Büstenhalter. Sie hatte das Gefühl, er würde sich noch mal als nützlich erweisen.

Sie öffnete die Hintertür, blieb einen Moment lang stehen und betrachtete die grauhaarige Frau mit dem malvenfarbenen Dufflecoat auf ihrem päpstlichen Thron. Ihre Augen waren himmelwärts gerichtet, ihr Kuli schwebte über einem Malbuch. Sie sah hinüber, ließ ihre glühenden Augen über Patsy hinwegschweifen, die sich langsam aus dem schützenden Schatten der Küche löste und ins kalte Sonnenlicht des Gartens trat.

»Mami«, sagte sie und ging zu Pauline Bloom hinüber. »Könntest du mir vielleicht mal sagen, was zum Teufel eigentlich los ist?«

In genau diesem Augenblick, am anderen Ende der Stadt.

Gary Reynolds war mehr als nur aufgebracht. Der Mülleimer, in den er die geheimnisvollen, millionenschweren Papiere geworfen hatte, war geleert worden, und zwar noch nicht mal eine halbe Stunde bevor er nach Hause gekommen war. Sie waren weg. Er war einfach zu dumm. Er hatte es mal wieder versaut.

Er fragte sich, wie zum Teufel er das Madelene beibringen sollte.

Sechstes Kapitel
von Anthony Cronin

Detective Superintendent Andrew Andrews hielt einen Augenblick vor der Tür inne. Es war kein langer Augenblick, seine Hand lag bereits auf dem Türknauf, doch es war einer der Momente, in denen ein Mann viel über sich erfährt, über heimliche Ängste, das für gewöhnlich unterdrückte Gefühl der Unzulänglichkeit, die sonst überspielte Ahnung der Ohnmacht in einer Welt voll starker und unbeschreiblich rücksichtsloser Schweinehunde.

Dann drehte er den Knauf und trat ein. Wie stets machte sich der Assistant Commissioner, sein Vorgesetzter, nicht einmal die Mühe aufzusehen. Er studierte gerade eingehend eine Akte auf dem Schreibtisch vor ihm – oder vielleicht tat er auch nur so, der Schuft – und präsentierte dem Besucher seine wohl frisierte Schädeldecke.

»Setzen Sie sich, Superintendent«, sagte er freundlich und wedelte einmal mit der Hand in die ungefähre Richtung des Stuhles vor dem Schreibtisch. Zögerlich kam Andrews näher. Er hätte gern den Stuhl gepackt und den Schädel dieses Mannes damit zertrümmert. Stattdessen setzte er sich, zupfte, um sie zu schonen, die Bügelfalten seiner Hose vorsichtig in die Höhe und verschränkte die Arme. Wie immer wusste er nicht, was er mit seinen riesigen und nutzlosen Händen anfangen sollte. Er war gebeutelt von der immerwährenden Wut des Untergebenen, im Verein mit der immerwährenden Unbehaglichkeit.

Der Assistant Commissioner las einfach weiter, das Schwein. Es gab nichts, was Andrews hätte tun können, außer dazusitzen und auf das Gemälde an der Wand hinter dem Schreibtisch zu starren. Er kannte es bereits, da er nicht zum ersten Mal in einer derartigen Lage war. In seinen Augen war es ein inkompetenter, schmutziger Witz, aber er wusste sehr wohl, dass es ein Porträt darstellen sollte und dass der Typ mit der großen Nase und der Brille an deren Ende der Dichter Patrick Kavanagh war. Von dort, wo er saß, konnte er die Unterschrift entziffern – Michael Kane. Er erinnerte sich an Paddy Kavanagh, diesen großen, dummen Knilch, der nie etwas auf die Reihe bekam. Ein Kollege hatte ihn einmal dabei ertappt, wie er gerade eine Milchflasche vor der Tür eines Hauses in der Pembroke Road stahl. Als er die Geschichte erzählt hatte, hatte er sich über die Verteidigung des Schuldigen lustig gemacht – »Ich hatte sie selbst dort abgestellt, als ich die Zeitung kaufen ging« –, doch Andrews war das Gefühl nicht losgeworden, es hätte eine Anzeige geben müssen. Jetzt wusste er es besser. Heutzutage musste man zu einer Menge Fuckologie ja und amen sagen. Er las die *Irish Times*, er wusste Bescheid über Bloomsday. Einmal hatte er es mit Joyce versucht, doch er fand seine Werke völlig undurchdringlich. Ein paar andere irische Schriftsteller hatte er auch ausprobiert, sogar im Abbey Theatre war er gewesen – seine Frau brannte ja immer darauf, dorthin zu gehen. Aber er war sich im Klaren, so viel er auch aufschnappte, dem aalglatten Streber da vor ihm würde er doch nie das Wasser reichen können, diesem verwöhnten Bubi, der dieses ganze Kunstgefasel mit der Muttermilch aufgesogen hatte.

Er versuchte sich vorzubeugen und die Überschrift der Akte zu lesen, ohne dass man es merkte. Er hatte es in dem Augenblick gewusst, als Horan mit einem Grinsen zu ihm gesagt hatte: »Cuthbert will dich sehen, am besten nimmst du gleich die Beine in die Hand.« *Mordfall Reynolds* stand auf dem Klebeetikett auf der Innenseite des Aktendeckels.

Die Zeit verging langsam, was ganz im Sinne des Assistant Commissioners war. Andrews stellte fest, dass er von der Stuhlkante rutschte. Seine Hände, die vor ihm baumelten, schienen größer zu werden. Doch mindestens fünf Minuten noch musste er in dieser unbequemen Lage leiden. Dann schloss der Assistant Commissioner die Akte, schob sie zur Seite und sah ihn mit einem offenbar milde gestimmten Blick an. Andrews begann sich Hoffnungen zu machen. Vielleicht würde es ja doch nicht so schlimm werden.

»Ihre Leute scheinen ja sehr eifrig zu sein, Superintendent«, sagte der AC freundlich. Er wartete auf eine Antwort.

»O ja, Sir, das sind sie«, erwiderte Andrews schließlich.

»Wirklich sehr eifrig«, meinte der AC, immer noch in wohlwollendem Tonfall.

»Ich hoffe es jedenfalls«, sagte Andrews. »Im Großen und Ganzen sind sie das auch, glaube ich.«

»Aber sicher«, sagte der Beamte. »Sergeant Roberts beispielsweise nimmt die Aussage eines Verdächtigen auf, obwohl er gar nicht auf den Fall angesetzt ist.«

Wieder wartete er auf eine Antwort.

Andrews hatte das Gefühl, etwas sagen zu müssen, vermutete aber allmählich eine Falle.

»Sergeant Roberts ist ein sehr eifriger und hilfsbereiter Beamter«, sagte er.

Eine neuerliche Pause entstand. Dann fügte er noch hinzu: »Ein ausgezeichneter Mann.« Sofort wurde ihm klar, wie dumm das war. Roberts war ein Lump und ein Gauner und der AC wusste das vermutlich.

»Und dann ist da noch Garda Nestor, Gott sei seiner Seele gnädig«, fuhr der AC fort. »Er war so eifrig, dass er am Ort eines Verbrechens herumschnüffelte, mit dem er nicht das

Geringste zu tun hatte. Und für seine Bemühungen bekam er eine Kugel in den Kopf, der Herr erbarme sich seiner.«

Andrews versuchte, wieder Boden gutzumachen. »Um ehrlich zu sein, Sir«, bemerkte er, »verstehe ich das auch nicht. Ich habe mich bemüht, herauszufinden, was er denn da zu tun hatte.«

»Oder glaubte, zu tun zu haben, was, Andrews?«

»Ganz recht, Sir.«

»Sie haben vermutlich seine Kollegen vernommen.«

»O ja. Im Rahmen meiner allgemeinen Nachforschungen.«

»Und was sagen die? Roberts, zum Beispiel, was sagt der dazu?«

»Die, ähm, halten das für sehr seltsam. Es ist ihnen ein Rätsel, wie mir selbst auch. Es sah eigentlich so aus, als hätte er sich gar nicht für den Mordfall Reynolds interessiert.«

Der AC freute sich diebisch. Wenn ihm irgendwas am allermeisten Spaß machte, dann war es, ein Großmaul zum Schweigen zu bringen. Es war die Seite der Polizeiarbeit, die ihm geradezu reines Vergnügen bereitete. Die meisten Berufsverbrecher, und sicherlich alle Bandenführer, waren Großmäuler, wie die Jungen, die ihn früher auf dem Spielplatz terrorisiert hatten. Wenn er mit ihnen in Kontakt kam, musste er unweigerlich an den Geschmack der Mischung aus Tränen, Blut und Rotz denken, an sein beschämendes Heulen. Und einige Polizisten, die zu kontrollieren seine Aufgabe war, waren auch solche Schikanierer. Das war schließlich der Hauptgrund gewesen, weshalb er sich hochgearbeitet hatte. Natürlich war er noch nicht ganz oben angekommen. Er war nur der Stellvertreter des Polizeipräsidenten. Wie die meisten Menschen auf dieser Erde hatte er noch einen Schikanierer über sich. Na, egal. Mit der Zeit würde er den auch überrunden. Und einstweilen würde er sich mal ein wenig an diesem Prachtexemplar der Zunft austoben.

»Das mit diesem Dunphy, der sich erhängt hat. Schlimme Sache, was?«, sagte er freundlich, beinahe beiläufig, als würde er mit einem Bekannten über ein unverfängliches Thema diskutieren.

»Sehr schlimm«, pflichtete Andrews nach der unvermeidlichen Pause bei.

»Vor allem, wo er doch mit dem Fall nicht mehr zu tun hatte als der Mann im Mond. Macht die Sache ein wenig schlimmer, finden Sie nicht, Superintendent? Schlimm genug, wenn sich die Schuldigen aufhängen, die in unserer Obhut sind, aber wenn wir Leute von der Straße aufsammeln und sie zu Tode hetzen, macht sich das noch weniger gut, nicht?«

Andrews blieb still. Er hatte nichts zu sagen.

»Sie haben die Waffe nie gefunden und ihn auch nie mit der Waffe in Verbindung gebracht. Sie haben nicht den geringsten forensischen Beweis. Aber Sie haben ein Geständnis. Eine unterschriebene Aussage. Also, das war geschickt, wirklich sehr geschickt, Superintendent. Ihnen ist es zu verdanken, dass die Medien den größten Anlass zum Jubeln seit dem Untergang des Römischen Reiches haben.«

»Sir, ich weiß, wie es wirkt oder wie man es wirken lassen kann. Aber ich gebe Ihnen mein Ehrenwort, dass es sich nicht so verhält.«

Sein Chef griff in eine Schublade und holte eine Flasche irischen Whiskey heraus, die er sorgsam auf den schön polierten Schreibtisch stellte.

»Möchten Sie einen Schluck, Superintendent?«

»Nein, danke, Sir. Nicht wenn ich im Dienst bin.«

»Sie können sich wahrscheinlich denken, woher ich die Flasche habe, nicht?«

»Tja, also« – die Frage verwirrte ihn und er gab ein nervöses Lachen von sich –, »nein, Sir, das kann ich nicht.«

»Diese Flasche wurde im Wohnwagen des Toten gefunden.«

Die Falle war zugeschnappt, das spürte Andrews.

Der Assistant Commissioner nahm ein Blatt aus der Akte und begann daraus vorzulesen.

»Aussage von Jason Dunphy. ›Ich schaute mich nach möglichem Diebesgut um. Es war ein ziemlicher Saustall. Ich habe ein paar Schlucke aus einer Flasche Whiskey getrunken, die sich dort befand.‹« Er sah Andrews über den Rand seiner Brille hinweg an. »Seltsam, seltsam. Finden Sie nicht, Superintendent?«

»Sir?«

»Es sind keine verdächtigen Fingerabdrücke auf dieser Flasche, Andrews. Nur die des Toten. Wie würden Sie sich das wohl erklären?«

»Wahrscheinlich hat dieser Dunphy Handschuhe getragen.«

»Wie meinen?«

»Jetzt, wo ich darüber nachdenke, meine ich mich erinnern zu können, dass er mir das erzählt hat.«

»Verstehe. Sagen Sie, Andrews – hat er Ihnen auch erzählt, dass er absolut keinen Alkohol vertrug? Und zwar krankheitsbedingt?«

Andrew Andrews blieb die Spucke weg.

»Das war nämlich der Fall, wissen Sie?« Der AC nickte nachdenklich. »Ein Schluck Alkohol – ganz zu schweigen von ›ein paar Schlucken‹ – und unser Jason Dunphy wäre auf der Intensivstation gelandet. Und trotzdem behauptet er in seinem schriftlichen Geständnis, er hätte Whiskey getrunken. Komisch, nicht wahr? Finden Sie das nicht seltsam?«

Er sah seinem Untergebenen in die Augen, wartete auf das Wimpernzucken, das auch prompt eintraf.

»Das wird Folgen haben, Superintendent«, sagte er. »Der Chef schäumt vor Wut wegen dieser Sache. Die Ministerin schäumt vor Wut. Sie glauben vielleicht, ich schäume auch vor Wut, aber da täuschen Sie sich. Das Einzige, was ich empfinde, ist absolute Entschlossenheit. Ich werde dafür sorgen, dass Sie für die Rolle, die Sie bislang in dieser Affäre gespielt haben, voll und ganz zur Verantwortung gezogen werden! Ich werde dem Chef Bericht erstatten müssen. Morgen früh haben er und ich einen Termin bei der Ministerin. Sie wird sich nicht so einfach besänftigen lassen. Aber in meinem Bericht wird der Name von Superintendent Andrew Andrews so deutlich hervorstechen, dass er nie und nimmer aus den Annalen der Garda Siochána getilgt wird, und das bei all den anderen seltsamen und bemerkenswerten Dingen, die da verzeichnet sind!«

Er stand auf. Andrews, in dem Glauben, nun wieder gehen zu dürfen, sprang auf der Stelle auf.

»Setzen Sie sich hin, Andrews«, sagte der AC. »Wir sind noch nicht fertig, wissen Sie?«

Er schritt in dem geräumigen Büro umher, das er mit großer Sorgfalt möbliert hatte. Zu diesem Zweck hatte er die polizeieigene Werkstatt abwechselnd becirct und unter Druck gesetzt, ihm das niedliche kleine Regal zu liefern, den Eichentisch, auf dem sein John-Behan-Bronze-Eber stand, den verspielteren mit der seltsam leuchtenden Frances-O'Connor-Vase, das Patrick-Swift-Gemälde, seinen Nano Reid und seinen Patrick Collins. Während dieser kleinen Wanderung war Andrews gezwungen, stur geradeaus zu blicken und ihn aus den Augenwinkeln zu beobachten, doch als der AC wieder sprach, stand er direkt im Rücken des anderen Mannes.

»Was für Pläne haben Sie denn für die Zeit nach Ihrer Pensionierung, Superintendent?«, fragte er, nun wieder in mildem und freundlichem Tonfall.

»Darüber habe ich mir eigentlich noch keine Gedanken gemacht, Sir. Ich war zu sehr mit meiner Arbeit beschäftigt. Außerdem ist es ja noch eine Weile hin, wie mir scheint.«

»Nun, lassen Sie sich einen Rat geben, Superintendent. Denken Sie schon jetzt darüber nach. Und zwar ernsthaft. Es wird sich lohnen, glauben Sie mir.«

Jetzt war er wieder hinter seinem Schreibtisch und klang ganz ernst.

»Sie können jetzt gehen und darüber meditieren, was Sie als Pensionär tun werden. Doch bevor dieses glückliche Ereignis eintrifft, werden Sie mir, und zwar schriftlich, Ihre bisherigen Gedanken zu diesem Fall mitteilen. Um ganz ehrlich zu sein, erhoffe ich mir nichts Großartiges davon, aber man weiß ja nie.«

Andrews' Erleichterung war so groß, dass er beim Aufstehen den Stuhl umstieß. Während er ihn wieder aufrichtete, sagte der AC freundlich: »Ach, und seien Sie doch bitte so nett und schicken Sie Sergeant Roberts zu mir.«

Obwohl er es wirklich eilig hatte, zur Tür zu gelangen, konnte Andrews nicht umhin zu sagen: »Er ist nicht auf den Fall angesetzt, Sir, und es könnte schwierig sein, ihn zu finden. Er ist womöglich, wegen eines anderen Falls unterwegs.«

»Ich bedarf gegenwärtig keiner Ratschläge oder Gedächtnisstützen, Andrews«, erwiderte der AC verbindlich. »Sie haben ihn in diesen Fall verwickelt, indem Sie ihn die Aussage aufnehmen ließen. Ich möchte für meinen Bericht mehr über die Umstände wissen, unter denen sie aufgenommen wurde. Sie werden ihn innerhalb der nächsten zwanzig Minuten ausfindig machen und innerhalb der nächsten halben Stunde hierher bringen. Auf Wiedersehen, Superintendent.«

Als Andrews gegangen war, saß der Assistant Commissioner missmutig am Schreibtisch und klopfte mit den Fingern auf den Aktendeckel. Er freute sich nicht besonders auf das Treffen mit seinem Vorgesetzten und auf das sich daran anschließende mit der Ministerin auch nicht. Das Erste würde ihn überhaupt nicht trösten und das Zweite nur wenig; immerhin durfte er da seinen Vorgesetzten in einer unangenehmen Situation erleben. So viel wir auch nach unten treten, überlegte er, es gibt doch immer einen Höherstehenden, der nach uns tritt. Die Ministerin war befugt, dem Chef einen Rüffel zu erteilen, konnte aber wiederum vom Taoiseach gerüffelt werden, welcher seinerseits damit rechnen konnte, einen ordentlichen Rüffel vom Wahlvolk zu bekommen. Niemand entging diesem Prozess. Sogar der Papst in Rom konnte einen Rüffel von unserem Heiland droben im Himmel bekommen. Es war traurig, aber es war auch komisch; und die Tatsache, dass es auf dem ganzen Weg bis zur Spitze keine Schonung gab, war doch eigentlich ein Trost für alle weiter unten. Er wurde wieder fröhlicher und griff nach dem Telefonhörer, um im Vorzimmer anzurufen.

»Bitte, lassen Sie mir die persönliche Akte von Sergeant Joseph Roberts bringen, Sinead«, sagte er, »und schärfen Sie denen ein, dass es eilt. Ach, und sorgen Sie bitte dafür, dass im Moment keine Anrufe durchgestellt werden. Absolut keine. Ich will nachdenken.«

Er zog einen Block zu sich her und schraubte seinen Füllfederhalter auf, doch wie die meisten Menschen in einer derartigen Situation dachte er nicht richtig nach. Stattdessen sausten seine Gedanken hin und her. Der Polizist, der erschossen worden war. Was hatte er dort zu tun gehabt? Und worin bestand, wenn es eine gab, seine Verbindung zum Mordfall Reynolds? Roberts hatte die Aussage von dem unglücklichen Kerl aufgenommen, der dann Selbstmord begangen hatte. Er wusste, wie es dazu gekommen war. Er kannte Andrews' Methoden und er kannte auch Typen wie Roberts. Wuchermieten und schmutzige Geschäfte, das war Roberts' Milieu. Die Welt war unterteilt in Menschen, die allem Schäbigen zu entrinnen versuchten, und solchen, die sich darin förmlich suhlten, wie Hunde, die sich auf toten Möwen wälzten. Er hasste alles Schäbige. Er hasste die niederträchtige Geldgier der niederen Schichten, egal ob sie kriminell war oder nicht. Stets hatte er sich darum bemüht, alles Schäbige zu meiden, sogar bei seinen Tricks und – er lächelte für sich – seinen Liebesgeschichten.

Sein ganzes Leben hatte er sich in Ordnung, Disziplin und Genauigkeit gesonnt – in Taten und Worten. Es mag wohl sein, dass das Schäbige kommt, dachte er, doch wehe denen, die es bringen. Dazu zählte er viele zeitgenössische Romanautoren. Er las recht viel zeitgenössische Literatur, da er unter einem Pseudonym Buchkritiken in der *Garda Review* veröffentlichte, und er hatte ganz eigene Ansichten über sie. Große Schriftsteller wie etwa Joyce behandelten das Schäbige ausgiebig, und zwar als Aspekt, als unentrinnbaren Aspekt der menschlichen Existenz. Doch geschah dies, um etwas ins rechte Licht zu rücken. Sie suhlten sich nicht zum eigenen Vergnügen darin. Und es waren Männer mit einer großen Lebenserfahrung. Sie hatten nicht diese Schwäche für das Schäbige. Die meisten, die sich heutzutage damit abgaben, so dachte er, waren hingegen wohl behütete Männer und Frauen aus der Mittelklasse, die ein Spiel spielten, einen auf hart machten, ihre Coolness zeigen wollten. Und sie wussten wirklich wenig, verdammt wenig, über den Verbrecher und die Art, wie er dachte, oder die Art, wie sein symbiotischer Zwilling dachte, der Polizist.

Dieser Roberts, dachte er, war vermutlich die Schäbigkeit in Person und konnte sich nichts Schöneres im Leben vorstellen als Betrügen und Schikanieren, außer vielleicht, damit anzugeben, wie sehr man betrogen und schikaniert hatte. Der Assistant Commissioner wollte, dass seine Polizisten und Verbrecher Stil hatten und womöglich auch einen Sinn für das Tragische, die Unausweichlichkeit des Verhängnisses. Vergebliche Hoffnung, dachte er.

Als Sinead hereinkam, sah er sofort an ihrem Gesicht, dass etwas nicht stimmte. Der klare Blick, den er so liebte, war umwölkt. Die Stirn, sonst so heiter und – so schien es seinem betörten Herzen – ein Abbild ihrer Seele, war in Falten gelegt.

Sie reichte ihm die Akte. »Tut mir Leid, dass ich störe«, sagte sie. »Aber es muss sein. Es ist etwas Schreckliches passiert.«

»Setz dich, Sinead«, sagte er zärtlich und deutete auf den Stuhl, auf dem noch vor kurzem Andrews gesessen und gelitten hatte.

Mechanisch gehorchte sie, mit gerunzelter Stirn und nach wie vor sehr besorgt, weshalb auch immer.

»Also, was ist los?«

»Ich bin selbst hinunter in die Personalabteilung gegangen, um ihnen ein bisschen Beine zu machen und die Akte gleich mitzunehmen. Ich war gerade auf dem Rückweg, als ich Sergeant Timmons begegnete. Er erzählte mir ...« Sie brach ab, wie unter Schock.

»Ja, mein Liebes? Was hat er dir erzählt?«

»Das mit Sergeant Roberts.«

»Was denn?«

»Er wurde erschossen. Es tut mir Leid, ich war so geschockt – dieser Zufall. Ich war doch gerade auf dem Weg nach oben, mit seiner Akte!«

»Wissen die Genaueres?« Sein Tonfall war geschäftlich, sein Gesicht zeigte keinerlei Regung.

»Er scheint in der Wohnung seiner Freundin in Rathmines gewesen zu sein, einer Frau namens Dymphna Morkan. Anscheinend gehörte ihm das Haus.«

»War sie dabei? Gibt es irgendwelche Zeugen? Ist sie eine Verdächtige?«

»Nein. Obwohl ich nicht alle Details in Erfahrung gebracht habe. Oben an der Treppe sah jemand eine grauhaarige Frau die Stufen hinunterlaufen, nachdem der Schuss gefallen war. Aber es war nicht die Frau, die dort wohnt, diese Dymphna Morkan. Außerdem war da auch ein Mann, hat der Zeuge gesagt, ein rothaariger Mann, ganz habe ich das nicht verstanden, aber er scheint einen Wagen gefahren zu haben, vielleicht ein Fluchtauto. Allerdings fuhr er davon, bevor die Frau bei den Stufen am Eingang angekommen war. Sie scheint dagestanden und dem Wagen etwas hinterhergerufen zu haben, dann bog sie hastig um die Ecke. Der Zeuge ist ihr nicht gefolgt.«

»Das tun die heutzutage nicht mehr. Wahrscheinlich hielt sie noch die Waffe in der Hand. Wer ist im Augenblick dort, am Tatort?«

»Sergeant O'Brien, Superintendent Andrews soll auch auf dem Weg dorthin sein.«

»Na, der kann gleich wieder umkehren und sich weiteren Ärger ersparen, wenn's nach mir geht.«

Sinead hatte sich nun wieder gefasst und zu jenem geschäftlichen Verhältnis zurückgefunden, das die beiden gerne immer wieder mit Zärtlichkeiten unterbrachen. »Gibt es sonst noch etwas, das ich tun könnte, Sir?«

»Ich brauche jemanden aus der Mordkommission, der augenblicklich in nichts anderes verstrickt ist, jemand Junges mit einer Menge Verantwortungsbewusstsein. Bringen Sie mir den Mord-Dienstplan von draußen, bitte.«

»Gern. Aber darf ich einen Vorschlag machen?«

»Wenn es ein guter ist, und das sind Ihre ja zumeist.«

»Ich habe eine Freundin. Sie kennen sie bereits. Aber vielleicht erinnern Sie sich nicht mehr. Das war, als wir« – sie wollte »endlich einmal« sagen, ließ es dann aber bleiben – »vor geraumer Zeit abends aus waren, da kam sie in den Pub.« Sie wollte sagen: »Du warst ganz schön durcheinander«, besann sich aber erneut eines Besseren. Jetzt war nicht der richtige Moment für Spötteleien. Doch sie konnte sich nicht zurückhalten, hinzuzufügen: »Sie waren ziemlich beeindruckt.«

»Ich weiß«, sagte er trocken. Er sah eine große, dunkelhaarige Frau vor sich, mit dunklen Augen und einem netten Lächeln, die einen weißen Hosenanzug trug.

»Grainne O'Kelly, Inspector Grainne O'Kelly mittlerweile.«

»Ich weiß. Sie wurde vor ein paar Monaten befördert.«

Sinead stand auf, die elegante blaue Bluse spannte sich über ihren Brüsten; sie strich den Rock glatt und schaute ihn von unten her auf eine Weise an, die er anfangs unwiderstehlich gefunden hatte.

»Sie ist wirklich intelligent«, sagte sie. »Hat einen Abschluss in Gerichtsmedizin und strebt nach Höherem.«

»Hmm. Das wäre das erste Mal, dass eine Frau mit einem Mordfall betraut wird. Doch im Grunde ist das gar nicht so schlimm. So wie wir im Augenblick dastehen, könnte es gut möglich sein, dass uns nur ein radikaler Neuanfang rettet. Und außerdem würde dadurch der Zorn der Medien besänftigt. Das Problem ist nur, dass sich die Sache zu etwas ganz Großem entwickeln könnte, mit gewaltigem Druck und Medieninteresse. Wird sie damit fertig?«

»Da bin ich mir sicher. Sie ist hart im Nehmen.«

»Gut. Ich mag harte Frauen.« Das tat er eigentlich nicht, aber es schien ihm unter diesen Umständen das Passendste zu sein, was man sagen konnte. »Ich habe ein komisches Gefühl bei diesem Fall«, setzte er hinzu. »Roberts hatte nur ganz am Rande mit dem Mordfall Reynolds zu tun. Doch ein anderer Polizist starb deswegen und nun haben wir zwei tote Polizisten. Ich habe das dumpfe Gefühl, dass alle drei Todesfälle miteinander zu tun haben. Wenn das der Fall ist, wird das eine Menge Staub aufwirbeln. Andere Mitglieder der Garda sind möglicherweise ebenfalls darin verwickelt und weitere werden auspacken müssen. Da wird bestimmt jede Menge Druck nötig sein. Wird sie das schaffen?«

»Wenn Sie sie kennen lernen, kommen Sie bestimmt auch zu der Ansicht, dass sie die richtigen Antworten herausbekommen wird, Sir. Und das vielleicht durch eine neue Vorgehensweise. Ich denke mir, sie hat nichts dagegen, Druck auszuüben, doch es könnte auch andere Methoden geben.«

»Verstehe. Ich glaube, Sie haben gewonnen. Schicken Sie sie zu mir.«

Er stand auf. Wie gerne hätte er Sinead jetzt in den Arm genommen, doch sie hatten vereinbart, dass Zärtlichkeiten im Dienst tabu waren. Es war zu gefährlich.

»Ich möchte mich gerne hierfür revanchieren. Bleibt es bei Donnerstag?«

Sie lächelte zum Zeichen der Zustimmung und formte mit stummen Lippen einen Kuss.

»Vielleicht könntest du Inspector O'Kelly für mich ausfindig machen.«

Inspector Grainne O'Kelly saß in Bewley's Café, als ihr Handy klingelte. Sie wartete auf ihren Freund Paddy Dignam, den Ornithologen, der wie üblich eine halbe Stunde zu spät dran war, und hatte gerade begonnen, über ein seltsames Phänomen unserer Zeit nachzusinnen. Die Gäste in Bewley's Café, stellte sie fest, nahmen immer mehr Platz ein. Bald würde es ihr an ihrem bevorzugten Aufenthaltsort zu eng werden. Überall um sie herum trugen die Leute dick gepolsterte Jacken und voluminöse wollene Pullover. Die meisten von ihnen, Männer wie Frauen gleichermaßen, hatten einen Rucksack auf, so dass sie beträchtlichen Raum beanspruchten. Drehten sie sich plötzlich um, wurde man dabei fast umgenietet. Und das war noch nichts im Vergleich zu den Rucksacktouristen, da war die Gefahr noch viel größer, denn die hatten ja ein ganzes Lager auf dem Rücken – oder vielmehr, wie alle um sie herum in diesem Augenblick, auf dem Boden, so dass kaum mehr Platz war, sich zwischen den Tischen hindurchzuschlängeln.

Dieses Phänomen fiel ihr vor allem deshalb auf, weil sie die letzten ein oder zwei Stunden in der Horseshoe Bar des Shelbourne Hotels verbracht hatte, wo sie auch einen Teil der vorigen Nacht gewesen war. Die Leute dort trugen hauchdünne, eng anliegende elegante Kleidung, die ihren ohnehin schlanken Körpern keinerlei zusätzliche Fülle aufbürdete. Ohne Probleme konnten sie aneinander vorbeigehen und sich ungehindert bewegen.

Heute Morgen hatte sie sich von dem englischen Detektiv verabschiedet, den sie in der Nacht zuvor bei sich beherbergt hatte. Er hatte einen Befehl zur Festnahme und Auslieferung eines irischen Bauunternehmers überbracht, der in England wegen Steuerhinterziehung gesucht wurde. Er würde wiederkommen, um die Notwendigkeit des Haftbefehls vor Gericht zu begründen, doch sie fing schon an, sich Ausreden zurechtzulegen, um ihn nicht wieder bei sich aufnehmen zu müssen. Im Grunde war sie ohne innere Überzeugung mit ihm ins Bett gegangen, und eigentlich auch nur deshalb, weil sie sich in letzter Zeit Vorwürfe gemacht hatte, auf sexuellem Gebiet nicht experimentierfreudiger zu sein. Dem Experiment war kein Erfolg beschieden gewesen, und obwohl sie einen herzlichen Morgen mit ihrem Übernachtungsgast verbracht hatte, verdrängte sie es bereits aus ihrem Bewusstsein.

An diesem Punkt ihrer Überlegungen kam eine grauhaarige Frau in mittlerem Alter auf ihren Tisch zu. Sie nahm ebenfalls eine Menge Platz ein, mit ihren zwei Einkaufstüten, der prallen Lederhandtasche, dem bauschigen Mantel und den Schals, die sie nun losband. Sie lächelte Grainne an und Grainne lächelte zurück, erwiderte, was ihr eine Botschaft guten Willens zu sein schien.

»Stört es Sie, wenn ich mich zu Ihnen setze?«, fragte die Frau. »Sitzt sonst noch jemand hier?«

»Nein, überhaupt nicht«, erwiderte Grainne. »Ich warte auf jemanden, aber der passt hier auch noch hin«, fügte sie hinzu und deutete auf den Stuhl neben sich.

»So, er ist also spät dran, was? Das sind sie doch meistens, meiner Erfahrung nach. Aber so ist das halt. Wir mögen sie trotzdem.«

Grainne lächelte erneut. Sie wollte das Gespräch nicht in allzu vertrauliche Bahnen lenken, aber sie mochte diese Frau mit dem langen grauen Haar, das lose herabfiel, als sie ihr Barett abgenommen hatte, mochte ihren Dubliner Akzent der unteren Mittelschicht, ihre freundliche Art, sich ein wenig zu beklagen. Sie mochte solche Frauen, die normalerweise einiges mitgemacht hatten; und diese hier schien nicht nur mütterlich und nett zu sein, sondern auch klug.

»Was lesen Sie denn da Schönes, meine Liebe?«, fragte die Frau jetzt und deutete auf das Taschenbuch auf dem Tisch neben Grainnes Teller.

Es waren Karen Blixens *Schicksalsanekdoten*, die Grainne derzeit in ihrer Tasche mit sich herumtrug und gerade auf den Tisch gelegt hatte. Allerdings hatte sie noch nicht damit angefangen.

»Lesen Sie viel?«

Grainne gab die Antwort, die alle geben. Sie wollte ihren eigenen Gedanken nachhängen. »Ich fürchte, ich habe nicht genügend Zeit, um so viel zu lesen, wie ich gerne möchte, doch wer hat die schon?«

»Ich finde, Bücher sind etwas Großartiges«, sagte die Frau, offensichtlich auf eine Unterhaltung eingestellt. »Wenn es sie noch nicht gäbe und man sie erst jetzt erfinden würde, wären sie das Phantastischste, was man sich vorstellen kann. Ich wüsste nicht, was der Menschheit ein größeres Vergnügen bereitet hätte. Oder bereiten könnte, mal abgesehen von einer Pille, die unser Leben verlängert. Bücher sind so einfach. Keine Batterien, keine Drähte, keine Kopfhörer. Vollkommen lautlos, stören andere nicht, können überallhin mitgenommen werden, ins Bett, in die Badewanne. Und sie können nicht zerbrechen. Man kann sich auf sie drauflegen, draufsetzen, sie in den Türspalt oder unter ein Schiebefenster klemmen und trotzdem gehen sie nicht kaputt.«

Grainne lachte.

»Ich liebe Bücher sehr«, fuhr die Frau fort. »Wir lesen eine Menge Bücher.«

Wir?, dachte Grainne träge. Sie und ihr Freund? Oder ihre Freundin? Beides war möglich.

»Ich gebe mich oft als eine Figur aus«, sagte die Frau. »Ein paar Tage lang. Das macht uns Spaß. Ich tue so, als wäre ich Mrs Bennet oder Jane Eyre oder Emma. Ich habe mich sogar schon in Karen Blixen verwandelt«, sagte sie schüchtern.

Grainne lachte wieder, diesmal ein wenig unbehaglich. Vielleicht war diese Frau nicht ganz dicht. Das war ihr nicht recht. Sie wollte, dass sie eine tapfere, intelligente Frau in mittlerem Alter war, die ihr Leben gemeistert hatte.

Dann klingelte in den Tiefen der Tasche dieser Frau ein Handy. Zuerst dachte Grainne, es sei ihres, doch dem war nicht so. Die Frau holte es heraus. »Entschuldigen Sie, meine Liebe«, sagte sie.

O Gott, hoffentlich klingelt meines nicht, dachte Grainne. Schon schlimm genug, wenn eine Person an einem Tisch im Bewley's in ihr Handy spricht. Aber zwei einander völlig Fremde – das wäre lächerlich.

Sie öffnete ihr Taschenbuch und gab vor, nicht zuzuhören, obwohl sie genau das tat.

»O nein«, sagte die Frau gerade. »Das ist ja schrecklich. Und dabei war er doch noch so jung. Natürlich nicht, Schatz. Ich bin immer vorsichtig. Er war eigentlich nicht viel mehr als ein Bekannter, oder? Ich meine, wir kannten ihn ja kaum.«

Grainne hörte nun ein wenig aufmerksamer zu. Schließlich war sie Kriminalbeamtin. Sie hatte bislang mit sehr wenigen großen Fällen zu tun gehabt, und dabei auch nur als Mädchen für alles – so war sie auch von den männlichen Kollegen behandelt worden –, aber sie übte sich ständig. Und sie versuchte immer, den Zusammenhang von Unterhaltungen herauszufinden, die sie zufällig mitbekam.

»In der Zeitung«, sagte die Frau, »verstehe. Du weißt vermutlich auch nichts Genaues, aber kannst du mir erzählen, wie es passiert ist? Oje! *Cherchez la femme.* Er ist fremdgegangen, nehme ich an. Na, so sind die Männer, da sieht man's wieder.«

Grainne fand das sehr interessant, wenn auch nur auf eine reichlich theoretische Art; doch dann klingelte auch ihr Handy. Sie kramte danach und lächelte währenddessen die Frau dümmlich hilflos an. Eine aufgeregte Sinead wollte sie sprechen.

Sie ertappte sich dabei, dass sie seltsamerweise einiges von dem wiederholte, was die Frau gesagt hatte. »O Gott. Wie schrecklich. Wie ist es passiert? In der Zeitung, verstehe. Echt? Wow. Na ja, das weiß ich natürlich erst, wenn ich ihn sehe. Ich bin immer vorsichtig, das weißt du doch. Okay. Ich trinke nur schnell meinen Kaffee aus, dann komme ich. Kannst du mir irgendwas über die näheren Begleitumstände sagen?« Dann schloss sie: »Ich warte hier im Bewley's auf Paddy, aber das ist egal. Selbstverständlich komme ich auf der Stelle.«

Nachdem das Gespräch beendet war, durchzuckte sie der Gedanke, dass die Frau, die ebenfalls zu telefonieren aufgehört hatte und nun in aller Ruhe ihr Rosinenbrötchen zum Kaffee aß, ebenfalls über Sergeant Roberts und seinen Tod gesprochen haben könnte. Sie glaubte fest an den langen Arm des Zufalls, der stets mit dem langen Arm des Gesetzes einherging. Der Gedanke war so stark, dass sie, obwohl sie bereits aufgestanden war und sich lächelnd verabschiedet hatte, beinahe wieder Platz genommen hätte. Wenigstens könnte sie nach dem Namen der Frau fragen. Dann aber fand sie den Einfall doch zu abwegig. Sie konnte sich einfach nicht vorstellen, dass eine Frau wie diese etwas mit diesem Mordfall zu tun haben sollte oder näher mit dem Opfer bekannt gewesen war. Sie war zu exzentrisch, zu menschlich, zu fraulich.

»Ich hoffe, wir sehn uns mal wieder«, lächelte sie.

»Das werden wir, ganz bestimmt«, sagte die Frau, doch Grainne wandte sich bereits ab. Ihr Make-up würde sie im Büro ein wenig auffrischen. Sie erinnerte sich an das Treffen mit Sinead und dem Assistant Commissioner an jenem Abend. Es stimmte nicht, dass sie ihn nicht gemocht hatte. Sie hatte ihn nur kritisiert, oder zumindest hatte sie kritisiert, dass er eine Affäre mit ihrer Sinead hatte. Sinead sollte keine Affäre mit einem verheirateten Mann haben, der auch noch ihr Boss war. Sie sollte lieber einen netten, intelligenten Mann kennen lernen, der im sozialen Aufstieg begriffen war, ihn dann heiraten und Kinder bekommen. Vergiss es, sagte sie daraufhin zu sich selbst. Die Leute taten nie, was für sie richtig war. Sie bog in die Harcourt Street ein. Sie wusste genau, wie lang es zu Fuß von Bewley's bis zum Hauptsitz der Garda dauerte, doch heute ging sie ein wenig schneller als gewöhnlich.

Der Assistant Commissioner und sein Vorgesetzter stiegen ziemlich ungelenk zusammen in den Fond des Wagens ein, beide trugen ihre blauen Uniformen mit jeder Menge Litze darauf. Der AC hatte bereits eins auf den Deckel bekommen und nun das Gefühl, dass das Schlimmste vorüber war. Jetzt brachen sie zur Ministerin auf. Und dort würde dann sein Vorgesetzter direkt in der Schusslinie stehen.
»Also, denken Sie daran«, sagte der Commissioner, als sie in das Verkehrsgewühl auf der Harcourt Street chauffiert wurden, »immer schön klar und deutlich. Immer auf sie zugeschnitten. Wenn es jemand von der alten Bande wäre, Burke oder so jemand, der Verständnis für menschliche Fehltritte und Verstrickungen hatte, dann könnten Sie die ganze Geschichte erzählen. Doch diese Bande hier ist anders, und die Fine Gaelers ganz besonders. Sie haben nur bedingt Verständnis für die menschliche Seite der Dinge. Sie sind beschränkt, sowohl in geistiger als auch in moralischer Hinsicht. Sie begreifen nicht, dass es auch Grauzonen gibt oder was Sie vielleicht Zweideutigkeiten nennen würden. Sie begreifen im Grunde die menschliche Natur nicht. Für sie ist alles immer schön eins zu eins. Es hat keinen Sinn, zu irgendeinem von dieser Bande zu sagen, dass die Sache reichlich kompliziert aussieht und dass alles ein ziemliches Rätsel ist, ganz wie im richtigen Leben mit all seinen Rätseln und Komplikationen. Sie sind nicht bereit, diesen – soll man sagen: grotesken? – Aspekt des menschlichen Lebens zu akzeptieren, das Unvorhergesehene, Bi-

zarre, Sie wissen, was ich meine, das Unvorhersehbare, dass eben zwei Situationen niemals völlig gleich sind, und zwar seit Anbeginn der Zeiten. Immer schön eins zu eins wollen sie alles haben, den Grund für dies, den Grund für jenes, wer ist schuldig und wer ist es nicht.«

Er zog die Mütze tiefer in die Stirn und starrte düster auf den Verkehr am Stephen's Green, wo eine Menge Polizisten damit beschäftigt war, den Verkehr zu bündeln und zu entwirren. Er war ein dicklicher, rotgesichtiger Polizeichef alter Schule, und wenn er ehrlich war, mochte der AC ihn eigentlich, ihren unterschiedlichen Ansichten zum Trotz.

»Das soll natürlich nicht heißen«, fuhr der Commissioner fort, »dass Sie keinen Schurken haben. Für die Ministerin ist der Schurke einstweilen – einen anderen haben Sie ja nicht – Andrews. Ihm können Sie alles in die Schuhe schieben. Aus Ihrem Bericht geht eindeutig hervor, dass Sie keinen blassen Dunst haben, wer die Verbrechen begangen haben könnte. Aber dieser Haufen hat einen unbändigen Appetit auf Verbrecher. Sie gieren geradezu nach einem Schuldigen.«

An der Ecke der Grafton Street hing ein Plakat der *Irish Times*: AUFRUF ZUR UNTERSUCHUNG DER GARDA stand darauf.

Mit bitterer Miene betrachtete es der Polizeipräsident. »Und das steht uns als Nächstes bevor«, sagte er. »Wir kommen alle vor Gericht. Gott allein weiß, wo das hinführt.« Er gab seinem Stellvertreter einen gutmütigen Puff in die Rippen. »Ich hoffe, Ihre private Weste ist blütenweiß«, sagte er, »und dass es mit Ihrem Privatleben steil bergauf geht. Und ich hoffe, dasselbe gilt auch für diesen Volltrottel Andrews. Wehe, wenn der keine blitzeblanke Weste hat. Wenn die Dusche erst mal losprasselt, landen wir womöglich alle in der Queer Street. Bei Gott, ich hoffe, er hat nichts zu verbergen.«

Siebtes Kapitel
von Owen O'Neill

Inmitten des Durcheinanders bemerkte Andrew Andrews für den Bruchteil einer Sekunde, dass alles seiner Kontrolle entglitt. Warum ging er diese unglaublichen Risiken ein? Wenn jetzt etwas schief lief, wenn mit ihm ein falsches Spiel getrieben wurde, dann würde es das Ende seiner Karriere bedeuten. Alles, für das er so hart gearbeitet hatte, würde sich in eine Rauchwolke auflösen.

Er wusste, dass die Handschellen viel zu fest angezogen waren, wesentlich fester als sonst. Die Situation war auf ziemlich beunruhigende Art gewalttätig geworden. Andererseits wusste er auch, dass er genau deshalb hier war. Die Gefahr war Teil des Gesamtvergnügens und genau in diesem Moment war ihm wieder alles egal. Aus dem Winkel seines feuchten, heißen Auges beobachtete er, wie sie die Hand erhob und den Gürtel durch die Luft peitschte. Als das Leder auf seinen Hintern klatschte, zuckte sein ganzer Körper zusammen.

An den Haaren drehte sie ihn um, tauchte zwischen seine Beine, nahm ihn in den Mund und bewegte ihren Kopf wie wild geworden auf und ab. *Ja! Ja! O Gott, ja!* Beim Orgasmus wölbte er den Rücken und gab ein tiefes, gutturales Brüllen von sich. Als er versuchte, sich von dem Bett zu erheben, schnitten ihm die Handschellen in die Gelenke. Vor Schmerz und Ekstase schrie er auf und sank dann hastig atmend zurück.

»Hey, du Sau, was ist los mit dir? Du bist doch sonst nicht so laut gewesen.«

Jason Dunphys Vater war von Kummer zerfressen.

Plötzlich war er über ihn gekommen und ihm wie eine Welle ins Gesicht geschlagen. Als er über ihn hereinbrach, hatte er das Gefühl, ertrinken zu müssen. Aber er wollte nicht ertrinken, nicht hier, nicht in Bewley's Café. Er hasste das Bewley's, er hasste die klaustrophobische Mahagonieinrichtung und die langsamen, schwarz gekleideten Kellnerinnen mit ihren großen, grobschlächtigen Gesichtern. Und trotzdem schien er immer hier zu landen, wenn er im dunklen Tal der Depression vor die Hunde zu gehen drohte. Das Bewley's war dem Inneren einer Kirche nicht unähnlich, dachte er. Wenn die katholische Kirche für ihre Nonnen und Priester eine Kantine hätte, dann würde sie fast genauso aussehen wie Bewley's Café.

Laut hämmerte ihm sein Herzschlag in den Ohren, auf seinen Armen und über die ganze Brust stachen tausend kleine Stecknadeln und auf seiner Stirn bildete sich ein kalter Schweißfilm. Das Geklapper und Geschwätz aus dem überfüllten Café wurde allmählich zu einem seltsam entfernten Rauschen. Er umklammerte die Kanten des kleinen Tisches, biss dann die Zähne zusammen und straffte die Bauchmuskeln, um nicht loszuschreien. Aber es war vergeblich. Das Wort zwängte sich gewaltsam seine Kehle hoch.

»ANDREWS!« Von ganz tief unten aus seinem verkrampften Magen brüllte er den verhassten Namen hervor. »ANDREWS!«

Sein Schrei ließ das gesamte Bewley's erstarren – noch der letzte Gast in dem Café starrte ihn jetzt an.

»ANDREWS! ... ICH WILL ANDREWS!« Er heulte und bellte wie ein angeschossener Hund.

Eine grauhaarige Frau an einem Nachbartisch tupfte sich Rosinenbrötchenkrümel von ihren Mundwinkeln. Sie musterte den unglückseligen, schreienden Mann und nahm sich vor, nie wieder ins Bewley's zu kommen, wenn es so voll war.

Durch seine Tränen bemerkte er verschwommen, dass zwei besorgte Kellnerinnen neben ihm standen. »Hatten Sie einen Magenbitter bestellt, Sir?«, fragte die mit den roten Haaren und der gesunden Farbe auf den Wangen. »Ich glaube nicht, dass wir welchen haben«, sagte die dunkelhaarige mit den schiefen Zähnen. »Ich bin mir nicht sicher. Ich werde nachfragen.«

Er erhob sich vom Tisch und lief stolpernd zur Tür.

Er hörte erst auf zu laufen, als er in den Stephen's Park kam, wo er zitternd auf einer Bank vor dem Teich zusammenbrach. Seine Lungen schienen zu brennen, ein entsetzlicher Schmerz durchstieß seinen Oberkörper. Drei Enten kamen ein wenig näher und lachten über ihn. Ein sarkastisches Lachen. Und ein schmutziges dazu. *Quak! Quak! Quak! Quak! Verpiss dich, Eamon!*

Er erinnerte sich daran, wie er mit seinem Sohn hier gewesen war, damals, als er erst zwei oder drei Jahre alt war. Er konnte noch dieses alberne, kleine Boot vor sich sehen, das er ihm in der Spielzeugabteilung von Dunnes gekauft hatte. In seiner Erinnerung sah er es über den Teich treiben. »Geh nicht zu nah an den Rand, Jason, mein Junge, sonst fällst du noch rein.«

Eamons Kummer war jetzt ruhiger, dunkler geworden; wie eine tote Welle begann er langsam über ihn hinwegzurollen. Wieder schossen ihm Tränen in die Augen, er schluchzte wie ein Kind.

So schlimm hatte er sich in seinem ganzen Leben noch nicht gefühlt. Es war noch schlimmer, als Emilys Leiche identifizieren zu müssen, nachdem sie schließlich von den Eisenbahnschienen gezogen und in die Leichenhalle gebracht worden war. Wann war das gewesen? Schon so lange her. FRAU STIRBT IN DER PEARSE STREET STATION. Er erinnerte sich an die schlichte Brutalität der Schlagzeile des *Evening Herald*, an die sparsamen, diplomatischen Worte des städtischen Beamten, der den Fall untersuchte. »Ein betrüblicher Fall, ein betrüblicher Fall.«

Was am meisten wehgetan hatte, war, dass er immer damit gerechnet hatte, dass es passieren würde. Oft genug hatte sie damit gedroht. »Ich kann nicht aufhören zu trinken, Eamon!«, hatte sie gejammert. »Ich kann nicht mit dem Zeug leben und ich kann nicht ohne das Zeug leben. Eines verfluchten Tages werde ich mich umbringen.« Als sie es schließlich tat, war Jason sechzehn. Eamon war nie dazu in der Lage gewesen, mit ihm darüber zu sprechen. Ohne seine Mutter war der Junge nicht mehr zu bändigen gewesen und Eamon, betäubt und hilflos, hatte alle Zeichen ignoriert.

Vielleicht war der Hang zum Selbstmord Vererbung. Er fragte sich, ob das stimmte. Heutzutage schiebt man alles auf die Gene. Gene für das Schwulsein, Gene für Gewalttätigkeit, Gene für Alkoholismus. Aber nein. Nein – das war zu einfach. Andrew Andrews hatte Jason getötet, davon war Eamon Dunphy überzeugt. Jason hatte vielleicht den Gürtel um seinen Hals gelegt, hatte ihn an die Zellentür gebunden und war von dem Stuhl gesprungen, aber es war der grausame Scheißkerl Andrews, der ihn dazu getrieben hatte.

Eamon saß auf der Parkbank und gab sich seinen Erinnerungen hin. Jedes Mal, wenn es in der Nachbarschaft einen Einbruch oder einen Straßenraub gegeben hatte, hatte sich Andrews Jason vorgeknöpft und ihn terrorisiert. Nur um seine Ruhe zu haben, hatte Jason immer alles gestanden. Der Scheißkerl hatte Jason seit Jahren unerbittlich gejagt und war nach Lust und Laune ins Haus gestürmt, immer mit derselben, blödsinnigen ironischen Bemerkung über Eamons Namen. »Ach, Mr Eamon Dunphy, Sie sind nicht der Fußballer, oder? Nein, natürlich nicht, dann würden Sie ja nicht in so einem Rattenloch leben.«

Doch Eamon wusste mehr über Andrew Andrews, als sich der erbarmungslose Scheißkerl bewusst war. Dublin war ein Dorf, man hörte allerlei. Zum Beispiel wusste er, dass Andrews eine Affäre mit der Frau eines anderen Polizisten hatte. Er wusste, wo sie hingingen, bei mehreren Gelegenheiten war er ihnen gefolgt, ohne jemals genau zu wissen, warum. Er wusste nur, dass ihm sein Wissen eines Tages von Nutzen sein könnte. Jedes Mal trafen sie sich in derselben miesen kleinen Absteige, einem beschissenen Hotel an der Northumberland Road. Immer fuhren sie in getrennten Wagen vor. Eamon hatte sie beobachtet, er kannte ihre Gepflogenheiten. Die Frau sah nicht besonders gut aus, ein bisschen nach Costa del Sol, dachte er, aber ohne Klasse. Andererseits besaß auch Andrews keine Klasse. Bei seinem ganzen hochgestochenen Getue und seiner gedrechselten Arroganz war der Mann ein Drecksack, der immer nur eine Sprache verstehen würde: die Sprache der Gewalt, des Hasses und der Rache.

Eine Ruhe begann von Eamon Besitz zu ergreifen. Sein Schluchzen klang ab, sein Herz schien wieder ruhiger zu schlagen. Mit den Ärmeln seines Mantels trocknete er sich die Augen und schaute hinaus über den schimmernden Teich. In seinem Kopf begann ein Plan Gestalt anzunehmen. Er stellte sich vor, wie er ihn ausführte. Ein gutes Gefühl. In Gedanken ging er ihn noch einmal durch. Er saß auf der Bank, bis es dunkel war, bis er die Enten nicht mehr sehen konnte, und spielte die Idee wie eine Lieblingsszene aus einem Film immer wieder ab.

»Ja«, flüsterte Eamon. Er seufzte zufrieden.
Quak! Quak! Quak!, ertönte das Lachen aus der Ferne.

Micky McManus erblickte sein Spiegelbild in dem Schaufenster einer angesagten Boutique in der Grafton Street.

Er musste zugeben, dass ihm der Anblick gefiel. Einmal in seinem erbärmlichen Leben hatte er sein Stempelgeld vernünftig angelegt. Ein Tröpfchen Regen klatschte auf seine Wange. Er hoffte, dass die schwarze Gesichtsfarbe wasserfest war. Das Mädchen bei Action-Requisiten, einem Laden für Theaterbedarf hinter der Olympia, hatte ihm versichert, dass sie absolut wasserfest sei. Die Dreadlockperücke juckte auf seinem Kopf, das Mädchen hatte ihm jedoch gesagt, dass er für eine Weile damit rechnen musste. Nicht lange und er würde sich daran gewöhnt haben. Sie sagte, es sei ein bisschen so, als würde man einen neuen Hut tragen.

Die kanariengelben Schlaghosen saßen etwas eng an seinem rundlichen kleinen Arsch, doch das Satinjackett mit dem Zebramuster war perfekt und das blaue Seidenhemd hätte eine Maßanfertigung für ihn sein können. Die gebrauchten Bongos aus einem Wohlfahrtsladen waren ein Glücksgriff, ein echtes Schnäppchen für zwölf Pfund, auch wenn ein Trommelfell genau in der Mitte ein Brandloch von einer Kippe hatte.

Er konnte nicht glauben, wie leicht es war, Bongos zu spielen. Er hatte immer gewusst, dass er ein fantastisches Rhythmusgefühl hatte, hatte immer gespürt, dass in ihm ein schwarzer Mann steckte, der nur darauf wartete herauszukommen. Doch jetzt war es tatsächlich so weit, mitten in Dublin spielte er auf der Straße seine Bongos. Er fühlte sich gut. Er fühlte sich voll krass. Außerdem fühlte er sich sicher. Hier würde ihn dieses verrückte, mordende Miststück Patsy Roberts niemals finden. Tatsache war, dass niemand

Micky McManus jemals wiederfinden würde. Denn Micky McManus existierte nicht mehr.

»Yo! Hau rein, Muthafucka!«

Andrews schaute Patsy Roberts an. Eine Welle Abscheu und Selbstekel fegte über ihn hinweg. Er wollte in den Boden versinken und am liebsten sterben. Er hatte gewusst, dass er sich so fühlen würde, das tat er danach immer. So wie ein Betrunkener vom Kater gequält wurde, war es der Preis, den er zahlen musste.

Warum zum Teufel war er hier? Der Sex allein konnte es nicht sein. Er hatte oft das Gefühl, ernsthafte psychische Probleme zu haben. Vielleicht brauchte er eine Beratung oder eine Therapie. Vielleicht sollte er wieder in die Kirche gehen, den Gedanken hatte er häufig. Er fragte sich, ob es zu spät war, die Weihen zu empfangen. Wie konnte er einer Frau vertrauen, die gerade am helllichten Tage ihren Ehemann umgebracht hatte? Sie war eindeutig geisteskrank. Gott, wie er sie hasste. Er wusste, dass er aus diesem Grund in Handschellen gelegt werden musste, wenn er mit ihr zusammen war. Damit er sie nicht töten konnte, damit er das Miststück nicht mit bloßen Händen erwürgen konnte.

Sie rutschte vom Bett. »Willst du einen Kaffee?« Bevor er sprach, holte Andrew Andrews tief Luft und hoffte, dass seine Stimme seine wahren Gefühle nicht verraten würde.

»Könntest du mir bitte die Handschellen abnehmen, sie sitzen ein bisschen fest.«

Er war angenehm überrascht, wie ruhig er klang, in seiner Stimme lag keine Spur des mörderischen Zorns, der in seinem Herzen loderte. Sie löste die Handschellen und küsste ihn sanft auf die Stirn. Gott, eines musste er ihr lassen – Patsy Roberts wusste genau, wie man mit ihm umgehen musste. Der Kuss auf die Stirn war genau die richtige Geste gewesen. Normal, verbindlich, eine Geste, die seinen Zorn löschte. Er rieb die roten Striemen, die sich bereits an seinen Handgelenken gebildet hatten, stieg aus dem Bett und begann sich anzuziehen.

Während sie den Kessel aufsetzte, sah sie ihn unwirsch an. »Warum bist du so in Eile? Du hast gesagt, du wirst mir helfen, diesen Schlamassel in Ordnung zu bringen.«

»Okay!« Barsch drehte er sich zu ihr um. »Entspann dich! Ich höre besser, wenn ich meine Klamotten anhabe. Und jetzt kümmer dich einfach um den Kaffee.«

Andrew Andrews gefiel, was er gerade gesagt hatte. Es gab ihm ein gutes Gefühl. Er hatte die Kontrolle wiedergewonnen. Er zog seinen Reißverschluss hoch und schaute genießerisch zu, wie sie sich vornüberbeugte, um eine Milchpackung aus der Minibar zu nehmen. Bei dem Anblick ihres üppigen Arsches und des Büschels Schamhaare kriegte er einen Steifen. »Gehen wir noch einmal alles durch. Bist du absolut sicher, dass McManus' Fingerabdrücke auf der Mordwaffe waren?«

Sie verdrehte die Augen und seufzte. »Ja, ich habe sie selbst in seine Hand gesteckt.«

»Wie?«

»Wir fuhren so dahin und ich machte seine Hose auf und holte seinen kleinen sommersprossigen Schwanz raus. Ich sagte ihm, wenn er nicht tun würde, was ich sage, müsste ich ihn abschneiden. Und dann umklammerte er den Griff der Pistole, bis seine Knöchel weiß wurden.«

»Und du bist sicher, dass du Handschuhe getragen hast?«

»*Ja*, um Himmels willen, wie oft …«

Andrews packte sie grob an den Armen und zog sie an sich. Die Milchpackung fiel ihr aus den Händen und klatschte gegen den Bildschirm des Fernsehers.

»Jetzt hörst du mir verdammt noch mal zu, du verrücktes Miststück! Wenn du meinen Anweisungen gefolgt wärst, dann würdest du jetzt nicht in der Klemme sitzen. Ich habe dir gesagt, dass ich mich für dich um Roberts kümmern würde! Was zum Teufel hast du dir eigentlich dabei gedacht? Nicht nur, dass du ihn am helllichten Tage umgebracht hast, du hast auch noch einen völlig Scheißfremden als deinen Fluchtfahrer mitgenommen, irgendeinen Scheißschwachkopf, der gerade in dein Haus eingebrochen war ...«

Schluchzend wie ein Kind begann sie in seinen Armen zu beben.

»Bitte ... sei nicht böse auf mich, Andy.« Sie heulte jetzt Rotz und Wasser. »Als er ... als er in das Haus einbrach, da dachte ich nur ... ich dachte, ich könnte ihn dazu bringen, dass er Joe tötet ... in Panik. Aber ich konnte nicht ... deshalb ...«

»Schon in Ordnung«, seufzte er.

»Ich wollte, dass das Arschloch tot ist, nachdem mir meine Mutter von seinen ... Neigungen erzählt hat. Dieser widerliche, sexbesessene Perverse! O Gott.«

Pervers ist gut, dachte Andrews in Anbetracht dessen, was sie gerade getan hatten.

»Ich konnte nicht ... ich konnte nicht mehr aufhören ... ich habe McManus gesagt, er soll den Motor laufen lassen ... aber dieser kleine, rothaarige Arsch ist weggefahren ... Was soll ich jetzt machen?«

Andrews setzte sich aufs Bett und knöpfte sich das Hemd zu.

»Ich glaube, wir haben genug, um alles auf McManus abzuwälzen. Seine Fingerabdrücke sind auf der Pistole, außerdem sind sie in deinem ganzen Haus verteilt. Und er hatte ein Motiv: Roberts hat ihm seinen heiß geliebten Kassettenrecorder geklaut. Richtig?«

»Das hat er gesagt, ja.«

»Ich werde Zeugen auftreiben, die bestätigen, dass er deinen Ehemann töten wollte.«

Andrews kontrollierte seine im Halfter sitzende Pistole. »Was hast du übrigens mit der Perücke gemacht?«

»Die Perücke ... ist weg. Ich habe sie in eine Mülltonne geworfen. Ich habe gesehen, wie ein Müllmann die Tonne mit einem dieser kleinen Karren mitgenommen hat.«

»Gut.«

»An allem ist nur meine Mutter schuld. Das weißt du, oder?«

»Um die können wir uns verdammt noch mal auch kümmern. Wenn es nötig ist.«

»Ich hatte gehofft, dass du das sagst. Das hier habe ich in ihrem Haus gefunden.«

Sie reichte ihm eine Quittung eines DHL-Kuriers über 755 Pfund.

»Wofür ist die?«

»Sie verschickt Stoff in die ganze Welt. Meine liebe kleine Mama. Mrs Bloom.«

»Was für Stoff?«

»Tja«, lachte sie gekünstelt, »ich rede hier nicht über Heiligenbilder, oder? Das Miststück hat schon Heroin in Leitrim verkauft, bevor man in Dublin überhaupt wusste, was das ist.«

Andrews starrte auf die Quittung und steckte sie dann in seine Tasche.

»Ich kümmere mich um alles«, sagte er. »Du gehst jetzt nach Hause und spielst die trauernde Witwe.«

Allmählich verlor er die Geduld. Er wollte jetzt unbedingt dieses billige Hotel verlassen. Diese Verrückte war schlecht für ihn. Sie war schlecht für jeden, der mit ihr zu tun hatte. Wenn er nicht sehr vorsichtig war, könnte sie ihn zu Dummheiten verleiten. Sie erging sich in einem ihrer Redeschwälle.

»Das Arschloch«, blaffte sie. »Immerhin habe *ich* ihr gesagt, dass er für sie arbeiten soll. Ohne dass er überhaupt wusste, dass sie meine Mutter ist. Aber dann ist das Arschloch größenwahnsinnig geworden. Wusstest du, dass er in sie verliebt war? In meine eigene *Mutter*! Was ist das nur für ein Mensch? Von mir aus konnte er diese Schlampe Dymphny Morkan hinter meinem Rücken vögeln, aber er wollte auch noch mit meiner Mutter ins Bett. Der kranke Ficker! Er wollte, dass ich im Bett die graue Perücke trage! ... Ich bin froh, dass er tot ist. Ich habe richtig gehandelt, oder, Andy?«

»Patsy, zieh dich endlich an. Wir müssen ...«

Aber sie hörte nicht zu.

»Sie wollte ihn zum Obermacker machen, hat er mir erzählt. Er sollte alle wichtigen Geschäfte abwickeln. Als ich sie damit konfrontiert habe, hat sie es abgestritten, aber sie hat gelogen, ich wusste es. Sie hat mit der Zeit zu viele Leute hineingezogen. Und mir hat sie nicht mehr gesagt, was läuft. Diese Sache mit Reynolds hat mich zum Wahnsinn getrieben. Ich meine, worum zum Teufel ging es dabei eigentlich? Reynolds war doch nur ein Landstreicher, ein gotterbärmlicher Zigeuner, der in einem Wohnwagen gehaust hat. Aber er besaß irgendetwas. Und ich glaube, es war das hier.«

Sie zog eine Seite eines Notizbuches aus ihrem Büstenhalter.

»Ich kenne ihre Verstecke. Als ich das letzte Mal bei ihr war, war es noch nicht da. Es tauchte erst auf, nachdem Reynolds tot war.«

Andrews starrte die Seite an. »Was? Was soll das denn sein?«

»Ich bin mir nicht sicher. Ich weiß aber, dass Reynolds früher so eine Art Chemiker war. Es könnte ein Rezept sein. Für Drogen oder so.«

Andrews war mittlerweile vollständig angezogen. »Patsy, das ist nicht der richtige Moment, um über Scheißrezepte zu palavern. Hör mir jetzt zu, und zwar genau! Wir machen Folgendes: Ich nehme dich mit aufs Revier.«

»Was?« Sie wich einen Schritt weg von ihm.

Er packte ihre Arme. »Hör zu! So ist es passiert: McManus hat dich gekidnappt und gezwungen, ihn zu deinem Mann zu bringen. Ihr seid beide in das Haus gegangen. Er hat Joe erschossen und ist zurück zum Wagen gelaufen. Du bist ihm hinterhergejagt, aber er ist weggefahren. Du hast unter Schock gestanden und bist deshalb nicht gleich zur Polizei gegangen. Und mach dir keine Gedanken, ich sorge dafür, dass McManus geschnappt wird. Ich werde mich jetzt gleich darum kümmern.«

Er griff in seinen Blazer, zog sein Handy hervor und wählte eine Nummer.

»Wenn ich mit ihm fertig bin, wird er alles unterschreiben. Er wird sogar den Diebstahl des beschissenen Shergar gestehen!«

Patsy biss sich auf die Lippe. »Warum tust du das für mich?«

Andrews hob ihre Bluse vom Boden auf und warf sie ihr zu.

»O'Brien? Hier ist Andrews. Ich will, dass in Verbindung mit dem Mord an Roberts ein Micky McManus verhaftet wird. Er wohnt in Roberts' Haus in Rathmines. Mach dich sofort dran, es hat oberste Priorität.«

Er warf sein Telefon auf das Bett und starrte Patsy an.

Genau in dem Moment wurde zweimal heftig an die Schlafzimmertür geklopft. »Zimmerservice.«

Patsy und Andrews tauschten nervöse Blicke aus. »Wir haben nichts bestellt, oder?«, flüsterte Andrews.

Er klopfte erneut.

»Zimmerservice für 106. Mit den besten Empfehlungen der Geschäftsleitung.«

Patsy zuckte mit den Achseln. »Einen Moment!«, rief sie.

Andrews ging zum Fenster und kontrollierte die Straße. Alles schien ruhig zu sein, aber man konnte nie wissen. »Versuch ihn loszuwerden«, zischte er.

Doch Patsy hatte sich einen Bademantel übergeworfen und öffnete bereits die Tür.

Mit einer geschmeidigen Bewegung war er im Zimmer. Ein Mann unter einer schwarzen Kapuze. Er zückte eine Pistole, trat die Tür zu, griff ihr in die Haare, hob sie fast von ihren Füßen und schleuderte sie herum, so dass sie Andrews gegenüberstand. Dieser Mann war stark und meinte es ernst.

»Was, zum …!«

Doch Eamon ließ Andrews nicht ausreden. »Halt die Klappe! Hände hinter den Kopf! Na los! SOFORT!«

Andrews tat, wie ihm befohlen wurde.

»Andrew Andrews. Du niederträchtiger Mörder.«

Er meinte, die Stimme zu kennen, konnte sie jedoch nicht einordnen. Auch die Augen kamen ihm irgendwie bekannt vor. Aber warum nannte er ihn einen Mörder?

Der Mann ließ Patsys Haar los, hielt aber weiter seine Waffe auf Andrews gerichtet.

»Okay. Jetzt sei ein liebes Mädchen und hol mir seine Pistole … Na los.«

Patsy hatte noch nie solche Angst gehabt. Er klang so fürchterlich ruhig, beinahe entspannt.

»Beweg dich. Na los. Hol mir seine Pistole.« Er sagte das, als würde er sie in einen Laden nach Süßigkeiten schicken.

Sie griff nach vorn und zog Andrews' Pistole aus dem Halfter.

»Braves Mädchen. Jetzt geh langsam rückwärts zurück, bis ich halt sage. So ist es gut. Und keine unüberlegten Bewegungen. Sonst bring ich dich um.«

Mit schleichendem, bitterem Entsetzen wurde Andrew Andrews plötzlich bewusst, wer dieser Mann war. In seinem Darm begann es zu rumoren, er hatte Blähungen.

»Bist du – mit mir zur Schule gegangen?«, fragte er.

»Was?«

»Du bist doch Padraig Donohue, oder? Du hast mich immer Rohrkrepierer-Andy genannt.« Er versuchte ein Lachen. »Wir hatten deswegen eine kleine Auseinandersetzung. Aber ich wollte dich nicht in dieser Grotte anbinden, ehrlich. Ich habe nur ... du weißt schon ... ein bisschen Spaß gemacht.«

In diesem Augenblick wünschte sich Eamon Dunphy, dass seine Pistole echt wäre und nicht nur eine alberne Nachbildung, die er Jason zum fünfzehnten Geburtstag geschenkt hatte. Langsam und theatralisch nahm er seine Kapuze ab.

»Himmel Herrgott«, kicherte Andrews ängstlich. »Du hast dich im Laufe der Jahre ganz schön verändert, Padraig. Wie geht es denn den Leuten in der Heimat so?«

»Ich heiße Eamon Dunphy«, sagte Eamon Dunphy. »Du hast meinen Sohn ermordet, du erbarmungsloser Arsch.«

Andrew Andrews musste kräftig schlucken. Er konnte hören, wie sein Herz hämmerte und ihn am Leben hielt.

»Hören Sie, Mr Dunphy, ich schwöre bei Gott, dass ich mit dem Selbstmord Ihres Sohnes nichts zu tun habe.«

»Kennst du irgendwelche Gebete?«, fragte Eamon Dunphy. »Wenn du welche kennst, dann würde ich sie jetzt schnell aufsagen.«

»Hören Sie doch mal ...«

Dunphy machte einen Satz nach vorn und schlug ihm hart ins Gesicht. »Jeder Bulle ist ein Feigling«, fauchte er. Dann wendete er sich grinsend an Patsy. Sie stand ganz still mit Andrews' Pistole in der Hand da.

»Mach den Fernseher an«, befahl er. »Aber langsam.«

Zitternd ging sie hinüber zum Bett und nahm die Fernbedienung. Sie drückte einen Knopf und der Bildschirm begann zu flimmern. Der andere Eamon Dunphy befand sich in einer Podiumsdiskussion und referierte über Fußball. Für eine solche Naivität gibt es keine Entschuldigung, sagte er gerade, nicht in diesem Stadium des Spiels.

»Mach lauter. So laut es geht.«

Sie gehorchte.

»In Ordnung. Und jetzt erschieß das Arschloch! Mit seiner eigenen Pistole!«

Patsy fiel fast in Ohnmacht. »Na komm schon ... verdammte Scheiße!«

Er schob ihr seine Pistole unters Ohr. »Erschieß das Arschloch oder ich töte euch beide! Ich zähle bis drei und dann hast du es gefälligst erledigt!«

Andrews stolperte rückwärts zum Fenster. »Nein, bitte ... Bitte ... Hören Sie, ich kann alles erklären!«

Eamon begann zu zählen. »Eins ... zwei ... dr ...«

Patsy drückte ab und traf Andrews genau unterhalb seines rechten Auges. Die Kugel trat an seinem Hinterkopf wieder aus, durchschlug die billige Badezimmertür aus Sperrholz und sprengte den Spülkasten der Toilette.

Im Fernseher dröhnte Eamon Dunphy: »Ja, wozu hat man denn so viele Chancen, wenn keiner das Ding reinkriegt? Was diese Mannschaft braucht, ist jemand, der treffen kann.«

Superintendent Andrew Andrews war auf dem Boden zusammengebrochen, Augen und Mund standen weit auf, sein Blut war auf die billige senffarbene Tapete gespritzt. Eamon Dunphy schaltete den Fernseher aus. Er lauschte, ob sich draußen etwas bewegte. Aber alles war ruhig. Niemand hatte etwas gehört.

Unkontrolliert zitternd ließ Patsy die Waffe fallen. »Bitte töten Sie mich nicht ... Hier, nehmen Sie das.« Sie zog die Seite des Notizbuchs aus ihrem BH. »Das ist eine Geheimformel ... für die Drogenherstellung ... Sie könnten eine Menge Geld damit machen. Ich weiß, dass es nicht besonders wichtig aussieht, aber ...«

»Halt's Maul!«

Er riss ihr die Seite aus der Hand und steckte sie in seine Tasche. Er hatte keine Ahnung, was für eine Scheiße sie da erzählte, er wollte sie nur zum Schweigen bringen.

»Wenn ich verschwunden bin, bleibst du noch mindestens eine Stunde hier. Verstanden?«

Sie nickte.

»Gut.«

Er machte sich auf den Weg und schloss leise die Tür hinter sich.

Patsy fiel auf die Knie und schluchzte. »Mami, o Mami. Hilf mir, Mami!«

Detective Superintendent Andrew Andrews starrte sie an, ein schwarzer Blutstropfen blubberte langsam aus seiner Nase.

Achtes Kapitel
von Hugo Hamilton

»Man sollte ein Buch immer nach seinem Einband beurteilen«, pflegte ihr Vater zu sagen. »Und einen Menschen solltest du immer nach seiner Kleidung beurteilen.«

Irgendwie hatte diese simple Maxime niemals versagt, und das im Dienst genauso wie in ihrem Privatleben. Inspector Grainne O'Kelly hatte ihre eigene Art, ein Profil von Menschen zu erstellen, seien es nun Liebhaber, Kollegen, Opfer oder Verdächtige. Anzüge, Krawatten, Schuhe, löchrige Pullover, Hosen mit glänzenden Sitzflächen, Socken mit Karomustern – all diese Details waren es wert, Eingang in die Akte zu finden. Der Dresscode einer Person wurde zum wichtigen Bestandteil einer Ermittlungsmethode, die ihr beruflich die Obsession einer Romanschriftstellerin verlieh. Letztlich hatte der Polizeidienst doch sehr viel mit Phantasie zu tun.

Sie wurde niemals enttäuscht. Jede Durchsuchung der Garderobe eines Menschen ergab einen bemerkenswert klaren Einblick in dessen Leben, seinen Zustand in einem Augenblick der Krise, den Grad seiner Organisiertheit oder völligen Unordnung. Manchmal enthüllte ihr Vorgehen Menschen, die sich in einem beständigen Fluchtzustand zu befinden schienen: Menschen, die wie Flüchtlinge lebten; Menschen, die sich mit großer Resignation, ja Trauer entkleideten, als würden sie alles hinter sich lassen, das bisherige Leben ablegen und stattdessen eine Reise ins Ungewisse antreten. Oder überpenible Menschen, die ihr Leben aufs Sorgfältigste zusammenfalteten, ehe sie sich geradewegs ins Exil begaben. Andere warfen ihre Kleidung mit großer Verachtung von sich. Menschen, die sich nach der Anonymität des Nacktseins sehnten.

In den letzten paar Wochen hatte sie eine Menge an Textilien untersucht – meist von toten Männern. Da waren als Erstes drei Polizeioffiziere – Nestor, Roberts, Andrew Andrews – sowie der unglückliche Jason Dunphy. Ganz zu schweigen von Tommy Reynolds, dem Mann in dem ramponierten Wohnwagen, auf dessen unerklärliche Ermordung sie immer wieder zurückkam. Jedes der Opfer hatte eine Signatur hinterlassen, eine Art Lebenserinnerung oder autobiographisches Vermächtnis – eine in ein, zwei Plastiktüten passende Geschichte. Was brauchte es einen Proust oder Gorki oder auch Frank McCourt, wenn man eine dieser aufschlussreichen Tüten durchsehen, ein Paar Schuhe oder Turnschuhe daraus hervorholen und den eiligen letzten Gang eines Menschen aus dem Blickwinkel eines schief getretenen Absatzes rekonstruieren konnte?

Verwandte waren oft die Einzigen, die diese Dinge verstanden. Häufig maßen sie Gegenständen einen emotionalen Wert bei, die für jeden anderen lediglich wie Secondhandklamotten aussahen. Zeugs, wie es einem in Oxfam-Shops begegnete. Anonyme Tweedjacken, die die ausgebeulte Form ihres früheren Eigentümers auch dann noch beibehielten, wenn dieser längst eingeäschert und in alle Winde verstreut war. Hemden, die dessen Bakterien in einer Art Leben nach dem Tod speicherten; die gespenstische Unsterblichkeit seiner DNA. Was sich allein aus den Unterhosen eines Menschen schlussfolgern ließ, war erschütternd; kriminell war oft das bessere Wort. Irgendwann würde sie darüber ein neues Kapitel in den Lehrbüchern schreiben.

Die Textilforschung der wenigen zurückliegenden Wochen hatte Inspector Grainne O'Kelly nicht nur mit tiefen

Einsichten belohnt, sondern auch, und das war wichtig, mit handfesten Beweisen. So hatte es beispielsweise eine spektakuläre Entdeckung in dem eher tristen marineblauen Blazer gegeben, in welchem Superintendent Andrews gestorben war, und zwar eine zerknitterte Rechnung des DHL-Kurierdienstes, ausgestellt im Namen einer gewissen Pauline Bloom, die einen geradezu legendär kriminellen Ruf genoss. Es hatte gigantische 755 Pfund gekostet, ein Paket bis nach Sri Lanka zu schicken. Bei einem solchen Preis musste es sich definitiv um etwas Dringendes gehandelt haben.

Der Beleg, den sie in dem Blazer mit den Goldknöpfen gefunden hatte, war eine Durchschrift von schlechter Qualität und das Gewicht des Pakets sowie die Adresse des Empfängers erwiesen sich als unleserlich. Vielleicht erbrachte ja die Zollerklärung Aufschluss über den Inhalt; falls nicht, würde sie noch etwas tiefer graben müssen. Bis dahin war jedoch wichtig, dass die Rechnung Andrew Andrews mit dieser Frau Bloom in Verbindung brachte. Ein größerer Durchbruch, könnte man sagen.

Zuerst dachte sie, die Rechnung sei womöglich Teil der Untersuchungen von Superintendent Andrews selbst gewesen; etwas, worauf er im Verlauf der Morduntersuchung gestoßen war. Aber weshalb hätte er dann ein so wichtiges Beweisstück in seiner Zivilkleidung behalten, darüber hinaus der Kleidung, in der er zu Tode kam? Weshalb trug er es mit sich herum? Weshalb hatte er es nicht zu seinen Akten genommen? Oder zumindest beiläufig in seinen Fallnotizen erwähnt? Dieser Fall entwickelte allmählich Eigenheiten, die Andrews selbst in die Mitte des Geschehens zu rücken schienen. Weshalb sollte jemand so dumm sein, einen Garda Superintendent umzubringen? War jeder an diesem Fall beteiligte Polizeibeamte eine mögliche Zielscheibe? Das fühlte sich schlichtweg nicht richtig an. Es ergab keinen Sinn.

Es sei denn, Andrews war irgendwie in die Sache verwickelt.

Bei dem einen Mal, als sie Andrews begegnet war, hatte sie ganz offenkundige Besonderheiten entdeckt, die einiges an Verdacht hätten aufkommen lassen müssen. Als Erstes hatte er einen zweireihigen Anzug getragen und dazu eine sehr bunt gemusterte Krawatte; laut, geradezu comichaft. Ihre Alarmglocken hätten spätestens dann schrillen sollen, als sie seine Mokassinslipper sah. Es war, als habe er sich über seine Statur hinaus Achtung verschaffen wollen, indem er versuchte, etwas von einer falschen staatsmännischen Fassade mit der Coolness des Rock 'n' Roll zu verehelichen. Als habe er aussehen wollen wie ein Fine-Gael-Politiker. Und was sollte man zu einem Blazer mit Goldknöpfen sagen?

»Zweifelhaft« war wirklich die einzige Bezeichnung für das Ganze. Aber das war leicht gesagt, so im Nachhinein. Hatte man jemanden erst einmal mit diesem oder jenem Verbrechen in Verbindung gebracht, sagte man fast immer zu sich: »Kein Wunder, sieh doch nur, er trug weiße Socken!«

Weitere interessante Hinweise waren aus diesen schwarzen Plastiktüten aufgetaucht. Der junge Selbstmörder schien noch aus dem Jenseits nach Gerechtigkeit zu schreien. Diese eigentümlichen Flecken, diese verräterischen Spuren: Brutale Polizeimethoden waren von oben bis unten mit Blut und Urin auf seine Hosen geschrieben. Und dann die Kleidung des Sergeant Joe Roberts; er hatte eine Liste mit den Telefonnummern seiner Geliebten in der Tasche eines mit grauem Haarfärbemittel verschmutzten Hemdes hinterlassen. Inspector O'Kelly hoffte, man würde seiner armen Ehefrau Patsy diese Informationen ersparen können; sie hatte zurzeit mehr als genug Sorgen, war sie doch gerade mit einem völligen Nervenzusammenbruch in die Klinik eingeliefert worden.

Ja, die Kleidung der Leute könnte einen endlos faszinieren. Garda Bartholomew Nestor war in einem zerlumpten CHOOSE-LIFE-T-Shirt gestorben, das ihm mehrere Nummern zu klein und ganz klar nicht das seine war – wohingegen sein höchst persönliches und hoch geschätztes Manchester-United-Shirt aus seinem Zimmer verschwunden war, ohne dass seine arme trauernde Mutter imstande gewesen wäre, dessen Fehlen zu erklären. Vielleicht am interessantesten war die Kleidung von Tommy Reynolds – oder zumindest ihr vermeintlich provokanter Inhalt. Ein armer, kranker, schlecht ernährter Mann, der, wie die Autopsie bestätigte, mehrere Tage lang nichts gegessen, dafür aber eine frische Zehnpfundnote in seiner Socke versteckt hatte. Wieso war er nicht vor die Tür gegangen und hatte sich Lebensmittel dafür gekauft? Sie nahm den Zehner heraus und betrachtete ihn eingehend. Das Gesicht von James Joyce schien sie anzugrinsen. Seine Fliege im Schottenkaro wirkte ein wenig zu eng geschnürt. Tatsächlich sagte ihr ihre Kenntnis der irischen Literatur, dass Joyce irgendwie nicht zu der Sorte Mann gezählt hatte, die eine karierte Fliege trug. Es wirkte einfach verkehrt. All diese toten Männer und ihre Kleidung.

Die meisten ihrer Kollegen wären in herzliches Gelächter ausgebrochen, hätten sie gemerkt, was mit ihr los war, hätten sie auch nur die geringste Ahnung von ihrer Garderobenpathologie gehabt. Natürlich waren sie samt und sonders rückständig; und höllisch verkrampft. Eine Fine-Gael-Geisteshaltung zog sich durch das Garda-Establishment, seine Lieblingsmusik war der Peitschenknall der Rechtschaffenheit. All die erst kurz zurückliegenden Prozesse und Medienenthüllungen in Sachen politischer Bestechlichkeit hatten Fianna Fáil, ihren historischen Widersachern, das unauslöschliche Image sich selbst bedienender Herrschaften eingebracht, die sich auf ihren Weihnachtspartys gegenseitig mit den Geschenklein enthaltenden Knallbonbons beglückten. Aber wenigstens umgab sie ein Anschein von Großmut und Nichtigkeit. Ja, Fianna Fáiler trugen mit ebensolcher Wahrscheinlichkeit zweireihige Anzüge. Doch schließlich und endlich bereiteten sie Irland auf den Wohlstand vor. Sie zeigten uns, wie man *genoss*!

Kleidungsstücke waren wie politische Überzeugungen, könnte man sagen. Wie eine Art Manifest.

Inspector Grainne O'Kelly war eine einfach gekleidete Inspektorin ohne politische Tendenzen. Die Karriereleiter war sie ohne irgendwelche Beziehungen hinaufgeklettert – ein wenig zu schnell vielleicht. Sie war fortwährend verblüfft, dass man einer Frau gestattet hatte, diese Ebene innerhalb der Arschtritthierarchie zu erreichen. Ihre wachsame detektivische Arbeit, erst recht ihre innovative Kriminaltheorie konnten wohl nicht länger völlig ignoriert werden.

Gut, manche würden das Studium männlicher Kleidung als Fetischismus betrachten. Natürlich konnte man es auch übertreiben. Ganz sicher barg es die Gefahr von Fehldiagnosen in sich. Bisweilen konnte man sich davon mitreißen lassen.

Bei Inspector Grainne O'Kelly rief Konformität in der Kleidung mittlerweile mehr Verdacht hervor als Exzentrizität. Der Mann ohne Ohrring oder Nasenstecker stand gleich auf ihrer schwarzen Liste. Oft sah sie sich genötigt, ihre Verdächtigungen zu zügeln. Letztlich war das, was einen Kriminellen mit seinem Verbrechen verband, ja nicht seine Kleidung oder sein Äußeres – noch nicht einmal sein charakteristisches Nervenzucken –, sondern sein Handeln. Selbst wenn ein Mann Adolf oder Augusto hieß, rohe Leber aß, Tierpornos im Kühlschrank aufbewahrte, REM hörte, sämtliche Filme von Steven Spielberg gut fand, seinen eigenen Urin trank und sich Statuen des heiligen Christophorus in den Arsch schob, war er immer noch unschuldig.

Es sei denn, man konnte etwas Spezifisches mit ihm in Verbindung bringen.

Der DHL-Begleitschein war das einzige handfeste Beweisstück, mit dem Inspector O'Kelly bisher aufwarten konnte und ihm müsste bis zum Ende nachgegangen werden. Der Inhalt des Pakets nach Sri Lanka könnte sich schließlich als entscheidend herausstellen.

Einer der Grünschnäbel, Garda Paschal Greer, kam herein.

»Ich bin gerade wegen dieser Rechnung bei DHL gewesen, Inspector. Sie sagen, der Inhalt sei als Bücher und Zeitschriften deklariert gewesen.«

Bücher? Zeitschriften? Wer vermochte zu glauben, eine Frau in Irland würde per Kurier Bücher und Zeitschriften bis nach Sri Lanka verschicken und dann einem leitenden Polizeibeamten den Warenbegleitschein aushändigen? Welche Art von Büchern? Die Leben der Heiligen vielleicht? Religiöse Zeitschriften? Oder eher etwas Politisches? Greer zufolge hielt die DHL an ihrer Unwissenheit in dieser Angelegenheit fest. Welches Recht hätten sie, die Leute zu fragen, was sie ins Ausland verschicken wollten? Wenn eine Frau Freunden in der Ferne mehrere Exemplare der *Republican News* zukommen lassen wollte, wie sollte DHL sie daran hindern?

»Es passt nicht zusammen«, sagte Grainne.

»Meinen Sie vielleicht, es waren überhaupt keine Bücher und Zeitschriften?« Garda Greer stellte die Frage vorsichtig. Scheint wirklich ein kleiner Überflieger zu sein, dachte Grainne.

Vielleicht war die Verbindung zu Bloom eine, der man folgen sollte. Es war Zeit, ihr einen Besuch abzustatten, so viel war klar. Sie würde selbst gehen, anstatt jemanden zu schicken. Doch zuerst musste sie die Akte studieren.

»Garda Greer, könnten Sie mir bitte ein paar Dokumente heraussuchen? Ich möchte alles sehen, was wir über Pauline Bloom haben.«

»Ich war so frei, das – ihre Akte – auf meinem Weg hierher mitzubringen«, sagte Greer ängstlich. »Ich hoffe, das ist in Ordnung. Hier ist sie.«

Er überreichte sie ihr mit rotem Kopf. Manchmal konnte dieser Junge direkt niedlich aussehen, dachte Grainne. Sie öffnete die Mappe und durchblätterte flüchtig den Inhalt. Trotz des Mangels an tatsächlichen Verurteilungen hatte Mrs Bloom eine lange und interessante Vorgeschichte aufzuweisen. Sie war mehrmals von der Sicherheitspolizei überwacht worden und auch ins Visier der Steuerfahndung geraten. Das Finanzamt hatte versucht, sich mit ihr anzulegen, war jedoch gescheitert.

»Ganz zu Anfang hat sie Ladendiebe ausgeraubt«, informierte sie Garda Greer. »Und es heißt, sie hätte kleinen Schulkindern ihre eigenen Lunchpakete wiederverkauft.«

»Danke für den Hinweis«, sagte Inspector O'Kelly und lächelte.

»Dann gab es Gerüchte über größere Möbeldiebstähle.«
»... Wie bitte?«
»Ein päpstlicher Thron aus dem Phoenix Park war ir-

gendwann verschwunden. Nichts wurde je bewiesen, aber sie war definitiv ... mit von der Partie.«

»Verstehe.«

»Ich weiß, dass es lediglich Gerüchte sind«, fuhr Greer fort, »aber es heißt, ihr gehöre die Hälfte der Cayman-Inseln.«

»Interessant.«

»Sie ist eine ungeheuerliche Frau«, fügte er schließlich wie eine Warnung hinzu.

Inspector O'Kelly schlüpfte bereits in ihren Mantel.

»Möchten Sie, dass ich Sie begleite?«, fragte Garda Greer, als sie gegenüber dem kleinen Reihenhaus mit der nachgerade beängstigend sauberen Eingangstreppe anhielten.

Inspector O'Kelly schüttelte den Kopf. Sie tastete in ihrer Manteltasche nach ihrem spiralgebundenen Notizbuch und überprüfte, ob sie ihren Stift dabeihatte.

»Ist schon in Ordnung. Ich versuche es zunächst auf die unaufdringliche Tour.«

»Ich mache mir ... Sorgen«, sagte er in einem neuen Anlauf. »Das hier sind gefährliche Leute. Und schließlich sind Sie ...«

Er verstummte.

»Was?« Sie lachte spöttisch. »Eine Frau?«

»Nun ... Sie wissen schon.«

»Ich bin schließlich keine Anfängerin mehr, Garda.«

Es irritierte Grainne, wie viele ihrer männlichen Kollegen immer wieder auf ihre Verletzlichkeit anspielten. Und jetzt auch Garda Greer – er benahm sich, als sei sie unfähig, ohne männlichen Begleitschutz aus dem Wagen zu steigen. Dabei hatte sie nichts anderes vor, als ein Haus zu betreten und dort ein höfliches Gespräch von Frau zu Frau zu führen.

Garda Greer saß mit trauriger, zerknirschter Miene neben ihr. War das eine diskrete Anmache?, fuhr es ihr plötzlich durch den Sinn. Als Fürsorge getarnte Begehrlichkeit? Noch ein Kollege, der ihr an die Unterwäsche wollte? Der sie sich ein wenig unterwürfiger und ängstlicher wünschte, damit er den Helden markieren konnte? Nun, falls es irgendwann so weit kommen sollte – nichts sprach gegen eine kurze Romanze mit Garda Greer. Ohne Uniform sah er bestimmt ganz ansehnlich aus. Sie fragte sich, ob er wusste, dass sie ihn schon immer attraktiv gefunden hatte.

»Ich sage Ihnen was«, lenkte sie schließlich ein, als sie die Tür des zivilen Streifenwagens öffnete. »Wenn ich in einer Stunde nicht zurück bin, schicken Sie Verstärkung. Schicken Sie die NATO. Könnte Sie das beruhigen?«

»Die NATO«, gluckste er, »das ist gut!«

Sie überquerte die Straße und klopfte an die Tür. Ein Radio plärrte durch ein offenes Fenster im Obergeschoss. »*You're forgiven, not forgotten.*« Na los, dachte sie, mach die Tür auf!

Lange Zeit kam keine Antwort. Schließlich bewegten sich die Vorhänge im Fenster und Schlurfgeräusche drangen aus dem Inneren. Sie klopfte erneut, diesmal etwas energischer. Endlich öffnete sich die Tür und eine Frau starrte sie an. Dieser gekonnt leidvolle Mutter-von-vierzehn-Kindern-Ausdruck. Inspector O'Kelly durchschaute ihn sofort.

»Sind Sie Mrs Bloom?«

»Blixen.«

»Ich wollte zu einer Mrs Bloom. Wohnt hier eine Mrs Bloom?«

»Warten Sie.«

Die Frau drehte sich auf dem Absatz um und verschwand, die Eingangstür weit offen lassend. Grainne trat in den engen Flur und schloss die Tür hinter sich. Sie ging am Wohnzimmer vorbei und warf einen Blick hinein. Bücherstapel, die vom Boden bis zur Decke reichten und jeden Zentimeter des Raums ausfüllten. Vielleicht hatte das Paket nach Sri Lanka ja tatsächlich Bücher enthalten. Entweder das oder diese Regale waren ein Teil der Maskerade.

In der kleinen, zur Rückseite hin gelegenen Küche saß eine Frau mit einem Notizbuch auf den Knien. Ein roter Kugelschreiber befand sich hinter ihrem Ohr. Auf ihrem Kopf türmte sich ein Heuschober aus grauem Haar. Aus irgendeinem Grund wirkte ihr Gesicht sehr vertraut.

»Mrs Bloom?«

Die Frau schaute hoch, zuckte zusammen und nickte. Ihr Gesichtsausdruck konnte nur als verschlagen bezeichnet werden. Die Blixen-Frau kam hereingeschlurft.

»Ich hab Ihnen gesagt, Sie sollen draußen warten«, blaffte sie Grainne an.

»Ist schon in Ordnung«, murmelte die andere.

Inspector O'Kelly starrte auf Mrs Bloom. Wie die meisten Polizeibeamten hatte sie eine exakte Datenbank an Namen und Gesichtern. Aber manchmal verirrten und verwirrten sich die Merkmale. Man verband Leute mit ihrer üblichen Umgebung, man ordnete sie einem ganz bestimmten Hintergrund zu – Supermarktkassiererin bei Spar, Pförtner im Omniplex-Kino, Busfahrer auf der Linie 13. Außerhalb ihres Kontexts konnte man sich in jemandem vertun. Sah man Bill Clinton hinten in einer Metzgerei mit gerötetem Gesicht und weißer Mütze Blutwurst in Därme füllen, dann sagte man sich: »Das Gesicht kenne ich. Ich erinnere mich bloß nicht, woher.«

»Bewley's«, sagte sie zuletzt und ohne die Hilfe von Mrs Bloom. »Das ist es. Wir sind uns bei Bewley's begegnet.«

Mrs Bloom erwiderte ihr Lächeln.

»Sehr gut. Sie sind nicht so dumm, wie ich dachte.«

Grainne konnte im Hintergrund das schallende Gelächter von Mrs Blixen hören, hatte jedoch nicht die Absicht, sich umzudrehen und nachzusehen, was diese dort tat. Stattdessen behielt sie Mrs Bloom fest im Blick und ignorierte die Beleidigung. Mit derart unnötigen Unverschämtheiten wiesen die Leute lediglich auf ihre eigene kriminelle Veranlagung hin.

»Ich bin Inspektorin bei den Guards. Ich möchte Ihnen einige Fragen stellen, falls es Ihnen nichts ausmacht.«

»Schießen Sie los.«

Sie zog den DHL-Warenbegleitschein hervor und legte ihn auf den Tisch. Mrs Bloom lachte. Ihr Lachen wurde lauter. Demnächst erstickte sie noch daran. Grainne konnte ihre sämtlichen Zahnfüllungen sehen, als sie sich mitsamt ihrem Stuhl zurücklehnte. Sie gestattete diesem kleinen Anfall von Heiterkeit, sich auszutoben, und seufzte dann.

»Irgendwas Witziges an diesem Zettel? Möchten Sie mir sagen, was in dem Paket war?«

Mrs Bloom reagierte mit einem neuerlichen Ausbruch haltlosen Gelächters, begleitet von dem belustigten Gegacker dieser Mrs Blixen im Hintergrund. Doch langsam hörte sich Mrs Blooms Lachen etwas forciert an. Es verpuffte und wurde ein unechtes Lachen. Es legte das gesamte Wegspektrum irischen Gelächters zurück, vom unschuldigherzlichen, vergnügten Hoho bis hin zum hohlen, wissenden Glucksen. Das mechanische Lachen. Das Aufziehspielzeug-Lachen.

»Können Sie mir erklären, wie dieses Dokument in die Hände eines ermordeten Polizeibeamten gelangt ist?«

Grainne hielt es für an der Zeit, gröberes Geschütz aufzufahren.

»Woher zum Teufel soll ich das wissen?«, erwiderte Mrs Bloom. »Und falls es Ihnen nichts ausmacht: Was ich nach Sri Lanka schicke, geht Sie gar nichts an.«

»Betreiben wohl ein kleines Exportunternehmen hier, stimmt's?«

Grainne stieß auf eine Mauer aus Hohn. Okay, das war's. Zeit, diese Frau zu verhaften. Diese ganze Begegnung war frustrierend gewesen, aber auch erhellend. Sie hatte ihr die Gelegenheit verschafft, Mrs Bloom in Augenschein zu nehmen und sich einen Eindruck zu machen – ihre Kleidung, ihre Make-up-Techniken, ihre häusliche Situation. Schon eine oberflächliche textilpathologische Betrachtung sagte ihr, dass Mrs Bloom eine sehr ausweichende Gegnerin war. Eine Seidenbluse und unten herum ein dreigestreifter Trainingsanzug. Tiefroter Nagellack. Die Zeichen waren eindeutig.

Erst als Grainne schließlich den DHL-Warenbegleitschein wieder an sich nahm, wurde es doch noch sehr interessant.

»Ich möchte, dass Sie mich auf die Wache begleiten«, sagte sie und versuchte aufzustehen, allerdings nur, um von der starken Ich-hatte-eine-Farm-in-Afrika-Hand von Mrs Blixen hinter ihr auf ihren Stuhl zurückgedrückt zu werden.

Mrs Bloom kniff die Augen zusammen. Grainne spürte den kalten Abdruck einer doppelläufigen Schrotflinte an ihrem Hals.

Mrs Bloom erhob sich vom Tisch und wühlte in einer Schublade. Endlich brachte sie etwas zum Vorschein, das wie ein Stromkabel aussah. Es war grau und an einem Ende hing ein braunes Erdungskabel heraus.

»Ich fürchte, wir werden Sie demnächst nach Sri Lanka verschicken. Ist gar kein übler Ort eigentlich, Sri Lanka. Vielleicht ein bisschen feucht. Es heißt, das Geld verschimmelt einem dort in der Tasche.«

Grainne war entschlossen, den Kampf aufzunehmen. Sie versuchte, sich die ersten Grundregeln der Selbstverteidigung ins Gedächtnis zu rufen. Auf die Schienbeine abzielen, in die Augen stechen, auf die Zehen treten. Doch ehe sie sich überhaupt regen konnte, fand sie sich gefesselt und geknebelt wieder. Das kalte Stromkabel straffte sich um ihren Hals. Hätte sie doch nur Garda Greer mitgenommen. Er war so ein netter Mann, wirklich. Falls sie jemals heil aus dieser Situation herauskam, würde sie definitiv mit ihm schlafen.

Das Kabel spannte sich straffer. Inspector O'Kelly spürte, wie ihr die Zunge im Mund zum Bersten dick wurde, wie ein widerspenstiges Stück Steak, auf dem man vergebens herumkaute. Ihre Augen wurden feucht und traten hervor. Genau in dem Moment, als sie aus dem Küchenfenster blickte, sah sie Garda Greer über die rückwärtige Mauer klettern, oder besser: kraxeln, und im Garten landen.

Ein Schuss ertönte direkt neben ihrem Ohr. Die Fensterscheibe zerbarst. Glas splitterte nach allen Seiten in den Garten. Dann ein zweiter Schuss.

Inspector Grainne O'Kelly verlor das Bewusstsein.

Neuntes Kapitel
von Joseph O'Connor

Heftige Meinungsverschiedenheiten entsprachen nicht Paschal Greers Naturell und hatten bei seiner Ausbildung auch keine Rolle gespielt.

Selbst für einen Neuling war er ein wenig schüchtern gewesen; einige Kollegen auf der Wache beschrieben ihn als verweichlicht. Ein oder zwei seiner grausameren Kollegen nannten ihn hinter seinem Rücken »Germaine«, aber dieser Spitzname bezog sich eher auf seine Frisur als auf sein Durchsetzungsvermögen. Als nun die Justizministerin ihre Teetasse hinstellte und Paschal Greers Vorschläge zur Verbrechensbekämpfung hören wollte, brachte er keine bessere Antwort zustande, als zu grinsen, mit den Schultern zu zucken und in sein Ingwerplätzchen zu beißen.

Der Assistant Commissioner lachte nervös. »Unser Greer ist manchmal ein wenig schweigsam«, sagte er. »Wir bemühen uns darum, dass er etwas aus sich herausgeht.«

»Sie sind ein großartiger Mann, Greer«, sagte die Ministerin. »Ein wirklich toller Mann. Sie machen Ihrer Truppe alle Ehre.«

Paschal Greer hatte das Gefühl, dass sein Gesicht brannte.

»Bedank dich bei der Ministerin, Jungchen«, flüsterte sein Vorgesetzter.

»Äh – haben Sie vielen Dank, Mrs Kinch.«

»Keine Ursache«, erwiderte die Ministerin. »Wenn wir mehr Leute wie Sie bei der Truppe hätten, dann wäre der Krieg gegen das Verbrechen bereits beendet.«

»Und vergiss nicht, dich bei der Ministerin für deine Beförderung zu bedanken ... äh ... Sergeant.«

»Vielen Dank, Mrs Kinch. Ich fühle mich wirklich ... sehr geehrt.«

»Ach, hören Sie doch auf«, wehrte die Ministerin ab. »Das haben Sie verdient. Sie sind ein Held.«

Der frisch ernannte Sergeant Greer, die Justizministerin, Assistant Commissioner Staines und ein Triumvirat aus besorgt dreinschauenden Beamten saßen in einem großen Büroraum, der mit einem Fenster mit Blick auf die Merrion Street prunken konnte. Die Besprechung war in aller Eile einberufen worden, um Sergeant Greers Beförderung zu feiern, die er seiner beispielhaften Tapferkeit bei der heldenhaften Festnahme von Mrs Bloom und Mrs Blixen und bei der zwangsweisen Rückführung von Mrs Patsy Roberts verdankte, ganz zu schweigen von der rechtzeitigen Befreiung von Inspector Grainne O'Kelly, die sich inzwischen von der Schusswunde in ihrem Oberschenkel schon recht gut erholt hatte. Die Ministerin rauchte ein Zigarillo und trank Brandy. Leise prasselte der Regen gegen das Fenster.

»Zu solchen Gelegenheiten«, sagte Ministerin Kinch, »finde ich, müssten wir in Irland ein System von offiziellen Belohnungen haben. Hätten Sie gern einen Preis, Sergeant?«

»Ich habe schon Preise gewonnen«, antwortete Sergeant Greer.

»Oh?«, sagte die Ministerin.

»Für Makramee«, sagte Sergeant Greer.

Im Grunde hatte er nicht das Gefühl, für seine Leistungen an jenem schicksalhaften Tag einen Preis verdient zu haben. Er hatte sich im Streifenwagen seine neue Tammy-Wynette-Kassette angehört und sich dabei vorgestellt, wie

Inspector Grainne O'Kellys Gesicht aus nächster Nähe aussehen würde, wenn man sie dabei ganz sanft küsste. Und dann hatte er plötzlich gesehen, wie Mrs Patsy Roberts, die Hinterbliebene des seligen Sergeant Joe, mit einer Handfeuerwaffe die Straße entlangschlich. Er war überrascht vom Anblick gerade dieser Dame, denn zuletzt hatte er gehört, sie halte sich im Central Medical Hospital auf und erhole sich dort von einem Nervenzusammenbruch, ausgelöst durch den grauenhaften Mord an ihrem Gatten und die ebenso grauenhafte Auslöschung seines Vorgesetzten, Detective Superintendent Andrews, eines langjährigen Freundes der gesamten Familie.

Ein gewisser Eamon Dunphy, jedoch nicht *der* Eamon Dunphy, galt als Hauptverdächtiger für diesen erschütternden Doppelmord und war angeblich abgetaucht, wenn er nicht sogar bereits das Land verlassen hatte. Er schien wirklich ein unangenehmer Typ zu sein. Bei der Obduktion waren Handschellenspuren an den Handgelenken des toten Polizisten gefunden worden und man munkelte, dass Mr Dunphy, der vor Kummer, oder einfach so, den Verstand verloren hatte, Detective Superintendent Andrews zu einer Art bizarrem sadomasochistischen Fickfest gezwungen hatte, um ihn dann wie einen tollen Hund abzuknallen. Großer Gott, das klang doch wie das, was man sonst immer über England las.

Auf der Wache hatten sich grauenhafte Andeutungen über Mrs Roberts und D. S. Andrews verbreitet; angeblich hatten sie seit Jahren eine schmuddelige Affäre miteinander gehabt. Garda Greer sagte sich, das könne nicht wahr sein. Er hatte ein viel zu gutes Herz, um das zu glauben, und brachte dem verstorbenen Sergeant Roberts, dem legendären, wenn auch bisweilen umstrittenen Superintendent Andrews und der mit einem so tragischen Verlust geschlagenen Mrs Roberts viel zu große Achtung entgegen. Ein Verhalten, wie die Gerüchte es ihnen zuschrieben, war unvorstellbar. Da könnte man doch auch gleich behaupten, ein Taoiseach – ein Premierminister –, ein Priester oder gar ein Bischof seien korrupt! Typischer, haltloser Klatsch, das war alles. Das, was ein irischer Dichter einmal als »die tägliche Gemeinheit dieser ungehobelten Stadt« bezeichnet hatte. Er war zwar Polizist, aber deshalb brauchte er ja nicht alle Welt zu verdächtigen. Jeder Mensch hatte schließlich gute und schlechte Seiten. Die Iren waren eine Nation von Nörglern, das stand fest. Doch Pascal Greer würde nicht an aller Welt herumnörgeln. Nie und nimmer.

Durch die Morde und die schändlichen Lästermäuler Dublins aus dem Gleichgewicht gebracht, war die arme Mrs Roberts ganz legal und außerdem zwangsweise in einem Haus einquartiert worden, dessen Türen keine Klinken aufwiesen. Das glaubte zumindest alle Welt. Aber nichts da – hier stand Mrs Roberts, lebensgroß und doppelt so gemein und, wenn man nach der Waffe gehen durfte, absolut in Geschäftslaune. Und jetzt stapfte sie auf die Bloom-Blixen'sche Residenz zu und gleich darauf hörte Greer, wie sie aus voller Kehle brüllte: »Komm runter, Mami! *Komm runter, du feige Jesuitenkuh!*«, und dabei besabberte sie die ganze schöne saubere Vordertreppe.

Vor Angst wie gelähmt, hatte Garda Greer das alles vom Auto aus beobachtet, während seine Zehen sich in purer urwüchsiger Panik krümmten. In der Karriere jedes jungen Garda kam der Moment, in dem eine rasche Entscheidung getroffen werden musste. Rund um die Uhr war ihnen das auf der Polizeiakademie in Templemore eingehämmert worden und es bestand kaum ein Zweifel daran, dass dieser berühmte Moment nun gekommen war. Mrs Roberts hob ihr Schießeisen und gab einen Schuss auf ein Fenster oben im

Haus ab. »Stirb, Mami, du miese, schimmelige Kuh!«, schrie sie und riss dabei ein Bratenmesser aus ihrer Handtasche.

Garda Greer ertappte sich bei einer raschen Kosten-Nutzen-Analyse eines möglichen Eingriffs in die sich hier entfaltende Szene. Kosten: eine rasche Schimpfkanonade von einer gewalttätigen Verrückten. Nutzen: die flüchtige Dankbarkeit des irischen Volkes.

Scheiß doch der Hund drauf, dachte er. Ich hau ab.

Aber er musste ja auch noch an Inspector Grainne O'Kelly denken. Er liebte sie mit jeder Faser seines Wesens, mit jedem Atom seiner zurückhaltenden Seele – wenn er nur den Mut fände, es ihr zu gestehen. Er verehrte sie seit Monaten. Seine Liebe war rein und echt und bisweilen durchaus beängstigend. Aber sie hatte nichts Billiges oder Unangenehmes an sich. Er betete den Boden an, über den sie schwebte. Doch wie könnte er auch nur im Traum daran denken, ihr das alles zu sagen? Sie würde verächtlich über seine Liebe lachen und wer könnte ihr da Vorwürfe machen? In der Darwin'schen Klassifizierung war Grainne ein Vollblut. Er dagegen war – bestenfalls – ein Esel.

Spätnachts, in seinem trüben, einsamen möblierten Zimmer, hatte er formal unzulängliche, aber ungeheuer tief empfundene Gedichte verfasst, in denen er ihre Schönheit pries, ihre Grazie, ihre fast unbeschreibliche sexuelle Attraktivität. Sonette, Verse, Epen und Haikus, an allem hatte er sich versucht. (»Geliebte Freundin Grainnéh, lass mich küssen deinen Zeh«, so lautete ein Haiku.) Er hatte sogar versucht, ein paar Lieder für sie zu schreiben. Und einige davon waren gar nicht schlecht. Demnächst würde er in eine seiner Stammkneipen gehen und fragen, ob er seine Songs an den anderen Gästen austesten dürfe.

Es war die wahre Liebe. Das stand einwandfrei fest. Er wachte morgens schweißgebadet und zitternd auf, aus Träumen voll fiebrigem, nervenzerrüttendem Verlangen, die feuchten Laken sich wie Fesseln um seine zuckenden Gliedmaßen gewunden. Inspector Grainne O'Kelly war zu seinem Lebensinhalt geworden. Sie war, wie er oft dachte, die andere Hälfte seiner Seele. Ohne sie wäre seine weitere Existenz im Königreich der Wachtmeister sinnlos. Wie um Himmels willen könnte er sie jetzt, wo sie möglicherweise in Lebensgefahr schwebte, im Stich lassen?

Scheiß drauf, dachte er. Sie hat ein schönes Leben gehabt.

Er drehte den Zündschlüssel herum, ließ den Motor an und riss ihn in den ersten Gang. Doch just in diesem Moment schien Mrs Patsy Roberts ihn bemerkt zu haben.

An die nun einsetzende Ereignisfolge sollte Paschal Greer sich in den nächsten Tagen oft wie in Zeitlupe erinnern. Langsam drehte Mrs Roberts sich um, wie eine Bulldogge in einem Comic, die plötzlich auf eine dahinschleichende Katze aufmerksam wird, und ein hasserfülltes Geifern verzerrte ihr entstelltes, wahnsinniges Gesicht, als sie ihre Waffe hob und unsicher damit zielte. »Du mieser Ficker«, wütete sie, als sei er ihr persönlich bekannt, »du verrotzter, schweißärschiger kleiner Drecksack von Landei!«

»*Yew'll have bayed times, and yew'll have good times*«, sang Tammy Wynette.

BLAAM! Die Windschutzscheibe zersprang in tausend Scherben. BLAAM! BLAAM!

Wie Geräusche vom Meeresboden erschienen später in seiner Erinnerung das durchdringende Kreischen der Räder und das filmreife Schleifen der Gangschaltung, als er es irgendwie schaffte, den Rückwärtsgang einzulegen, den Wagen rückwärts um die Ecke zu jagen und, typisch, in einer Sackgasse zu landen.

Er griff nach dem Radio. Der Empfang war schlecht.

Nahm seinen Knüppel. Hoffte inständig, er würde ihn nicht brauchen.

Seine plumpen Hände waren schweißnass. Die Zunge klebte ihm am Gaumen. Mrs Roberts war hinter ihm her um die Ecke gerannt und schrie: »Komm nur her, dann kanst du was erleben, du Scheiße fressendes Landei! ICH HASSE EUCH ALLE!«

Außer sich vor Angst war Garda Greer aus dem Wagen gesprungen, rückwärts getaumelt und hatte sich schwerfällig über die hintere Mauer des Bloom-Blixen'schen Gartens geworfen. Dort war er auf einer Art Papstthron gelandet und hatte ihn in viele Stücke zerbrochen.

Durch das Küchenfenster sah er Mrs Bloom und seine geliebte Grainne, die entweder eng tanzten oder heftig miteinander rangen, genau konnte er das nicht erkennen. Sein Herz hämmerte wie die Kilfenora Ceilidh Band nach reichlicher Ecstasy-Zufuhr. BLAAM! Hinter ihm knallte ein Schuss und zerschlug das Fenster. Mrs Roberts versuchte jetzt, auf die Mauer zu klettern, und schrie dabei: »Mami! Mami! Mami muss sterben!« Das Ganze war wie eine Szene aus einem Horrorfilm.

Irgendwie hatte er seinen Knüppel verloren. Er schnappte sich den nächstbesten Gegenstand, die aus Mahagoni gefertigte Fußstütze des Papstthrons, und schlug ihr damit mehrere Male auf die zuckenden Finger. »Auaaaa!«, brüllte sie. Die Schwerkraft und Mrs Roberts kamen in Konflikt miteinander, und wie die Anhänger des seligen Sir Isaac bestätigen werden, kann es bei einer solchen Konfrontation nur einen Sieger geben. Mrs Roberts stürzte in die Gasse und murmelte dabei grauenhafte Flüche und Verwünschungen. Garda Greer schnappte sich sein Funkgerät und bat zitternd um Verstärkung und um einen Krankenwagen. Als Nächstes fielen im Haus Schüsse, die Hintertür wurde aufgerissen, zwei alte Damen stürzten heraus und jagten wie die Windhunde beim Rennen im Shelbourne Park durch das Hintertor.

In der bemerkenswert sauberen Küche fand er Grainne, verschnürt wie eine Weihnachtsgans, gefesselt und geknebelt, ihre wunderschönen staubblauen Augen quollen wie dicke Murmeln hervor. Er fiel auf die Knie, weinte fast vor Verlangen und Zuneigung, befreite sie, die Polizistin seiner Träume. Seine langen Finger bebten dabei und Münzen fielen aus seiner Tasche. Er war ihr jetzt so nah, dass er ihr nach Moschus duftendes Parfüm riechen konnte, er konnte die blonden Härchen auf ihren langen geschmeidigen Armen sehen, ihr weicher, feuchter, stolzer und doch nachgiebiger Mund war nur um Zentimeter, ach was, Millimeter von seinem eigenen entfernt. Das musste doch der Augenblick sein, für den er gebetet hatte.

»Inspector ... ich meine, Grainne ... ich bin so ... zutiefst ...«

Und dann fiel sie in Ohnmacht.

Und jetzt gratulierte ihm die Ministerin, schüttelte ihm die Hand, schwenkte sie energisch auf und ab, umklammerte seinen Unterarm und küsste ihn sogar auf die Wange. Sergeant Greer hatte glatt das Gefühl, dass sie ihn vielleicht attraktiv fand. Unter normalen Umständen hätte ihn das nicht gestört. Sie war zwar nicht gerade eine Schönheit, aber Greer – das musste er zugeben – war mehr als nur ein wenig verzweifelt.

Trotz seiner Jungfräulichkeit ertappte er sich dabei, wie er sich schamlos Sex mit der Ministerin ausmalte, in allen möglichen Stellungen, oder zumindest in allen beiden. Es war nicht die schlechteste der denkbaren Aussichten. Er stellte sich vor, dass sie sich bei der Liebe so verhalten würde wie er beim Klavierspielen, nicht wirklich geschickt, aber mit großem Enthusiasmus – und bisweilen auch, um auf Partys Gruppen von Betrunkenen zu unterhalten, die das sehr zu schätzen wussten. Aber hinter ihren Augäpfeln, fand er, versteckte sich ein irrer Blick, ein gewisses wahnwitziges Funkeln. In letzter Zeit hatten die Sonntagszeitungen mit Andeutungen über ihren Geisteszustand und ihre unvorhersagbaren Launen durchaus nicht hinter dem Berg gehalten.

Die Ministerin ging zu ihrem Schreibtisch und murmelte dabei leise vor sich hin. Düstere, geheimnisinnige Blicke wanderten zwischen den Beamten hin und her; sie schienen mit Ärger zu rechnen.

»Kommen Sie her, bitte, Sergeant!«, rief Mrs Kinch plötzlich. »Ich möchte Ihnen etwas Interessantes zeigen.«

Pascal Greer starrte nervös den Assistant Commissioner an, doch der bewegte seinen riesigen Quaderschädel, um ihm klar zu machen, dass er der Ministerin gehorchen solle. »Mach schon, du Trottel«, drängte er. »Sie ist scharf auf dich.« Und deshalb tänzelte der schwitzende Sergeant durch den Raum, wobei seine nagelneuen Stiefel boshaft quietschten.

Die Ministerin führte ihn in eine Ecke und kehrte dort den anderen Männern den Rücken zu. Mit einem Grinsen überreichte sie ihm ein Exemplar ihres Parteiprogramms, auf dessen Titelblatt sie ihre Handynummer gekritzelt hatte.

»Klingel doch bei Gelegenheit mal durch«, flüsterte sie.

Sergeant Greer berührte das Parteiprogramm mit spitzen Fingern, so als stünden dessen Ecken in Flammen.

»Oh ... sehr freundlich von Ihnen, Mrs Kinch ... aber Sie müssen wissen ...«

Sie trat dichter an ihn heran und zupfte ein Haar von seinen Schulterklappen.

»Sie sind wirklich ein gut aussehender Mann«, sagte sie. Lächelnd.

Mrs Bloom saß hocherhobenen Hauptes auf der Anklagebank im Gerichtssaal Nr. 54, mit der Haltung einer Frau, der das ganze Haus gehörte und die durchaus nicht vorhatte, es zu verkaufen. Umgeben von Anwälten, Verteidigern und besorgt aussehenden Fianna-Fáil-Abgeordneten saß sie sehr ruhig da und starrte mit dem Ausdruck marmorner Undurchschaubarkeit in ihrem Gesicht zu dem schläfrig aussehenden Richter hoch.

Der Gerichtssaal war fast voll besetzt. Journalisten, Gefängnisangestellte und Vertreter der Öffentlichkeit füllten die Bänke und folgten der Verhandlung mit Begeisterung. Unter den Polizeibeamten saß Inspector Grainne O'Kelly, deren Bein seit der Verhaftung von Mrs Bloom noch immer in Gips war. Der fette Gary Reynolds hatte sich ebenfalls eingefunden, er stand ganz allein hinten, sein gewaltiger Umfang hatte sich nur mit Mühe durch die Tür quetschen lassen und sein kleines Gehirn fragte sich betrübt, ob diese beiden gebrechlichen alten Damen wirklich hinter dem Ende seines Vaters stecken konnten.

Was für einen Mist hatte er in letzter Zeit gebaut! Da hatte er doch tatsächlich das geheimnisvolle und offenbar wertvolle Dokument weggeworfen, das sein geliebter alter Daddy ihm hinterlassen hatte. Nachdem er zehn volle Minuten in die leere Mülltonne vor seinem Haus gestarrt hatte – als könne er allein durch das Starren selbiges Dokument aus dem Nichts zurückrufen –, war er wieder ins Haus gegangen und hatte stundenlang alle Stellen untersucht, von denen er genau wusste, dass es dort nicht sein konnte.

Danach war er zur städtischen Müllhalde gefahren und hatte zwischen den Bergen aus schwarzen Säcken und ramponierten Fernsehern, aus verstorbenen Haustieren und zerlegten Einkaufskarren gewühlt, während die schreienden Möwen im Sturzflug auf ihn herabgeschossen waren, die hin und her eilenden Ratten seine Turnschuhe angeknabbert hatten und die sich windenden Maden seine Hosenbeine hochgekrochen waren, doch so sehr er sich auch abgemüht hatte, seine eigenen Mülltüten hatte er nicht finden können.

Von Dung bespritzt, mit Schlamm beschmiert und ganz allgemein total fertig, war er als unzufriedener Mann aus der matschigen Müllhalde gestapft. Großer Gott, was mochte auf diesen wertvollen Blättern gestanden haben? Wenn er das nur wüsste! Von den gesamten Kritzeleien seines Vaters war nur die eine seltsame Seite übrig, die Schwesterchen Margaret in der Milchflasche vor dem Wohnwagen gefunden hatte. Die Seiten 1 bis 299 hatte er offenbar unwiederbringlich verloren.

Y8S = +!

Dieser Ausdruck hatte auf beiden Schriftstücken gestanden. Aber was in aller Welt mochte das bedeuten? Er hatte die verbliebene Notizbuchseite mit Klebeband an der Küchenwand befestigt, betrachtete sie oft und zerbrach sich darüber den Kopf. *Y8S = +!* Das war rot umrandet. Inzwischen sah er diese seltsame Formel schon in seinen Träumen, wo sie vor seinen Augen aufleuchtete wie die Lottozahlen im Fernsehen.

Allein in einer Ecke, kaum bemerkbar, saß eine schmächtige kleine Nonne, Schwester Dymphna von Stoneybatter. Auch sie machte sich so ihre Gedanken. Sie war nach der Verhaftung ihrer Auftraggeberinnen abgetaucht, die Lage war beunruhigend. Sie hatte sogar schon mit dem Gedanken gespielt, das Land zu verlassen, auf die Kanarischen Inseln zurückzukehren, diesmal jedoch für immer. Was zum Teufel würde als Nächstes passieren? Würden Mrs Bloom und Mrs Blixen unter dem Druck der Polizei zusammenbrechen? Wann immer sie in letzter Zeit die Augen geschlossen hatte, hatte sie diese riesige Gummiratte vor sich gesehen.

Im Zeugenstand machte jetzt Mrs Blixen ihre Aussage. Ein würdevoller, bärtiger und empörend braun gebrannter Staatsanwalt war aufgesprungen. Er schaute sich im Gerichtssaal um, rümpfte in arroganter Verachtung die Nase, seine funkelnden Augen weigerten sich, dem wütenden Blick der Zeugin zu begegnen, während er in klangvollem Bariton zur Saaldecke sprach.

»Bei seinem Tod hinterließ Mr Thomas Reynolds eine Art wissenschaftlicher Formel. Wozu diente diese Formel, Mrs Blixen?«

»Ich weiß wirklich nicht, wovon Sie reden.«

»Ich glaube doch, Mrs Blixen.«

»In der Schule war ich nie gut in Naturwissenschaften. Mir war Literatur lieber.«

»Mrs Blixen, die Polizei hat aus Mr Reynolds' Wohnwagen eine Anzahl von Notizbüchern und anderen Papieren zur Analyse mitgenommen. Nachdem sie aus der Mathematischen Fakultät des University College Dublin an die Hauptwache zurückgegeben worden waren, wurden sie gestohlen. Und zwar vorgestern Nacht. Geht dieser Diebstahl auf Ihr Konto?«

»Wie können Sie es wagen, Sir! Ich habe in meinem ganzen Leben noch nichts gestohlen.«

Die kleine Nonne feixte jetzt in dem beruhigenden Wissen, dass die vermissten Unterlagen unter den Dielenbrettern einer schnuckeligen Wohnung in Stoneybatter in Sicherheit waren. Es war wirklich nicht weiter schwer gewesen, sich in die Hauptwache zu schleichen und sie ausfindig zu machen. Vor allem, weil sie sich selbst als Garda verkleidet hatte. Dreihundert Seiten voll desselben alten Blödsinns, die Seiten 300 bis 600. Aber sie wusste, dass das Geschreibsel darauf Bedeutung hatte. Es musste eine Bedeutung haben. Und sie hatte durchaus nicht vor, die Unterlagen Mrs Bloom und Mrs Blixen auszuhändigen. Die beiden alten Damen mochten erledigt sein, aber sie würde dieses traurige Ende nicht mit ihnen teilen. Um nichts in der Welt. In diesen bösen Zeiten war es doch gut, eine kleine Versicherung zu besitzen.

»Ich möchte noch einmal behaupten, Mrs Blixen, dass Sie und Ihre Schwester zutiefst in eine bedeutende kriminelle Verschwörung verwickelt waren und das übrigens auch jetzt noch sind. Und ich behaupte, dass die von Mr Reynolds hinterlassene Formel etwas mit Ihren verbrecherischen Aktivitäten zu tun hat. Und dass Sie Ihre kriminelle Laufbahn durch Vermarktung oder Weiterentwicklung besagter Formel fortsetzen wollen.«

»Keine von uns hat je auch nur eine Buße wegen Falschparkens bezahlen müssen«, sagte sie.

»Das musste Al Capone auch nicht, Madam.«

»Einspruch!«, rief einer der Verteidiger.

»Ja«, seufzte der Richter. »Hören Sie, Mr O'Madden Burke, das hier ist keine ... Varieténummer.«

Mit einer kurzen Verbeugung zum Richtertisch sprach der Anklagevertreter weiter. »In einem Kleidungsstück des verstorbenen Andrew Andrews – ich glaube, es wird als Blazer bezeichnet – wurde ein Frachtschein der DHL gefunden, ausgestellt auf Mrs Blooms Namen. Können Sie uns das erklären, Mrs Blixen?«

»Nein.«

»Aha.« Er runzelte die Stirn. »Welche Überraschung.«

»Einspruch«, sagte der Verteidiger noch einmal. »Mylord, niemand kann ja wohl von meiner Mandantin eine

Erklärung für den Tascheninhalt von Superintendent Andrews verlangen.«

»Ja«, erwiderte der Richter. »Ich finde in meinen Taschen auch oft die seltsamsten Dinge.«

Der Staatsanwalt nickte und linste in sein Notizbuch. »Und was, Mrs Blixen, haben Sie unter dermaßen ... wahnwitzigen Sicherheitsvorkehrungen nach Sri Lanka geschickt? Heiligenbilder, nehme ich an?«

»Romane«, sagte sie.

Der Anwalt zuckte zusammen. »Romane?«

»Limitierte Editionen. Joyce. Flann O'Brien. Beckett. Solche Sachen. Das ist im Grunde nur unser Hobby – meins und Mrs Blooms. Wir machen das ... einfach aus Liebe zur Sache, glaube ich. Aus Liebe zur Literatur. In Sri Lanka haben wir einen guten Kunden.«

Der Staatsanwalt stieß ein sardonisches Kichern aus, wie er es im Jesuiteninternat gelernt hatte. »Aber, aber, Mrs Blixen, Sie wollen den Geschworenen doch wohl nicht einreden, dass teure Kurierdienste und Hochsicherheitsmaßnahmen für einen als Nebenerwerb betriebenen Buchhandel unerlässlich sind?«

»Eine signierte Erstausgabe des *Ulysses* kann sehr viel Geld wert sein. Dreißigtausend Pfund oder mehr. Ein Anklagevertreter müsste fast eine ganze Woche arbeiten, um sich eine leisten zu können.«

Gelächter auf den hinteren Bänken. Sogar die Geschworenen stimmten ein.

Der Staatsanwalt wartete, bis die Erheiterung sich gelegt hatte. Und dann lachte er selber, ein sanftes, spöttisches, sarkastisches Gluckern. »Und Sie, Mrs Blixen – Sie und Ihre Schwester konnten eine solche Ausgabe anbieten, ja? Eine signierte Ausgabe der Erstauflage des *Ulysses*?«

»Wir hatten noch etwas Besseres.«

»Ach, ich verstehe. Sie hatten den Heiligen Gral, nehme ich an?«

»Wir hatten etwas noch Besseres. Früher.«

»Dann erzählen Sie uns, was das war, ja? Wir sind ganz Ohr.«

Mrs Blixen bedachte ihn mit einem trotzigen Blick. »Wir hatten das Manuskript von James Joyce' letztem Roman. Von ihm selber geschrieben. Absolut einzigartig. Fast unbezahlbar.«

»Sie sprechen hier von *Finnegans Wake*, Madam?«

»Nein.«

»Mrs Blixen, bildungsmäßig kann ich mich zweifellos nicht mit Ihnen messen. Aber ich glaube doch, dass der Titel von Mr Joyce' letztem Meisterwerk *Finnegans Wake* war. Oder nicht?«

»Nein«, antwortete sie und ihre kleinen Augen funkelten wie Diamanten. »Es gab noch einen weiteren vollendeten Roman. Er wollte ihn veröffentlichen, starb aber bedauerlicherweise, ehe es so weit kam. In Zürich. Und wir haben das Manuskript erworben, meine Schwester und ich.«

»Ach, ich verstehe. Und wo befindet es sich jetzt?«

»Es wurde uns gestohlen. Von dem Toten, Thomas Reynolds.«

Der ganze Gerichtssaal keuchte auf. Sogar der Richter erwachte.

»Ich dachte, Sie hätten Mr Reynolds nicht gekannt«, sagte der Staatsanwalt.

»Ich kenne ihn vom Hörensagen, das ist alles. Ich weiß, dass wir Briefe von ihm erhalten haben, in denen er Lösegeld verlangte.«

Wieder war ein Keuchen zu hören, ein lautes Rauschen demokratischer Empörung.

»Sie können diese Briefe vorlegen, nehme ich an, Mrs Blixen?«

»Nein.«

»Ach, ich verstehe. Wie überaus angenehm. Und wie hieß es wohl, dieses verlorene Joyce'sche Meisterwerk?«

»Es hieß und heißt *Yeats ist tot!*«

Der Staatsanwalt schnaufte in zynischer Belustigung. »Großer Gott im Himmel, das ist mir neu. *Yeats ist tot!* Maria Muttergottes. Ich möchte ja wissen, ob die Professoren davon gehört haben.«

»Der Titel ist ein Rätsel. Eine Art Rebus, wenn Sie so wollen.«

»Erzählen Sie uns mehr, Mrs Blixen. Sie sind hier die Expertin.«

»Der Titel wird so buchstabiert: Y8S = +! Verstehen Sie? Yeats gleich Kreuz und dann ein Ausrufezeichen. Und zusammen ergibt das *Yeats ist tot!*«

»Und wovon handelt er, dieser so genannte letzte Roman des großen Joyce?«

»Er überschreitet die Grenze der Sprache«, sagte Mrs Blixen. »Es gibt darin keine Handlung, keine charakterliche Entwicklung, keinen Sinn überhaupt.«

»Ich verstehe«, sagte der Staatsanwalt. Fast hätte er einen Witz über Jeffrey Archer gerissen, besann sich aber noch schnell eines Besseren.

»Es handelt sich um reine Konzeptliteratur«, dozierte Mrs Blixen vernichtend. »Mathematische Vorstellungen, wissenschaftliche Symbole, biologische Formeln. Sechshundert wunderschöne Seiten. Alle vom Meister mit eigener Hand geschrieben. *Yeats ist tot!* Der Roman befreit aus dem engen Käfig der Bedeutung. Abstrakte Kunst in literarischer Form. Eine neue Literatur für die neue Welt.«

»Was für ein unglaublich unglaublicher Unfug«, sagte der Staatsanwalt.

»Es handelt sich um die angesehenste und begehrteste Reliquie der irischen Literatur«, fiel Mrs Blixen ihm mit eindringlicher Stimme ins Wort. »Und sie wurde uns von diesem Tölpel Thomas Reynolds gestohlen.«

»Dieser westbritische *Wichser*!«, rief einer der Fianna-Fáil-Abgeordneten.

»Ich habe genug gehört«, sagte der Richter.

»Mylord, ich muss Einspruch erheben«, sagte der Staatsanwalt.

»Die Polizei macht damit am Ende noch fette Beute«, erklärte jetzt der Richter.

»Mylord, wenn ich meine Darlegungen nur kurz zusammenfassen dürfte, dann ...«

Doch der Richter machte eine abwehrende Handbewegung und schüttelte den Kopf. »*Ich* werde den Fall für *Sie* zusammenfassen, Mr O'Madden-Burke. Besagter Reynolds wird in einem Wohnwagen erschossen. Zwei Tage später wird ein Polizist, der mit dem Fall nichts zu tun hat, Garda Batty Nestor, an derselben unseligen Stelle ermordet, wir wissen nicht, von wem, aber wenn wir nach den Zeugenaussagen gehen wollen, dann handelte es sich um zwei hässliche Transvestiten. Dann begeht der des *ersten* Mordes Verdächtige, Jason Dunphy, in Polizeigewahrsam Selbstmord, nachdem er ein Geständnis für zwei Morde unterschrieben hat, die er nicht begangen haben kann. Dann wird Sergeant Joseph Roberts umgebracht, angeblich von einer unbekannten Frau und ihrem geheimnisvollen männlichen Helfer. Dann ermordet Jason Dunphys Vater – Eamon Dunphy wohlgemerkt – angeblich den mit den Ermittlungen beauftragten Polizisten, Andrew Andrews, und verschwindet. Und mitten in dieser grotesken Vorführung von Unfähigkeit und Verwirrung wird der richtige Eamon Dunphy, der Fußballspieler und bekannte Rundfunksprecher, zum Verhör geholt und vier Stunden festgehalten, ehe er auf freien Fuß gesetzt wird, wie es sich gehört. Danach bricht Sergeant Roberts' unselige Gattin aus Dundrum aus und wird auf der Flucht aus dem Haus dieser beiden Damen festgenommen, nachdem sie dort wild um sich geschossen und versucht hat, diese *beiden* umzubringen.«

»Mylord ...«

»Wir sind inzwischen so weit«, erklärte der Richter, »dass ich morgens die Nachrufe in der *Irish Times* aufschlage und erst dann zum Frühstück aufstehe, wenn ich nicht darin vorkomme.«

»Aber Mylord ...«

»Aber meine Güte! Es ist doch klar, was hier passiert ist. Das würde sogar ein Schimpanse begreifen. Diese beiden unschuldigen älteren Damen wurden in ihrem eigenen Haus von einem übereifrigen jungen Polizisten angegriffen, der an einer Art fixen Idee litt. Und immerhin hatte er genug Gehirn, um fixe Ideen zu entwickeln, was sich über manche seiner Kollegen nun wirklich nicht sagen lässt.«

»Aber Eure Lordschaft, ich muss wirklich Einspruch erheben ...«

»Diese Geschworenen sind entlassen«, sagte der Richter. »Die Verhandlung ist beendet.« Dann wandte er sich Mrs Blixen zu.

»Sie und Ihre Schwester dürfen gehen, gnädige Frau.«

»Danke sehr, Mylord«, sagte Mrs Blixen mit zitternder, tränenerstickter Stimme. Sie kam mühsam auf die Beine und schleppte sich die Treppe hinunter, wobei ihre knochigen Finger sich um den Knauf ihres erst kürzlich erworbenen Spazierstocks schlossen.

In Gerichtssaal 54 herrschte jetzt gewaltige Aufregung.

Die Journalisten waren aufgesprungen, die Fianna-Fáil-Abgeordneten stießen die Fäuste in die Luft und versuchten mannhaft, den Refrain von »A nation once again« anzustimmen. So gewaltig war der Tumult, dass niemand bemerkte, wie Mrs Bloom dem Richter verstohlen zuwinkte und den Daumen hob. Er nickte zurück, während seine Wurstfinger unter dem Tisch bereits die Banknoten in dem dicken braunen Briefumschlag zählten, auf dem eine Briefmarke von Sri Lanka prangte. Mrs Blixen humpelte durch den Mittelgang und warf sich in die Arme der weinenden Mrs Bloom.

»Aber, aber, Herzchen«, sagte Mrs Bloom. »Jetzt haben wir unsere Ruhe, so Gott will, o ja.«

Und dann gingen sie, sie gingen durch die Tür und hielten nur kurz inne, um einem geschockten Sergeant Greer zuzuflüstern: »Du bist jetzt schon ein toter Mann, du kleiner verlauster Wichsbolzen.«

Verblüfft, mit Stummheit geschlagen, drehte Greer sich zum Gerichtssaal um. Grainne kam auf ihn zugehumpelt, noch immer auf Krücken – Venus mit Stöcken. Er streckte in sehnsuchtsvoller Pose die Arme nach ihr aus.

»Grainne«, sagte er. »Es tut mir sehr, sehr Leid.«

Sie schlug ihm hart ins Gesicht und humpelte auf direktem Wege aus dem Saal.

Ebenfalls unbemerkt hielt sich noch Gary Reynolds im Gerichtssaal auf, er war auf die Knie gefallen und sein Idiotengesicht war vor Schreck kalkweiß geworden.

Die Seite, die an seiner Küchenwand klebte, stammte aus James' Joyce' letztem Roman und war verfasst in der eigenen Handschrift des großen Artifex! 299 Seiten hatte er weggeworfen und sie vermoderten jetzt auf Dublins städtischer Müllhalde. Aber was hatte die alte Vettel da genau gesagt? Dass es insgesamt *sechshundert* Seiten gab. Wo steckte der Rest?

»O mein Gott«, murmelte er. »Was habe ich da nur gemacht?«

Auch darauf, dass die kleine Nonne in der Ecke vor Schadenfreude hyperventilierte, achtete niemand. Unter ihren Dielenbrettern, im schönen Stoneybatter, lagen die Seiten 300 bis 600 aus lauterem literarischem Gold.

»O mein Gott«, grinste die kleine Nonne, die sich jetzt setzte und das Gesicht in die Hände stützte. »Die Sache macht sich offenbar.«

Als er in der Cocktailbar vom Nachtclub Corporal Punishment's saß, ein kleines Stück vom Major Disaster entfernt, sah Sergeant Greer wirklich bemitleidenswert aus. Im Major Disaster hatte ein Country-&-Western-Fetischfest stattgefunden, doch obwohl er seine Uniform trug, war er nicht eingelassen worden. Vielleicht deshalb nicht, weil er gestehen musste, dass das einzige Lederstück, das er am Leib trug, eine Schnur war, an der er eine Heiligenmedaille befestigt hatte.

Er war nicht betrunken, aber auf dem besten Weg dahin. Um sein düsteres Gefühl von Lust und Unbehagen noch zu verschärfen, hatten alle im Corporal Punishment's angebotenen Cocktails Namen mit seltsam höhnischer sexueller Doppelbedeutung. Er hatte das Gefühl, dass sich sogar die Getränke zusammengerottet hatten, um ihm eins auszuwischen. Er hatte schon zwei Langsame Nagler, drei Coitus Interruptus und einen doppelten Hau deinen Affen intus. Er fühlte sich jetzt langsam ungeheuer anders.

Auf der Bühne führte ein seltsamer Rastafari mit smaragdgrünem Hosenlatz einen Rap eigener Kreation vor und begleitete sich dabei ziemlich spärlich auf Bongos.

*Yeah, ich bin der MC Micky und ich hab keine Kohle,
aber ich hab 'ne MG-Knarre, so dick wie meine Dohle ...*

»Was sagst du?«, fragte der greise Barmann.
»Sehr hübsch«, sagte Sergeant Greer unsicher.
»Ich weiß ja nicht«, meinte der Barmann. »Mir sind die alten Balladen lieber.«
»Mmm«, erwiderte Sergeant Greer.
»Noch einen Multiplen Orgasmus?«, fragte der Barmann.
»Bitte«, sagte Sergeant Greer. »Und eine Tüte Nüsse.«

Wo, ach wo mochte Tammy Wynette jetzt sein? Was zum Henker war nur mit diesem Land los? Warum ist die Banane krumm und wer hat den Käse zum Bahnhof gerollt? Wirklich, Sergeant Greers Gedanken rangen mit grundlegenden Fragen.

Als er den Kirschschaum von seinem Multiplen Orgasmus blies, dachte er über die Ereignisse der vergangenen Wochen nach. Die Lage war durchaus nicht rosig. Grainne ging ihm aus dem Weg, sosehr er auch flehen mochte, und die Justizministerin rief ihn zu den seltsamsten Stunden an, um ihn in ihr Haus einzuladen – oder, einmal, auf ihre Yacht. Bisher hatte er Entschuldigungen erfinden können, aber er wusste, dass diese sich zunehmend weniger überzeugend anhörten.

Frauen waren wirklich ein Rätsel, daran konnte es keinen Zweifel geben. Wie zum Kranich sollte man sie jemals verstehen? Stell dir einen Mann vor und ziehe dann Vernunft und Berechenbarkeit ab – das hatte sein Vater immer gesagt. Aber Sergeant Greer war nicht von der Richtigkeit dieser Maxime überzeugt. Eine dermaßen reaktionäre und sexistische Einstellung hatte in der modernen Welt nichts zu suchen. Selbst in diesen Zeiten von Gleichberechtigung und Fortschritt fand er, Frauen verdienten besondere Achtung. Manchmal ist es schließlich schwer, eine Frau zu sein. Seine ganze Liebe einem einzigen Mann zu schenken.

Der Rastafari hatte seine Nummer unter spärlichem Applaus beendet und stand jetzt ungefähr einen Meter von ihm entfernt, wo er versuchte, die Aufmerksamkeit des Barmannes zu erregen. Sergeant Greer kam er auf irgendeine Weise seltsam vor. Und dann wusste er es plötzlich. Vor ihm stand der einzige Schwarze, an dem Sergeant Greer jemals rote Augenbrauen gesehen hatte. Das war wirklich außergewöhnlich. Fast ein bisschen wie bei einer Missgeburt. Beschämt ertappte er sich bei der Frage, ob der Mann wohl auch rote Schamhaare hatte.

»Yo, Mista Luvva Luvva!«, rief der Rasta dem Barmann zu. »Einen Oral im Taxi. Aber mach schnell!«

»Verzeihung«, sagte Sergeant Greer. »Dürfte ich Ihnen eine Frage stellen?«

»Hab aber nur ganz wenig, Mann ... für meinen Privatverbrauch.«

»Nein, nein«, Paschal lachte. »So war das nicht gemeint.«

»Mich rapp' nie mit den Babylon Pigs«, sagte der Rasta vorsichtig.

Was für eine fremde und exotische Sprache er wohl sprach? Konnte das Walisisch sein?

Vielleicht war es der Alkohol, der Sergeant Greer so kühn werden ließ. »Ich liebe eine Frau namens Grainne O'Kelly«, sagte er zu seiner Überraschung. »Und ich weiß nicht, was ich machen soll. Ich dachte, du könntest mir vielleicht einen Rat geben. Ein Mann wie du ... so voller Selbstvertrauen. So sicher, du weißt schon ... in deiner Sexualität.«

»Was ist denn das Problem?«, fragte der Rasta.

»Na ja ... also ... sie bemerkt mich irgendwie nicht.«

»Dann hast du wahrscheinlich arschmiese Aufreißsprüche drauf«, sagte der Rasta und wechselte dabei überraschenderweise ins Dublinerische über. »Geh einfach zu ihr und sag: Sind uns wohl noch nicht begegnet, Süße, aber ich bin Mista Right.«

»Ich bin nicht sicher, ob sie von einer solchen Annäherungsweise angetan wäre.«

»Ach, die ist schon angetan«, feixte der Rasta und machte sich an seinem Hosenlatz zu schaffen.

Sergeant Greer ertappte sich bei der Frage, ob dieser rotbrauige Rastaknabe wirklich die Bedeutung des Wortes »angetan« begriffen habe. Aber er wusste, dass es nicht richtig wäre, sein Urteil auf eigenwilligem Sprachgebrauch basieren zu lassen. Er hatte sich erst kürzlich zu einem von der Behörde arrangierten Lehrgang zum Verständnis der Bedürfnisse ethnischer Minderheiten gemeldet. Im Grunde seines Herzens brachte er diesen Neuankömmlingen in seiner Wahlheimatstadt Mitgefühl und Solidarität entgegen. Es rührte ihn zutiefst, dass er als Bürger und Polizist imstande war, diesen Menschen zu helfen, ihnen die Gastfreundschaft und das Verständnis zu gewähren, die sie verdienten. Sie wollten doch nur eine Chance, dieselbe Chance, die den Iren in aller Welt gegeben worden war. Und wie viel schöner wäre doch Dublin, überlegte er, wenn es von Menschen aus aller Welt bewohnt wäre.

Der Rasta hob die Hand zu etwas, was wohl ein Gruß sein sollte.

»Ich bin MC Micky Mac«, sagte er.

»Äh ... ja, scharf«, sagte Sergeant Greer, der dabei an seinen Lehrgang dachte.

»Nee. Schlag ein, Homeboy.«

Sergeant Greer knallte mit seiner Hand gegen die erhobene Handfläche des anderen, was leicht wehtat, und der Rasta glitt auf den Barhocker neben seinem.

»Also, Mann«, sagte er. »Wenn du 'nen Rat brauchst, was die Hühner angeht, dann frag einfach.«

»Na gut«, sagte der Sergeant. »Wie weit sollte man beim ersten Treffen wohl gehen, was meinst du?«

Der Rasta kniff die Augen zusammen. Und ließ ein geiles Gackern hören. »Kommt auf die Tusse an, Mann. Carlow aber ist wahrscheinlich immer akzeptabel. Thurles, wenn's sein muss. Alles im Süden von Kanturk sollte vermieden werden. Rastaaaa!«

»Redest du ... redest du jetzt über Sex, Micky?«

»Worüber denn sonst, Mann? Über den horizontalen Boogie-Woogie.«

»Verstehst du, Micky, die Sache ist ... ich habe in meinem ganzen Leben noch nicht mal ein Mädchen geküsst.«

»Ach, spinn doch nicht.«

»Nein, wirklich. Ich bin ... verstehst du ... eine Jungfrau.«

»Das haut mich jetzt um, ey. Echt, echt, echt. Was ham wir 'n hier, Mann?«

Was sie dort hatten? Das war die Frage. Sergeant Greer holte tief Luft und öffnete Herz und Mund zugleich. Sein einziger Abstecher in das sumpfige Gebiet der Liebelei hatte sich in Connemara abgespielt, etwa um 1985. Seine Eltern hatten ihn unter dem Vorwand hingeschickt, er solle Irisch lernen, aber in Wirklichkeit hatten sie ihn nur aus dem Haus haben wollen, um sein Zimmer an eine Gruppe von pubertierenden Spaniern zu vermieten. Er hatte sich damals in ein Mädchen namens Siobhan verknallt, die älteste Tochter der irischen Familie, bei der er untergebracht war. Siobhan war fünfzehn, zwei Jahre älter als Paschal, ein wunderschönes dunkeläugiges geschmeidiges Mädel, dessen umwerfende Attraktivität von ihrer Zahnspange nur leicht gemildert wurde.

Manchmal versuchte er, sich besser mit ihr bekannt zu machen, aber sie lachte nur und weigerte sich, eine andere Sprache als Irisch mit ihm zu sprechen. Aber eines Abends nach einem *ceilidh*, einem Tanzabend, waren sie zusammen an einem Strand bei Spiddal spazieren gegangen. Im silbernen Licht des Mondes von Connemara hatte sie sich bei ihm eingehakt und angefangen, seinen Mundwinkel zu küssen. »Küss mich, Pascal«, hatte sie in der offiziellen Nationalsprache verlangt. Und er hatte es versucht. Aber im entscheidenden Moment hatte seine Zungenspitze sich in ihrer Zahnklammer verfangen. Und sosehr er es auch versuchte, er konnte sie nicht wieder befreien. Siobhan und er waren über den Strand von Spiddal gestolpert, vereint von etwas Stärkerem als Liebe. Der Schmerz hatte ihn umgeworfen. Doch das wahre Trauma hatte sich dann auf der Fahrt zum Krankenhaus eingestellt, sie beide aneinander gekettet, in ihrer Qual schreiend. Ihm kamen noch immer die Tränen, sobald in seiner Gegenwart Irisch gesprochen wurde. Die anderen hielten das bisweilen für einen Ausdruck von Nationalstolz.

Dies alles vertraute er seinem neuen Freund MC Micky an und Schmerz und Demütigung brannten in seiner Erinnerung aufs Neue los.

»Zwei große Doggy-Style und einen doppelten Bill Clinton!«, rief der Rasta dem Barmann zu. Er legte Sergeant Greer den Arm um die Schultern.

»Also, der Trick beim Küssen is«, riet er freundlich, »nich vergessen, was immer du tust, küss die arme Tusse nich, als wollst ihr 'ne Fischgräte aus der Kehle ziehen, Mann. Das is alles.«

»Aber ich werde so nervös, wenn ich in ihrer Nähe bin. Sie ist so ...«

»Nee, aufhören, aufhören. Du machst dir zu viel Sorgen.«

»Weißt du was?«, sagte der Sergeant. »Was sie wirklich beeindrucken würde, wäre, wenn ich diesen Fall löse.«

»Was für 'n Fall, Mann?«

»Ich muss Eamon Dunphy finden. Ganz schnell.«

»Na ... der schüttet sich normalerweise in Lillies Bordell voll, Brudda.«

»Wo?«

»Is 'n Nachtclub in der Grafton Street. Hab ihn selber da gesehn«

»Nein, nein – ich meine nicht *den* Eamon Dunphy.«

»Nich den Typ vom Radio?«

»Einen anderen.«

»Hmmmmm.«

»Ich muss Eamon Dunphy finden. Und ich muss das Manuskript von Joyce finden.«

»Was für 'ne Joyce, Mann?«

»*James Joyce* natürlich. Und ich muss feststellen, was Mrs Bloom und Mrs Blixen wirklich treiben.«

»Meine Fresse«, sagte der Rasta. »He, besorg mir 'nen Doppelten Brauerschlaffi, okay?« Und damit verschwand er in Richtung Herrenklo.

»Ja«, sagte Sergeant Greer mit neuer und stahlharter Entschlossenheit. »Ich werde diesen Fall ganz allein lösen! Das wird ihnen allen eine Lehre sein. O ja!«

Doch in diesem Moment, oder so kurz danach auf jeden Fall, dass es keine große Rolle spielte, merkte Sergeant Greer, dass eine ungeheuer attraktive Frau ihn vom Rand der Tanzfläche her ansah. Ihre Augen funkelten wunderschön in der Flut des Neonlichts, das blitzende Licht betonte ihre sanften Kurven. Sie sah besorgt und merkwürdig wachsam aus. Als er ihren Blick erwiderte, sah er, dass sie noch immer in seine Richtung starrte. Großer Gott! Jetzt kam sie auf ihn zu. Er packte sein Glas und starrte in dessen zähflüssige Tiefen.

»Verzeihung«, sagte sie.

»Ja ... könnte ich ... ich meine ... kann ich ... irgendwie behilflich sein?«

»Hallo. Ich heiße Dymphna«, sagte sie freundlich. »Ich wollte fragen, ob du mich nach Hause fahren kannst.«

»Ich ... na ja ... das heißt ... wo wohnst du denn?«

»In Stoneybatter«, sagte sie. »Und mir ist das ja auch peinlich, aber mir ist mein Portemonnaie geklaut worden. Und weißt du ... ich sehe ja, dass du Polizist bist, und da ...«

»Oh«, sagte er.

»Ich will ja keine Umstände machen oder so. Aber ich wäre ungeheuer dankbar, wenn du mir helfen könntest.«

»Ach, das macht doch keine Umstände. Gar nicht. Es liegt sogar auf meinem Weg. So ungefähr.« (Was auch stimmte, so ungefähr, es bedeutete nur einen Umweg von neun Meilen.)

Sie lächelte, ein schönes warmes Strahlen, das ihr Gesicht leuchten ließ. »Vielleicht ... ich weiß nicht ... vielleicht möchtest du noch einen Kaffee trinken, wenn wir dann dort sind?«

Doch in diesem Moment wurden die Eingangstüren aufgerissen und hereinmarschiert kam Mrs Jacinta Kinch, die Justizministerin, gefolgt von einem schlurfenden, uniformierten Chauffeur, der einst, vor vielen Jahren, ein Fianna Fáil Taoiseach gewesen war.

»He, Germaine!«, rief die Ministerin entzückt und überrascht. »Komm sofort her, Süßer. Jetzt wird GETANZT!«

»Yo, du Nutte«, sagte der Rastafari, der auf dem Rückweg von der Toilette mit der Ministerin zusammenstieß. »Lust auf 'n Fick in der Telefonzelle? Ich geb ein' aus!«

Zwei dumpfe Schläge hallten durch den Raum.

Die Justizministerin schlug auf Rasta Micky McManus ein.

Und Rasta Micky McManus schlug auf den Boden auf.

Zehntes Kapitel
von Tom Humphries

»Komm her, Sergeant«, sagte die Justizministerin lächelnd und räkelte sich verführerisch auf den himmelblauen Nylonlaken.

Wow!

Selbst noch in den Fängen seines fürchterlichen Suffs spürte Sergeant Paschal Greer, wie der Anblick ihn erregte. Wo bekam man bloß solche Laken her? Bei Guiney's vielleicht. Guiney's in der North Earl Street. Es waren wundervolle Laken, wirklich. Man brauchte sie bloß anzuschauen. So schön glatt. Wahrscheinlich bügelfrei. Vielleicht sollte er sich im Winterschlussverkauf welche besorgen. Solche Laken waren einfach ...

Auuuaaahhhh!!!

Die Ministerin hatte ihn an den Eiern. Und zwar ganz wörtlich. Sie tat ihm mehr weh, als jede bloße Metapher es vermocht hätte. Salzige Tränen traten ihm in die Augen, eine ganze skrotumzusammenziehende See, so fühlte es sich an. Ohne es zu wollen, inspizierte er den Staatskörper vor seinen Augen. So hatte er ihn sich nicht vorgestellt. Das hier war jenseits seiner Vorstellungskraft. O Gott. *Verzeih mir, Grainne.*

»Also«, stellte er beunruhigt fest, »Sie ... ähm ... sind mir ja eine Mordsfrau, Frau Minister.«

»Hör mal, Greer«, sagte sie. »Lassen wir doch diesen Cary-Grant-Mist. Ich will Bill und Monica spielen. Aber, und jetzt pass gut auf: *Du* bist Monica!«

Sie rauchte ihre dicke, kurze Havanna mit einem Zug

halb herunter und schwenkte sie bedrohlich vor ihm herum. *Schwupp!* Heiße Asche fiel auf das blaue Nylonlaken und brannte klitzekleine Löchlein hinein.

»Komm schon, Sergeant. Nun sei nicht so ein scheues Hühnchen.«

Gegen sein besseres Wissen wanderte sein Blick erneut über die Gipfel und Täler der ministerialen Körperschaft. Heimtückische Drecksaugen. Sündige Augen. In den dunklen Abgründen seines trunkenen Hirns schien er die Stimme seiner Mutter zu hören: »*Schau nicht hin, Paschal, schau nicht hin, mein Sohn*«, als sie im April 1976 in Drunshambo, Leitrim, an einem Unfall zwischen einem Tankwagen und einer Schafherde vorbeikamen. Doch er hatte hingeschaut, gerade als sein Vater eine Zigarettenkippe aus dem Fenster geworfen hatte. Heilige Scheiße aber auch. So viel zu Lamm flambiert.

Jetzt schaute er wieder hin. Er konnte einfach nicht anders, sosehr er sich auch anstrengte. Oh, Sergeant Paschal Greer, hast du deine Lektion noch immer nicht gelernt? Was für ein lahmer Bulle!

Er betrachtete den eindrucksvollen Körper der Ministerin, wie es vielleicht einer der Jungs von der Forensischen tun würde – ja, um die Wahrheit zu sagen, wie mehrere von denen es bereits getan hatten. Himmel. *Schau nicht hin, Paschal.* Ihm war ganz schwindlig. Ihm war übel. Unreine Gedanken fluteten ihm durch den Kopf. *Schau nicht hin, mein Junge, bitte schau nicht hin.* Heiligemariamuttergottesimhimmel. Wenn mich bloß meine Kumpels jetzt sehen könnten.

Sie befanden sich in einem seltsamen Zimmer in einem seltsamen Haus. Rotzgrüne Tapeten und meerblaue Laken. Unten im Wohnzimmer waren Dymphna Morkan und ein Kerl von der Zeitung, den sie auf dem Heimweg aufgelesen hatte, zusammen mit Rasta MC Micky Mac und dem lakonischen, gestresst dreinblickenden Chauffeur der Ministerin.

O Gott, mein Magen. Ich hätte den letzten Tequila lieber bleiben lassen sollen.

Mami. Mami. Wo bist du, Mami?

Quiie-iek.

Ihm war, als hätte er die Tür des Schlafzimmers hinter sich aufgehen hören. Das Zimmer schien vor seinen Augen zu schwimmen. Das Blut pochte ihm in den Adern. Noch ein seltsamer Laut zerriss die Luft. *Zippp!* Die Ministerin kicherte unanständig, während sie über Greers Schulter lugte.

Und gerade als Rasta Micky zu ihnen ins Bett kletterte, verfiel Sergeant Paschal Greer in eine tiefe, trunkene Bewusstlosigkeit.

Ein Abriss von Sergeant Greers Nacht

Sie waren allesamt von einem Mann, der aussah wie Hannibal Lecter, aus dem Corporal Punishment's rausgeworfen worden. Er hatte ihnen damit gedroht, ein paar seiner Freunde von der Presse anzurufen, wenn sie nicht binnen zwei Minuten draußen waren. BETRUNKENER POLIZIST UND MINISTERIN MACHEN RANDALE war nur eine der Schlagzeilen, die er sich vorstellen konnte.

»Relax, Kumpel«, sagte Rasta Micky Mac.

»Raus«, wiederholte der Mann. »Oder ich ruf bei der Sonntagszeitung an.«

»Ich bin die Sonntagszeitung«, sagte ein großer, beunruhigend dürrer Rotschopf, der sich irgendwie in ihre Runde eingeschlichen hatte.

Auf dem Weg zur Tür hinaus packte die Ministerin Hannibal Lecter zwischen den Beinen und sagte: »Wag es ja nicht, noch einmal so mit mir zu reden. Oder ich genehmige mir *deine* Leber mit einer Dose Heinz-Bohnen und einer Flasche Cider dazu.«

»Igittt!«

»Sag: ›Ja, Frau Ministerin.‹«

Und das tat er. Mehrfach. In verschiedenen, amüsanten Intonationen.

Zusammen waren sie lachend von dannen und kurzerhand in General Mayhem's Late Nite Hooch-House, ein Stück die Straße runter, umgezogen, wo sich der Typ mit den roten Haaren schließlich als Eddie Lambert, Klatschkolumnist, vorgestellt hatte.

»He, Bruda«, sagte Rasta Micky zu Lambert. »Wette, du kriegst ständig dieses Gequatsche von wegen rote Schamhaare aufs Auge gedrückt. Muss dich ja echt ankotzen.«

»Verdammt wahr«, sagte der Klatschkolumnist. »Rasta fahri.«

»Yeah, kenn ich total, Bruda«, sagte Rasta Micky.

»Auf geht's, weiter!«, schrie die Ministerin und kippte ihren Wodka hinunter. »Nächste Station! Hopphopp!«

Trotz ihres vorherigen Angriffs auf Rasta Micky war zwischen der Ministerin und ihm Friede ausgebrochen. Noch bevor seine wunden Stellen zu Beulen anschwellen konnten, waren die beiden schon die dicksten Freunde. Verbündete, könnte man fast sagen. Vielleicht sogar Seelenverwandte. Teil eines flotten Fünfers im Freundschaftsrausch. Eddie Lambert, Paschal Greer, die Justizministerin, Rasta Micky und die einsame, kleine, verlassene Dymphna Morkan in trautem, geselligem Beisammensein.

»Weißte was?«, fragte die betrunkene Ministerin mehr als einmal, während sie im Labyrinth der nächtlichen Stadt durch die Clubs zogen. »Du bist mein Mann, Micky. Echt.«

»Na, na, Ministerin, übertreib mal nicht gleich.«

»Nee wirklich, du bist mein Mann, Micky! Haste da vielleicht 'ne schwarze Banane für mich in der Hose, oder was? Hähähä.«

In einiger Entfernung folgte der Chauffeur der Ministerin, ein düster wirkender Kerl, an dessen unheimliche kleine Schlangenäuglein sich Sergeant Pascal Greer noch dunkel erinnerte. Er war mit Schimpf und Schande aus den Diensten des Premierministers entlassen worden, weil er eine Schwarzmarktnummer mit Organhandel auf Bestellung gedreht hatte. Die Mayo Clinic hatte Alarm geschlagen, als ihnen einige der von ihm gelieferten Lebern und Lungen irgendwie bekannt vorgekommen waren. Einer der dortigen Professoren hatte sich die Sache etwas genauer angesehen – nur um festzustellen, dass ihr irischer Lieferant heimlich die Organe aufkaufte, die sie herausoperiert hatten, und sie ihnen später zum Einsetzen wieder verkaufte. Die empörte Äußerung, die er zu seiner Verteidigung vorgebracht hatte, war in die Geschichte eingegangen. »Ich schwöre bei Gott, den Alkohol muss jemand anderes als Konservierungsmittel draufgetan haben.«

Die Ministerin schlug ein wenig über die Stränge, als sie allesamt in die Private Members' Gin Joint strömten und sie ihre Begleiter einen nach dem andern in den Hintern zwickte. So hatte er sie noch nie gesehen.

Noch mehr Drinks. Und noch mehr. Und dann immer noch mehr. Sergeant Greer schleckte Salz vom Hals der Ministerin, als Teil eines Spiels, das Tequila Slammers hieß und bei dem sprudelnde Tequilacocktails zugedeckt auf den Tisch geknallt und auf ex getrunken werden mussten. Eddie Lambert machte Schnappschüsse. *Klick! Klick! Klick!* Die Ministerin fütterte Rasta Micky mit einem fetten weißen Wurm aus der leeren Flasche.

»Super, nu sacht mal alle *cheese*, Leute!«, schrie Eddie Lambert.

Schluck! Der Wurm rutschte in Mickys Schlund hinunter. *Klick!* Die Instamatik hielt den Moment fest. *Boah!* Paschal Greer war auf den Beinen und tanzte. Er hatte Freunde. Er war glücklich. Er war gerade dabei, EINEN DRAUFZUMACHEN. Er überlegte kurz, ob irgendwo ein Wölkchen am Himmel stand, das sein Glück noch trüben könnte. Weit und breit keins in Sicht. Er war über Grainne O'Kelly hinweg. Er stand kurz davor, entjungfert zu werden.

Er tanzte den Ententanz mit der schönen Dymphna. Jedes Mal, wenn sie dabei zusammenkamen, raunte sie ihm zu: »Du musst nachher unbedingt mit zu mir kommen. Bitte.«

Woraufhin er mit den Ellbogen wedelte und im Entengang weiterwatschelte.

Mannomann, das war das wahre Leben. *So* musste der Laden laufen. Ihm eröffnete sich hier ein Leben, von dem er nie zu träumen gewagt hatte. Das hier war Glitz und Glamour, das war der Stoff, aus dem der *Sundy Independent* gemacht war. Er schrieb im Geiste einen Brief nach Hause.

Liebe Mami, jetzt rate mal. ICH HABE ES GESCHAFFT.

Sein Gehirn köchelte munter im Tequila. Er wusste jetzt mit absoluter Gewissheit, dass er, Paschal, der erfolgreichste Greer aller Zeiten sein würde. Es war sein Schicksal. Dekadenz und ein Leben unter den Reichen und Schönen. Drinks mit einflussreichen Freunden. Nie mehr würde er der Provinzheini sein. Nie mehr würden die anderen ihn auslachen und ihm Spitznamen andichten. Er warf den Kopf in den Nacken und lachte laut, so ausgelassen und glücklich wie zwei mutierte Hunde im Vollrausch.

Vor diesem Hintergrund war es wohl nicht allzu verwunderlich, dass Dymphna Morkan die Mitglieder der irischen

Polizei noch nie mit besonderer Hochachtung betrachtet hatte.

Die roten Stiernacken und die Plattfüße konnte sie ja noch ertragen. Sogar den schlechten Kleidergeschmack verkraftete sie noch. Aber konnten die denn nicht mal jemanden ausbilden, dessen IQ über der einer Heißmangel lag? Das war es, was sie nun wirklich störte.

Schau ihn dir bloß an, dachte sie sich. Ein Nacken, auf dem man Kastanien rösten könnte.

»Ich schieb ab nach Hause«, verkündete sie. »Ich muss jetzt wirklich los.«

Ein kapitaler Fehler, wie sich herausstellte. Die Ministerin hatte beschlossen, dass sie alle mitkommen würden.

Und die ganzen zwei Meilen in der Ministerlimousine nach Stoneybatter hinaus musste Dymphna sich zähneknirschend mit anhören, wie Eddie Lambert, Klatschkolumnist, mit seinem blöden Gefasel versuchte, die illustre Gesellschaft aufzustacheln und zum Schwatzen zu bringen.

»Ich schreib nämlich meine Sachen alle selbst, wisst ihr«, schwadronierte er vor sich hin. »So viel Integrität ist mir wichtig. Vor meinen Lesern muss ich alle Hüllen fallen lassen, klaro.«

Der arme Tropf hoffte wohl darauf, bei ihr zu Hause gleich alle Hüllen fallen zu lassen. Sie merkte es an seiner schmierigen Art, mit der er ständig versuchte, sie unter irgendeinem Vorwand zu betatschen. Hand auf ihrer Schulter, Hand wartend auf ihrem Rücken, tätschel, tätschel, tätschel, um herauszufinden, ob sie einen BH anhatte. Gähn.

Sie ließ alte Folgen von *One Man and His Dog* vor ihrem inneren Auge ablaufen. Wie schlau es die Köter immer anfingen, ein Schaf von der Herde zu trennen und in den Pferch zu treiben. Sie beäugte Sergeant Paschal Greer. Um den von der Herde zu trennen, würde man eher ein Skalpell als einen Schäferhund brauchen.

In der Manor Street angelangt, waren sie aus dem Mercedes gestolpert und standen dann auf dem Gehsteig herum, während sie in ihrer Tasche nach dem Hausschlüssel kramte.

»Hübsche Absteige«, sagte Eddie Lambert. »Vielleicht steig ich ja hier 'ne Nacht ab, wenn du Glück hast.«

Und unter gackerndem Gelächter war er ihnen in den Hausflur vorangegangen.

Die Justizministerin steuerte schnurstracks die Treppe hinauf und zog dabei Paschal Greer, dessen Kopf sie im Schwitzkasten hielt, hinter sich her, während der sich panisch am Geländer festzuhalten versuchte.

So blieben Dymphna, MC Micky, der so schmählich behandelte Chauffeur und Eddie Lambert zusammen im Wohnzimmer zurück, nippten an ihrem Tee und stierten einander an, während von oben laute, angstvolle Schreie durch die Decke drangen. Und nach einer Weile war Micky dann auch noch verschwunden. Sie hörte seine Fußtritte auf der Treppe, die nach oben führte.

Grunzen und Stöhnen, wilde Lustschreie, rhythmisches Pumpen und quietschende Bettfedern. Lambert und der Chauffeur waren eingeschlafen.

Ach, zum Teufel damit. Ihr Plan war fehlgeschlagen. Einen sabbernden, trotteligen Polizisten aufzulesen, ihn zu verführen; ihn dazu zu bringen, dass er ihr half herauszufinden, wer die andere Hälfte des Manuskripts hatte. Na gut, sie waren alle total belämmert, aber sie hatten immerhin Kontakte und Möglichkeiten, etwas herauszufinden. Jetzt war es Zeit für Plan B. Und zwar schnell.

Sie holte die dreihundert Seiten unter einer losen Diele hervor.

»Ja, ja, o ja!«, kam es von oben.
Wer zum Teufel hatte bloß die andere Hälfte?

Als die Morgensonne hoch über Dublin aufstieg, spazierte ein kleiner, hinkender Mann mit dunkler Brille und einem Blindenstock langsam die Dawson Street entlang auf St. Stephen's Green zu.

Alles in allem betrachtet, war er einigermaßen guter Dinge. Einige Zeit war verstrichen. Er war immer noch frei. Ja, sie waren hinter ihm her wegen der Beseitigung von Andrew Andrews, aber bei dem Fall kam so viel stinkender Schlamm ans Tageslicht, dass es höchstwahrscheinlich sowieso keinen mehr interessierte, wer den Mistkerl letztlich ausgelöscht hatte. Falls es überhaupt je einen interessiert hatte. Das war nämlich keineswegs sicher.

Die Justizministerin höchstpersönlich hatte vor kurzem in den *News at One* gesagt, dass Andrews' Tod eine dringend notwendige innere Säuberung der Polizei herbeigeführt hatte. Haha. In den Zeitungen hieß es, es sah wie das Werk eines Profis aus. Diese Schlauberger. Drehten sich immer alles so hin, wie sie's brauchten.

Kribbelig. Ja, genau das war er. Froh, aber auch kribbelig. Es gab ein paar Dinge zu erledigen und keine Zeit zu verlieren. Der fein säuberliche, rötliche Bart, den er sich an der Spitze seines Kinns hatte wachsen lassen, juckte noch ein wenig, doch an den Schnauzbart hatte er sich bereits gewöhnt. Die John-Lennon-Brille verschaffte ihm die wohltuende Entspannung einer Maske. Er zog sich die Krempe seines Strohhuts tiefer ins Gesicht und bog rechts in die South Anne Street ab. Das Gefühl, eine neue Identität zu haben, gefiel ihm. Er kam sich auf einmal wieder jung vor, so, als ob er an einem Neuanfang stünde. Jasons Tod war ein Endpunkt gewesen. Aber das hier war ein neuer Anfang. O ja.

Heute Morgen tat Eamon Dunphy einen weiteren kleinen Schritt voran auf dem Pfad der Rache für seinen Sohn. Einen kleinen Schritt? Wohl eher einen Riesensatz. Indem er sich holte, was ihm gehörte, was schon immer in seinem Besitz hätte sein sollen. Grüne Scheinchen, und zwar jede Menge davon. Die meisten waren natürlich heutzutage nicht mehr grün. Aber wenn es um Geld ging, war er eben altmodisch.

In der Brusttasche seines Hemds spürte er das angenehme Gewicht seiner Brieftasche, die sanft auf sein ruhig pochendes Herz drückte. Darin steckte, zusammen mit haufenweise alten Bustickets und Kassenzetteln, die Seite, die sein Leben verändern würde. Fünfzig lange Jahre – und alles, was er angefasst hatte, war zu Scheiße geworden. Aber jetzt war Schluss damit. Ende der Fahnenstange. Von jetzt an würde er Midas Dunphy heißen.

Er schlenderte durch das Wunderland der Grafton Street auf Even Adam's Cocktail Heaven zu, wo er ein Treffen mit einem bedeutenden holländischen Chemiker ausgemacht hatte. Einem angesehenen Mann. Einem Mann, der um die ungeheuren Möglichkeiten der Chemie wusste.

Um ihn herum breiteten die Straßenhändler ihre Waren aus. Seit dem Presserummel um das Urteil im Bloom-Blixen-Prozess waren »Yeats ist tot!«-T-Shirts der absolute Renner: Vorne drauf stand in grellen Lettern *Y8S = +!*, hinten ... UND SCHLÄFT NICHT! Das musste er den Straßenhändlern zugestehen, die ließen nichts anbrennen. Andere Souvenirshirts hatten ein Foto des legendären Jockeys Lester Piggott vorne drauf, das Wort ÜBERHOLT! hinten und das *Y8S = +!*-Logo auf dem Ärmel. Ehre, wem Ehre gebührt, sagte sich Eamon Dunphy. Ich bin nicht der Einzige, der mitdenkt. Ich bin nicht der einzige Entrepreneur.

Es hatte nur eines einzigen Anrufs bedurft, um den holländischen Doktor zu ködern und zu einem Treffen zu bewegen. *Erst mal, ich bin nicht DER Eamon Dunphy. Und jetzt hören Sie zu, was ich zu bieten habe: eine Formel, mit der Drogen so stark werden, dass Heroin dagegen ein lahmarschiges Sahnebonbon ist.* Er hatte den Chemiker einmal in der *Late Late Show* gesehen, wo er für die arg abgesoffene Schwimmgemeinde Irlands die Trommel rührte. Sie benötigten Einrichtungen und Möglichkeiten. Eine 8-50-Meter-Bahnen-Olympiaformat-Apotheke. Eamon Dunphy hatte seine Art sofort zugesagt.

Er setzte sich in eine Ecke des Even Adam's und wartete auf Dr. Derek de Wet.

Als Sergeant Paschal Greer aufwachte, brummte ihm der Kopf, sämtliche Glieder taten ihm weh und sein Mund fühlte sich an wie der Hosenzwickel eines Säufers. Neben ihm auf dem Boden lag Rasta Micky Mac Manus.

»So geht's nicht weiter«, flüsterte Rasta Micky.

»Igitt«, sagte Greer.

»Ich kann so nicht weitermachen«, sagte Rasta Micky.

»Wie?«, fragte Sergeant Greer.

Das war der Morgen. Niemand respektierte ihn am Morgen. Man respektierte ihn eigentlich zu keiner Tageszeit, aber morgens respektierte man ihn noch weniger.

»Wir müssen uns trennen«, sagte Rasta Micky.

»Häh?«, fragte Greer.

»Und zwar fucking rapido. Zum Beispiel jetzt gleich, Homeboy.«

Sergeant Greer packte Rasta Micky an seinen Dreadlocks und zerrte seine Nase direkt vor seine eigene.

»Jetzt hör mir mal zu, Freundchen«, zischte Paschal Greer. »Ich bin vielleicht nicht gerade der Schlauste. Und was hier letzte Nacht genau passiert ist, ist mir auch noch nicht so klar. Aber eins weiß ich ganz sicher. Was immer zwischen dir, mir und unserem schlafenden Schneewittchen da drüben vorgefallen ist – und dabei nickte er in Richtung der Justizministerin, deren schlafendes Gesicht joghurtweiß in der Morgensonne leuchtete –, ein ›wir‹ gibt es hier nicht, das sich trennen muss. Es gibt keine Abschiedsszenen und keine süße Reue. Der Herrgott vergib mir, aber was auch passiert sein mag, es ist eben passiert. Und es wird keine Szene geben. Es gibt kein ›wir‹. Es gibt keine Einheit, die ›wir‹ heißt. Es gibt mich, Sergeant Paschal Greer, der gleich aufstehen und gehen wird. Und es gibt dich, Michael Scheiß Jackson, der hier bleibt und gefälligst seine große Klappe hält. Kapiert? Ja?«

Er ließ los, doch das groteske schwarze Gesicht, das irgendwie auf einen urtypischen irischen Körper geschweißt war, blieb unangenehm dicht vor seinem.

»Bild dir bloß nichts ein, Bulle«, spöttelte Rasta Micky. »Ich hab gesagt *drehen* – uns einen drehen. Ich bin auch nicht sicher, was letzte Nacht los war. Aber ich hab hier Stoff, von dem du so high wirst, dass du 'ne Giraffe auf Stelzen brauchst, um dir den Arsch abzuwischen. Also sieh mal zu, dass du 'n paar Papers auftreibst, Mann. Dann ziehn wir uns den Rest von dem Zeug rein.«

»Ein paar was?«, fragte Paschal Greer.

Doch Rasta Micky sah gerade eben nicht zu ihm hin.

»Mein Schädel brummt, Micky. Mir geht's beschissen.«

»Wart mal 'ne Sekunde«, sagte Rasta Micky.

Die Ministerin lag, den Kopf auf ihre Handtasche gebettet, auf der nylonblau bezogenen Daunendecke. Rasta Micky rüttelte sie sacht. Legte ihr die Hand auf die Stirn. Fühlte jetzt ihren Puls am Handgelenk.

»*Oh no!* Heilige Scheiße!«

»Was ist denn los?«

Rasta Mickys Augen waren vor Entsetzen weit aufgerissen.

»Himmel«, japste er. »Die is mausetot!«

Gary Reynolds ging es nicht besonders.

Ihm war heiß, er fühlte sich fett und feucht und er zitterte. Er hatte bereits den ganzen Vormittag in Begleitung eines bedeutenden Joyce-Forschers in einem Zimmer so klein wie eine Gefängniszelle verbracht. Gary schwitzte wie eine Sau in der Sauna. Quälend langsam waren vier Stunden verstrichen, in denen Professor Doonan Durrus den Fetzen Papier gegen das Licht hob, dann mit seinem Vergrößerungsglas darüber brütete, die Hieroglyphen transkribierte, staubige Lehrbücher durchstöberte, sich umfangreiche Notizen machte und im Internet herumsuchte.

»Hmm«, sagte er immer wieder. »*Äußerst* ungewöhnlich.«

Nun mach schon, verfluchte Scheiße aber auch, dachte Gary Reynolds bei sich. Bitte, Professor. Beeilen Sie sich.

Dann versank er wieder in seinen Erinnerungen, nur um die Zeit totzuschlagen. Ohne ersichtlichen Grund dachte er an seine Hochzeit, den Nadelstreifenanzug, in den er sich damals gezwängt hatte. Madelene hatte ihn jetzt verlassen und man konnte es ihr nicht verübeln. Die Nachricht, dass er sein Erbe in den Müll geworfen hatte, war einfach zu viel für sie gewesen.

»Himmel!«, hatte sie verbittert gerufen. »Heiliger Himmel! Und ich dachte, es wäre nur ein Witz, als ich ›TOTALER VERSAGER‹ auf deiner Arschbacke tätowiert sah, Gary Reynolds.«

Er versuchte, sich seinen Hintern vorzustellen. Das war nicht ganz leicht. (Man muss es nur selbst mal ausprobieren.) Er malte sich aus, wie die schrecklichen Spottworte auf seiner wabbeligen Arschbacke prangten. Das Schnuppercamp der Armee hätte ihn eigentlich zum Mann machen sollen. Stattdessen hatte er sich mit seinen Kameraden die Birne vollgesoffen und war irgendwie in einem Tattoo- und-Piercing-Studio im Kneipenviertel von Ballincollig gelandet.

Er erinnerte sich noch verschwommen daran, dass ihm der Typ, der die Tätowierungen machte, erzählte, er hätte einmal einem Schwimmer Delphine auf den Unterleib tätowiert. Aber vielleicht hatte er sich das nur eingebildet? War es womöglich reine Erfindung? Jedenfalls erinnerte er sich an nichts sonst. Die zehn Pints Betäubungsmittel hatten ihre Wirkung nicht versagt. Mehrere Jahre später hatte er sich im Zimmer einer Pension in der North Circular Road gebückt, um ein Kondom aufzuheben, und Madelene hatte ihm mit schallendem Gelächter die Neuigkeit unterbreitet. Die hatten das damals mit dem Verarschen ziemlich wörtlich genommen.

Ein Augenblick bei der Beerdigung seines Vaters kam ihm in den Sinn, eine Bemerkung, die er draußen vor der Kirche gehört hatte. »Hey, Fettsack, friss bitte nicht die Blumen vom Sarg.« Der Pfarrer hatte kein Recht gehabt, so mit ihm zu reden.

Sein ganzes Leben lang war er dem großen Wurf hinterhergerannt und sein ganzes Leben lang hatte er kurz vor dem Ziel mit leeren Händen dagestanden. Das Manuskript seines Vaters war wieder so eine leere Versprechung. Wie er sich schon wieder zum Idioten machte dafür! Kaum war der madige Gestank der Müllkippe aus seinem Pulli halbwegs verflogen, trieb ihn schon wieder der Gedanke um, dass ja sein Müll vielleicht – aber nur vielleicht – in einer Recyclingtonne gelandet sein könnte. Seine Erbschaft unterwegs in den Hades von Pulpsville. Joyce eingestampft zu matschigem Papierbrei. Verfüttert an einen commoden Rezirkulus viciosus.

Die letzten drei Nächte hindurch hatte er, ganz wörtlich genommen, die Luft angehalten und sich auf – um nicht zu sagen *in* – die Recyclingcontainer Dublins gestürzt. Doch trotz Fleiß und Schweiß kein Joyce.

Schließlich hatte er die einzige noch erhaltene Seite, die an seine Küchenwand gepinnt war, abgenommen und war schnurstracks ins Trinity College gerannt, wo er den international gerühmten Professor Durrus ausfindig gemacht, seine Notlage vorgetragen und um eine Audienz gebeten hatte.

»Ganz außeroRRRdentlich«, donnerte der Joyce-Spezialist schließlich.

»Was?«, fragte Gary Reynolds, heilfroh, dass das Schweigen endlich gebrochen war. Sein Magen knurrte schon seit einer halben Stunde vor sich hin und er hoffte inständig, dass der Herr Gelehrte es nicht hören würde.

»Sie sagen also, das hat Joyce geschrieben?«

»Ich habe guten Grund, dies anzunehmen, Herr Professor.«

»Faszinierend, wirklich. Ich kann es selbst nicht mit Bestimmtheit sagen. Man kennt ja doch nur die handschriftlichen *Worte* des Meisters, verstehen Sie. Was den numerischen Aspekt angeht – diese ganzen Formeln und Diagramme –, da kann man sich nicht sicher sein. Doch wenn es echt sein sollte, dann ist es wirklich äußerst erstaunlich.«

»Wieso denn?«

»Nun«, erklärte Professor Durrus und richtete sich dabei zu seiner vollen sitzenden Größe auf. »Wie wir alle wissen, war Joyce schon an der Uni nicht gerade ein Freund von Sauberkeit. Er gab offen zu, eine tief sitzende Abneigung gegen Seife zu hegen, und pflegte zu witzeln, dass sogar den Läusen vor seiner Haut ekle.«

»Ja und?«

»Aber das hier – dieses Dokument – scheint mir ...«

»*Ja?*«

»Hm ... eine Formel für irgendeine Art ... Hautcreme zu sein. Jawohl.«

»*Was?*«

»In der Tat. Das jedenfalls hat mir ein Kollege aus der Biochemie in einer E-Mail versichert. Wenn das, was Sie mir über die Herkunft dieses Dokuments gesagt haben, zutrifft, dann scheint es, als ob Joyce – der große Maestro – seine letzten Tage mit der Arbeit an einem ... Kosmetikprodukt verbrachte.«

»Häh?«

»Der alte Artifex!« Der Professor schüttelte den Kopf, als könne er es selbt kaum fassen. »Ganz außeroRRRdentlich. Die schiere Bandbreite seiner Begabung.«

»Aber ... was heißt das? Es ist also nicht aus einem Roman?«

Der Professor lachte erstaunt auf. »O nein, guter Mann. Natürlich nicht. Was Sie mir da gebracht haben, besitzt keinerlei wie auch immer gearteten literarischen Wert. Es korrigiert allerdings unsere ... Wahrnehmung von Joyce und seiner allgemeinen Ausrichtung. Aber ich will Sie da nicht entmutigen, es könnte trotzdem noch Ihr Leben verändern.«

»Wie denn?«

»Also, Sie könnten zum Beispiel – wobei ich natürlich kein Geschäftsmann bin – die Lizenz für eine komplette Serie von Joyce-Kosmetik erwerben und sie vertreiben. Falls Sie noch mehr von dem Zeug in die Finger bekommen.«

Ich habe dreihundert beschissene Seiten davon mit einem Bild von Pocahontas zusammen in eine Mülltonne geworfen, dachte sich Gary verbittert.

»Aber nun viel Glück damit und einen guten Tag noch, ich muss Ihnen leider Lebewohl sagen.«

Professor Doonan Durrus gab ihm das Stück Papier zurück und sprang auf.

»Wissen Sie, es war eine äußerst aufschlussreiche Woche für uns Joyceianer«, sagte er, während er Gary zur Tür begleitete.

»Ach. Wirklich?«, fragte Gary missmutig.

»O ja, und wie. Wissen Sie, dass ich erst am Mickwoch, oder war es Duhnärrstag, eine reizende kleine Nonne hier in meinem Büro sitzen hatte? Und nun raten Sie mal, was die mir für eine Lektüre mitbrachte!«

»Was denn für eine?«

»Nun, also« – und hier zwinkerte der Professor spitzbübisch –, »ich weihe Sie in mein kleines Geheimnis ein. Aber denken Sie daran, kein Wort zu irgendjemandem. Jedenfalls kam diese Dame durch genau diese Tür spaziert mit dreihundert Seiten des berühmten großen letzten und leider verlorenen Romans – der, von dem in letzter Zeit schon die Gassenhunde erzählen. Ein wunderbares Werk, das anonym ihrem Orden hinterlassen worden war. Die Menschen sind eben doch noch *gut*, sehen Sie. Oh, was für ein Augenschmaus, in so etwas schmökern zu können. Und dann auch noch absolut authentisch.«

Das Nächste, was Professor Doonan Durrus bewusst wahrnahm, war, dass Gary Reynolds auf seinem Gelehrtenallerwertesten saß, dreihundert hopsende Pfund der verzweifelten Wut eines ewigen Verlierers, die die Luft aus seinen Gelehrtenlungen pressten und seinen gesamten Bewusstseinsstrom in Bedrängnis brachten.

»Schwester wer? Wie heißt diese Scheißnonne? Sagen Sie mir sofort ihren verdammten Namen!«

Gary stand auf. Der Professor stöhnte. Er raffte sich wackelig auf, schnappte röchelnd nach Luft, das Gesicht kreidebleich vor Schreck.

»Was wollen Sie überhaupt?«, fragte er verwirrt.

»Den Namen. Und zwar sofort.«

»Morkan ... Schwester Dymphna Morkan. Ich erinnere mich noch genau daran, wegen dieses komischen Zufalls.«

»Was für ein Zufall?«

»Morkan ist ein Name bei Joyce. Er kommt in einer der Geschichten in *Dubliner* vor.«

»Und welche Geschichte soll das sein?«

»Nun ... ›Die Toten‹ natürlich.«

»Geben Sie mir sofort ihre Adresse. Oder Sie sind gleich selbst mausetot.«

»Hören Sie, guter Mann ... Ich habe die Adresse nicht. Ehrlich. Aber ich glaube, sie hat etwas von Stoneybatter erwähnt.«

Gary Reynolds wandte sich eilig zur Tür. Professor Durrus sah ihm nach. Und lachte still in sich hinein.

Elftes Kapitel
von Pauline McLynn

Schon komisch, wie schnell man von etwas die Schnauze voll haben kann, dachte sich Dymphna Morkan. Und von Stoneybatter hatte sie definitiv die Schnauze voll.

Es war schon toll, ein Haus geschenkt zu bekommen (oder, um es präziser zu sagen, als Gegenleistung für erwiesene Dienste zu bekommen). Aber wenn dieses Haus dann von einem Haufen betrunkener Arschlöcher bevölkert wurde, von denen auch noch eines den Weg ins Arschlöcher-Jenseits angetreten hatte, dann konnte man das beim besten Willen nur noch als hochgradig beschissen bezeichnen. Und wenn sich besagte Leiche dann auch noch als die der Scheißjustizministerin entpuppte, also dann war man wirklich auf der falschen Seite des Gesetzes gelandet. Was auch immer denen bei ihrer Polizeiausbildung in Templemore eingebläut wurde, Vorstellungsgabe gehörte jedenfalls nicht dazu, denn das Allererste, was diesem Schwachkopf von Sergeant in den Sinn kam, war, von dem Anschluss im Schlafzimmer aus die Bullen zu rufen. An Schadensbegrenzung war nun nicht mehr zu denken. Es war höchste Zeit, das Weite zu suchen.

Sie vernahm ein Schluchzen aus dem Schlafzimmer, während sie sich ihre dunkelblaue Windjacke und dazugehörige Jogginghose überzog und eine kleine Tasche zusammenpackte. Den meisten Platz darin nahm ihre Hälfte von $Y8S = +!$ ein. Tierisch schwer war es auch noch, das Scheißteil. Dafür gab es sonst nicht allzu viel zu packen. Sie hatte ihre persönliche Habe bisher nicht in das Haus gebracht –

vielleicht eine Vorahnung der düsteren Geschehnisse, die da kommen sollten. Sie war es gewohnt, mit wenig Gepäck zu reisen und sich überstürzt aus dem Staub zu machen. Daran hatte sich nichts geändert, nur weil ihr ein gemütliches Versteck in den Schoß gefallen war.

Sie hatte nicht die geringste Ahnung, wie sie die Situation mit Mrs Bloom und Mrs Blixen anpacken sollte. Es war unmöglich, sich vor ihnen zu verstecken: Sie hatten ihre Spione überall. Aber sie würde zunächst einfach versuchen, komplett abzutauchen, bis sie einen Plan ausgeheckt hatte. Das Wichtigste war, erst einmal so schnell wie möglich hier wegzukommen.

Ehrlich gesagt hatte Dymphna nie so richtig das Gefühl gehabt, in Stoneybatter heimisch zu werden. Das Haus gefiel ihr, doch das Viertel, in dem es stand, war ihr zu voll gepackt mit Künstlern und Schauspielern und dergleichen. Einmal hatte sie gehört, wie es Loveybatter genannt wurde, nach den überkandidelten Film- und Theatermenschen, die sich hier tummelten. Bitterbatter würde besser passen, dachte sie sich säuerlich. Mit dem ihr eigenen Talent für Verkleidung und Lügen konnte sie jeden dieser so genannten »Luvvies« mit links von der Bühne spielen.

Eddie Lambert, der Gesellschaftschronist, und der Chauffeur der Ministerin hingen immer noch völlig weggetreten in ihren Sesseln. Sie hoffte, dass der Aufruhr im ersten Stock die beiden nicht aufwecken würde, bevor sie sich aus dem Staub gemacht hatte. Sie wollte sie ja nicht umbringen müssen.

Nach einem letzten Blick auf die Wohnung, die sie sich immer gewünscht hatte, schlüpfte sie zur Tür hinaus ins helle Sonnenlicht, noch unsicher, wohin sie eigentlich gehen sollte. Schon bald bewegte sie sich mitten im Straßengewirr des Viertels. Sie beschleunigte ihren Schritt, verfiel schließlich in einen leichten Trab. Dymphna Morkan war wieder auf der Flucht.

Inspector Grainne O'Kelly bekam allmählich den Dreh mit dem Gehstock heraus.

Ihr Bein war noch immer bandagiert, es war steif und tat weh. Doch sie kam inzwischen fast so schnell damit voran wie diese Ärztin in *Emergency Room*. Was sie aber trotz allen Bemühens nicht schaffte, war, gleichzeitig zu laufen, eine Kaffeetasse in der Hand zu halten und dabei ans Handy zu gehen. Und so ließ sie, als Sergeant Paschal Greer anrief, den Stock fallen, fischte nach dem Handy und fiel dabei seitlich auf den Kopierer in der Einsatzzentrale, wobei sich die kochend heiße Flüssigkeit nicht nur über ihr gesundes Bein, sondern auch noch über den hellblauen Anzug ergoss, den sie erst am Tag zuvor aus der Reinigung geholt hatte. Was zur Folge hatte, dass sie weitaus weniger erfreut war, seine Stimme zu hören, als sie es unter anderen Umständen zweifelsohne gewesen wäre.

Sie machte es sich so bequem wie möglich auf dem Kopierer, der unzählige Kopien ihres umwerfenden Profils anfertigte, während Greer die schockierende Neuigkeit vom Tod der Ministerin berichtete.

»Gütiger Himmel! Wir kommen, so schnell wir können, Sergeant, ach, und gut gemacht. Es ist gut, dass Sie der Erste am Tatort waren. Sie kennen ja das Prozedere. Sichern Sie die Beweise. Lassen Sie niemanden ins Haus.«

In Stoneybatter legte Paschal Greer mit versteinertem Herzen den Hörer auf – untröstlich darüber, dass er die Frau belogen hatte, die er liebte.

In der Harcourt Street kämpfte sich Grainne O'Kelly auf die Füße und freute sich darüber, dass Greer der Spur seines Informanten gefolgt und als Allererster zum Tatort geeilt war. Was für ein Polizist! Dieser Junge war ohne Zweifel reif für die nächste Beförderung. Doch, es gab noch ein paar wirklich gute Leute da draußen. Nicht zum ersten Mal regte sich in ihr die Hoffnung, dass er noch Single war – höchste Zeit, dass sie das mal überprüfte.

Sie gab einen Funkspruch an alle Einheiten in Dublin 7. Bezirk durch, angelte sich ihren Gehstock und stapfte auf quietschenden Sohlen zum Parkplatz.

Micky McManus musste ein paar eilige Entscheidungen treffen. Er blickte zu dem aufgequollenen Körper hinüber, der einmal die Justizministerin gewesen war. Heiliger Himmel! Was war hier bloß los? Zuerst Joe Roberts und jetzt Jacinta Kinch. Auf gar keinen Fall durften die ihm das auch noch anhängen. Wie hatte bloß alles derart schief laufen können? Wieder einmal?

Wieder einmal musste er sich aus dem Staub machen.

Er warf im Spiegel der Frisierkommode einen Blick auf sich. Was ihm daraus entgegenblickte, war nicht gerade toll. In seiner Rastaperücke hingen Fussel des Daunenbetts. Sein streifiges, verschmiertes Make-up ließ ihn aussehen wie ein scheckiges Pferd – irgendeine seltsame Rasse mit kupferroten Augenbrauen. Er verrieb die Schminkfarbe auf seinem Gesicht, um den Effekt etwas abzuschwächen, doch es funktionierte nicht, sondern machte alles nur noch schlimmer. Nun, dann musste es eben so gehen. Ihm blieb keine Zeit. Das Wichtigste war zu verduften, bevor die Truppen von Babylon anrollten. Er würde schon irgendeinen Unterschlupf oder ein sicheres Haus finden. Er würde sein Aussehen verändern und dann würde es schon irgendwie weitergehen. Schade drum – die Klamotten waren echt cool, Mann.

Er schlich sich auf Zehenspitzen an dem Sergeant vorbei

und fragte sich noch, wieso der wohl so hemmungslos flennte. Greer hatte noch nicht mal 'ne Nummer mit Mrs Kinch abgezogen, da konnte er doch nicht soo auf sie gestanden haben.

Zumindest hatte Micky dafür gesorgt, dass sie als glückliche Ministerin gestorben war. Himmel, ich muss ja ein toller Hecht sein, dachte er sich, während er sich aus dem Haus schlich und davonmachte.

Gary Reynolds fühlte sich voller Energie, durch und durch positiv. Na gut, der Vormittag hatte sich hingezogen, aber er hatte es überlebt und dafür eine grandiose neue Spur bekommen. Diese kleine Nonne war die Frau, die er suchte. Er würde sie ausfindig machen, ihr seine missliche Lage erklären und sie bitten, ihm die dreihundert Seiten auszuhändigen.

Eine junge Frau in blauer Windjacke und -hose schoss plötzlich auf die Fahrbahn, so dass er einen Schlenker machen und mit voller Kraft auf die Bremsen treten musste. Er hupte wie wild und rief: »Guck in Zukunft besser, wo du hintrittst!« Sie holte mit ihrer Sporttasche aus und ließ sie mit ordentlichem Schwung in seine Beifahrertür krachen. »Ich jag dir die Polizei auf den Hals, wenn du nicht aufpasst«, gab Gary als Entgegnung zurück. Ja, er mochte sein neues unverblümtes Selbst.

Jetzt hatte er mit zwei voneinander unabhängigen Problemen zu kämpfen. Das eine war, dass er eine Erektion hatte, und zwar schon seit geraumer Zeit. Es war, rein physisch gesehen, gefährlich, zu lange eine Erektion zu haben, das hatte er jedenfalls in der Zeitschrift *Loaded* einmal gelesen. Nun, diese Sorge musste er erst mal auf später verschieben. Drängender war jetzt die Frage, wie er bloß die verdammte Nonne finden sollte. Gesegnet die Zeiten, in denen Nonnen noch im Kloster lebten. Damals wäre es ein Leichtes gewesen, sie zu finden. Aber heutzutage wohnten sie in ihren eigenen Häuschen. Hübsches Sümmchen musste das übrigens kosten, in dieser Gegend. Heutzutage trugen sie nicht einmal mehr ihre Nonnenuniformen, sondern Strickwesten und richtige Frisuren.

Trotzdem würde er die Suche nicht aufgeben. Dies waren neue Zeiten. Aber dies war auch ein neuer Gary. Ein Mann, dessen Zeit endlich gekommen war. Er konnte – er *würde* – den Nonnenschleier im Heuhaufen finden.

Als er auf die Manor Street abbog, fiel sein Blick auf einen armen Unglücksraben, der dort vor sich hin stolperte. Hurtiger Himmel, was für Wilde lebten denn hier? Der arme Teufel war offensichtlich geteert und gefedert und dann in irgendeinen clownartigen Aufzug gesteckt worden. Unter einem Dach aus einer schwarzen, pelzartigen, formlosen Masse mit weißen Federn darin schauten kleine gerötete, vom Elend gezeichnete Äuglein und kupferrote Brauen hervor. Gary hatte das Gefühl, dass sein Herz gleich zerspringen müsse vor Mitleid. Es gab doch immer jemanden, der noch ärmer dran war als man selbst.

Das Opfer warf sich auf die Motorhaube von Garys Laster, winkte mit den Armen und schrie wie am Spieß. Aus der Ferne näherte sich das Heulen von Polizeisirenen.

»Ist alles in Ordnung, du da?«

»Du musst mir helfen, Mann«, flehte der Kerl auf Knien. »Bitte, Bruda – hilf mir.«

Gary Reynolds stieg aus seinem Laster, beugte sich hinunter und zog das schluchzende Häufchen Elend sanft auf die Füße. Micky McManus unterdrückte seine Tränen, suchte das Gleichgewicht und blickte seinem Retter in die Augen.

Und dann passierte etwas Seltsames, Magisches. Als sich

die zwei Männer in die Augen sahen, schien die Welt – oder jedenfalls Stoneybatter – stillzustehen. Garys Herz vollführte wilde Sprünge und genauso wild hüpfte das von Amor getroffene Herz Mickys und das Zusammenspiel der beiden klopfenden Herzen war reine Musik. Zwei Herzen. Zwei Wesen. Vom Schicksal vereint. Zum Zusammensein bestimmt bis ans Ende ihrer Tage.

»Steig ins Auto«, sagte Gary nach einer Weile, die ihm wie eine Ewigkeit vorkam. »Jetzt wird alles gut. Ich bin ja da und keiner wird dir je wieder etwas zuleide tun.« Das hatte er mal irgendwo gehört – in der Glotze vielleicht? Jedenfalls passte es und er meinte es ehrlich. Warum es also nicht sagen?

»Vergiss nicht, dich anzuschnallen«, sagte er sanft, als sie die Straße entlangrasten, um eine Ecke bogen und Richtung Phoenix Park davonfuhren, gerade als die Gardaí ankamen, um Anspruch auf den Ministerialkörper zu erheben.

Grainne O'Kelly warf einen verstohlenen Blick quer durch die Einsatzzentrale auf Paschal Greer. Er war unrasiert und verwildert und seine Uniform sah aus, als ob er darin geschlafen hätte. Wenn nur alle in den Reihen der Polizei ihre Arbeit so ernst nähmen, dann wäre dieses Land wahrlich ein Ort, an dem es sich zu leben lohnte, dachte sie.

Wie zart er das Telefon hielt. Seine Augen waren blutunterlaufen und blickten anrührend traurig. Aber warum auch nicht? Pascal war ein sensibler Mann. Er hatte in tiefste menschliche Abgründe geblickt und war trotzdem noch fähig, etwas zu fühlen, Mitleid zu empfinden, und das bei seinem geradezu unheimlichen Sachverstand. Natürlich wurde seine Sensibilität nicht überall geschätzt. Sie hatte ihm den Ruf eines Weichlings eingetragen. Aber wer scherte sich schon ernsthaft um die Beleidigungen und Veräppelungen seitens des geistig behinderten Spektrums der Truppe? Das waren Fußsoldaten, dumpfe Malocher, Bürohengste, abgehalfterte Figuren. Eines Tages würde Paschal Greer es ihnen allen zeigen.

Während Inspector O'Kelly diesen Gedanken nachhing, ging es Sergeant Greer schlecht. Er verstand kaum, was der gerichtsmedizinische Assistent am anderen Ende der Leitung sagte, so heftig dröhnte es in seinen wehen Ohren von dem furchtbaren Kater, den er hatte. Fast jeder Atemzug schien ein schmerzhaftes, brennendes Röcheln in seinem Schlund auszulösen. Nebulöse Erinnerungen an die vorhergehende Nacht geisterten quälend durch seinen Kopf. Was für ein Teufel hatte ihn bloß geritten, mit der Ministerin ins Bett zu gehen? Er hätte doch wenigstens etwas mehr Widerstand leisten können. Wie hatte er nur alles aufs Spiel setzen können, noch dazu so leichtfertig? Es war gut denkbar, dass er noch vor dem Abend entlarvt und mit Schimpf und Schande aus dem Polizeidienst verwiesen – oder womöglich gar wegen Beteiligung an einem Mordkomplott eingesperrt würde.

Er lauschte dem stockenden Bericht, den der gestresste Gerichtspathologe ihm am Telefon übermittelte. Gott, der arme Kerl war ja ganz aufgelöst. »Sagen Sie Inspector O'Kelly, dass ich sie hier brauche«, stieß er hervor und legte mit einem plötzlichen, herzerweichenden Seufzer auf.

»Ma'am« – er hatte das Gefühl, seine Vorgesetzte förmlich anreden zu müssen, obwohl er ihr eigentlich am liebsten eine Liebeserklärung entgegengeschleudert hätte –, »die wollen, dass Sie in die Gerichtsmedizin kommen. Das war gerade Brendan Mulligan, einer der neuen Assistenten. Er hat die Obduktion gemacht. Er klingt ziemlich mitgenommen.«

»Danke, Sergeant. Sie ... leisten großartige Arbeit«, sagte sie. »Ich würde Sie gerne mitnehmen, aber ich glaube, Sie sollten sich ein paar Stunden freinehmen. Sich ausruhen und frisch machen. Wir können ja dann später zusammenkommen und sehen, womit wir es hier zu tun haben.«

Gütiger Himmel, dachte sie sich und richtete sich mit einem Ruck auf. Was sagte sie denn da? Was sollte er bloß denken, was sie meinte? Ja, was *meinte* sie überhaupt?

»Was den Fall betrifft«, fügte sie noch halbherzig hinzu und humpelte dann auf ihrem Gehstock mit hochrotem Kopf davon.

Sergeant Greer sah ihr nach, wie sie sich in ihrem wogenden Gang entfernte. Er sehnte sich mit aller Macht danach, von ihr in die Arme genommen zu werden und versichert zu bekommen, dass alles gut würde, dass sie auf seiner Seite sei, dass sie schon verstand und sie in zwei Stunden unterwegs nach Südamerika sein würden.

Er wusste nur nicht, was er von ihrem batikgefärbten hellblauen Anzug halten sollte.

»Ich hab dir das hier besorgt«, sagte Gary Reynolds und warf ein paar Flaschen Haarfärbemittel und eine Packung Haarwachs auf das Bett, das er jahrelang mit Madelene mehr oder weniger geteilt hatte.

»Echt cool, Mann«, sagte sein neuer Liebhaber.

Micky McManus hatte sich seine vorige Persona bis auf die Haut abgeschrubbt. Er war ein bisschen traurig darüber, sich von seiner Rasta-Nummer verabschieden zu müssen. Aber es war notwendig.

Er wusste, dass Gary ebenfalls schwer ums Herz war und er nur einfach edelmütig genug war, es nicht zu zeigen. Sein Retter hatte die ganze Rasta-Sache exotisch und toll gefunden. Sie hatte ihrer Liebesnacht eine fremdartige, erregende Note verliehen.

»Ich dachte, du könntest dir vielleicht die Haare braun färben und auch die Augenbrauen und ... du weißt schon ...« – hier errötete Gary ein wenig – »... alles andere.«

»Danke«, sagte Micky. »Das ist ... echt aufmerksam von dir.«

»Ich dachte mir, du könntest dir mit dem Haarwachs winzige kleine Dreadlocks machen. Damit und mit einer dunklen Sonnenbrille erkennt dich bestimmt keiner wieder. Aber wahrscheinlich müssten die Kleider ein bisschen unauffälliger sein.«

Sie seufzten beide.

»Schätze, man kann nicht alles haben«, sagte Micky bedrückt.

»Nein«, stimmte Gary zu und legte sich neben ihm aufs Bett. Er fühlte sich gut, wohlig und zutiefst erfüllt. Zum ersten Mal in seinem Leben tat er etwas. Ja, der Sex war absolut himmlisch gewesen. Doch er hatte auch einen Seelenverwandten gefunden, dem er sich anvertrauen konnte. Er hatte Micky McManus all seine Probleme erzählt und Micky hatte ihm zugehört, während Madelene einfach abgehauen war.

Sie lagen eine Weile in erfülltem Schweigen da und dann fing Micky an, in der Sprache ihrer Liebe zu reden.

»Hey, ich hab mal 'ne Runde über dein Problem nachgedacht, Gazzamon«, sagte er, ermuntert von dem hingebungsvollen Lächeln des Dicken. »Schätze, ich hab da 'ne geile Idee, Bruder.«

»Ja?«

»Yeah, echt. Jetzt zieh dir das rein, Gazzamon, ich hab da 'n Kumpel, heißt Dusty. Und der Typ, Bruda Dusty, das is unser Mann.«

»Unser Mann?«

»Ja. Müllmann.«

»Oh. Verstehe.«

»Und der Kumpel weiß echt alles, hey, aber auch alles über Müll, was es irgendwo zu wissen gibt. Roger?«

»Ver... Roger, ja.«

»Astrein. Also, dann schaun wir doch mal bei ihm vorbei, Gazzamon. Wir knien uns richtig rein in den Müll mit Dusty. Und Dusty-Bombasti, der schmeißt den Laden für uns, Mann. Weil ich mach die Äktschn und schaff die Konnektschn.«

Gary wurde von glucksenden Lachern geschüttelt. »Mann, ist das toll, wie du redest.«

Micky war selbst ganz angetan, wie sich seine Mundart inzwischen verbessert hatte. Seit ihn Gary gerettet hatte, waren sein Selbstvertrauen, seine Selbstsicherheit – sogar seine Fähigkeiten – um ein Vielfaches gewachsen. Zusammen waren sie unschlagbar.

»Du bist total gut für mich, ey, Gazzamon. Jetzt bin ich mal dran, für dich was zu tun, Bruder.«

»Roger«, sagte Gary und rollte sich glücklich auf die Seite, um seinen Micky zu umarmen.

Brendan Mulligan war untröstlich. Seine Schultern bebten und seine Stimme zitterte, als er versuchte, den Tod Jacinta Kinchs in Worte zu fassen. Er trocknete seine Tränen und machte einen erneuten Anlauf – doch alles, was kam, war ein neuer Gefühlsschwall, der sich mit dem Prusten entlud.

»Ich verstehe Sie nur zu gut, Brendan«, sagte Inspector O'Kelly mitfühlend. »Lassen Sie sich ruhig Zeit. Ich weiß, wie schwer das für Sie sein muss.«

»Das Ganze ist so fürchterlich. All die Morde der letzten

Wochen. Wir leben in gesetzlosen, barbarischen Zeiten. Und die arme Patsy Roberts, immer noch weggesperrt auf der ›Ranch‹.«

»Ja, sie wurde zwangseingewiesen, vorübergehend. Aber ich bin sicher ...«

»Die arme Frau.«

»Ich bin sicher, dass sie in geraumer Zeit wieder ganz die Alte sein wird. Und außerdem ist sie ja wirklich in den besten Händen. Joyce leistet hervorragende Arbeit da draußen.«

»Ja, ich habe schon gehört, dass das wie ein einziges Ferienlager ist. Und voll mit lauter berühmten Leuten, die Nervenzusammenbrüche haben. Also ist sie bestimmt in sehr guter Gesellschaft.« Er fing wieder an zu zittern und versuchte, die Tränen zurückzuhalten.

»Brendan, bitte machen Sie sich um Mrs Roberts keine Sorgen. Wir müssen uns jetzt zusammennehmen und professionell unsere Arbeit machen – jetzt mehr denn je.«

»Nennen Sie mich ruhig Buck«, sagte er und rang um Fassung. »Und machen Sie sich keine Sorgen um mich. Es ist nur ... ich kann es einfach nicht fassen, dass die Ministerin tot ist.«

»Es ist ein furchtbarer Schock.«

»Was für eine Gerechtigkeit«, murmelte er und schüttelte den Kopf.

»Ich weiß«, sagte Grainne. »Das ganze Land steht unter Schock. Sie wirkte so unerschütterlich – ein Fels in der Brandung. Und gleichzeitig so voller Leben.«

Er schluchzte plötzlich auf und fing an, an seinem Handballen zu nagen.

»Und ich weiß«, fügte sie nach einer kurzen Pause in sanftem Ton hinzu, »dass Sie beide – nun, eine Zeit lang ein Thema waren.«

Sie blickten beide zu dem aufgequollenen Leichnam auf dem Untersuchungstisch hinüber: Das Tuch war zurückgeschlagen und gab den Blick auf die ehemals ministeriale Fülle frei; eine dicke Havanna steckte immer noch zwischen ihren Fingern.

»Das stimmt«, erwiderte er grimmig. »Das waren wir.« Und dann stieß er ein kurzes, konfuses Lachen aus. »Umso größer war das Vergnügen, sie aufzuschneiden. Bei Gott, diese Frau war vielleicht ein hinterhältiges Biest!«

Er fing wieder an zu röcheln und zu prusten. Und nun wurde Grainne klar, dass er in Wirklichkeit lachte. Schon bald krümmte er sich vor Lachen und wippte auf den Fußsohlen vor und zurück. Sie hielt es für besser, nichts dazu zu sagen. Die Menschen haben viele verschiedene Arten, ihrem Schmerz Ausdruck zu geben.

»Also, können Sie mir nun sagen, Brendan – äh, Buck –, was denn die Todesursache war?«

Er trocknete sich die Augen und schaffte es, sein schallendes Gelächter zu unterdrücken. »Um ehrlich zu sein, Inspector, sie war in einem üblen Zustand. Sie hätte jeden Moment das Zeitliche segnen können. Allein ihre Leber war so angeschwollen, dass wir sie nur zu zweit und mit zusätzlicher Hilfe des Feuerwehrmannes herausheben konnten.«

Er deutete auf ein riesiges gelbes Organ, das nicht weit weg in einem Edelstahlbecken lag. Grainne konnte sich gerade noch verkneifen, hinzuglotzen.

»Ihre Lungen waren wie zwei Teerschwämme. Die schafften wir auch wieder nur zu dritt.« Er deutete auf einen Glasbehälter mit der Aufschrift TOXISCH, in den die schaurigen Objekte gelegt worden waren.

»Ihr Herz war ramponiert, alle Arterien verstopft.« Er hielt inne, als ob ihm plötzlich etwas eingefallen wäre. »Es war wohl schon eine Überraschung, überhaupt ein Herz zu finden.«

»Also, Buck ...«

»Kupferrote Schamhaare im Mund, die auf nicht lange zurückliegenden intimen Verkehr mit einer Person – oder Personen – von der rothaarigen Art schließen lassen. Wir werden natürlich eine DNA-Analyse machen. Und übrigens war sie sturzbesoffen, als sie starb.«

»Aber was genau hat sie denn nun umgebracht?«, insistierte die Inspektorin. »Oder, um es mal auf den Punkt zu bringen: Wurde Mrs Kinch ermordet?«

»Es war in der Tat eine natürliche Todesursache«, antwortete er, erneut prustend und kichernd. »Mehr oder weniger jedenfalls.«

»Könnten Sie das bitte noch ein wenig ausführen?«, verlangte O'Kelly. Sie verlor allmählich die Geduld.

»Nun«, sagte Mulligan und fasste sich wieder. »Sie wurde sozusagen von ihrem eigenen Körper vergiftet, doch auf eine ungewöhnliche Weise.«

»Weiter.«

Er versuchte mit aller Macht, seine Erheiterung im Zaum zu halten. »Ihr Körper war so überlastet und verstopft, dass er seine natürlichen Ausscheidungswege nicht mehr alle benutzte beziehungsweise nicht mehr in der Lage dazu war. Und so kam es, dass sich ... gasförmige Substanzen in ihren Eingeweiden ansammelten und dort schwärten, ich schätze, so könnte man es sagen. Und durch die wie auch immer geartete Ausschweifung, der sie sich in jener Nacht hingab, wurden die eingeschlossenen Substanzen zusätzlich aufgemischt und übten so einen unerträglichen Druck auf ihre inneren Organe aus.«

»Und was wollen Sie mir damit jetzt sagen? Woran genau ist sie denn nun gestorben?«

»Der Laie würde sagen – an einem eingesperrten Furz«, erwiderte er. Dann ging er zu Boden und brüllte vor Erheiterung.

»Willkommen in Gull City, im Reich der Möwen«, sagte der Müllmann überschwänglich, während die Vögel, auf die er sich bezog, um ihn herum kreischten und schrien.

Stolz stand er da, in seinem leuchtend orangen Overall, und ließ den Blick über die übel riechende, vielfarbige Hügellandschaft schweifen. Dies hier war keine gewöhnliche Müllkippe. Dies war eine Müllkippe, die Preise gewonnen hatte. Seit drei Jahren in Folge die Spitzendeponie beim Müllhaldenwettbewerb der Dubliner Stadtverwaltung. Noch zwei Siege und er konnte die Trophäe behalten. Dies hier war seine Welt. Dies hier war sein ganzer Stolz.

Dusty Conmee war uneingeschränkter Herrscher über alles, was er vor sich sah, einschließlich der zwei Bittsteller, die jetzt vor ihm standen. Gary trug Senfgelb, Micky Giftgrün. Der Erstere hatte sein Haar glatt zurückgekämmt und gegelt, der Letztere sah aus, als ob ein strubbeliger kleiner Igel vom Himmel gefallen und ihm auf dem Kopf gelandet wäre. Beide trugen halbrunde, dicht anliegende, verspiegelte Sonnenbrillen.

»Ich hab mal einige Rechnungen angestellt«, verkündete Dusty voller Überzeugung. »Wenn man das Datum in Betracht zieht, um das es hier geht, den Ort, an dem der Gegenstand eingesammelt wurde, und die Eigenheiten und Vorlieben des betreffenden Müllmanns, dann reden wir, glaube ich, von Sektion C im östlichen Quadranten, zwischen dem zehnten und dem zwölften Vektor, und in einem 30-Grad-Winkel zum Boden. Wir haben es mit einem Gebiet von sechs auf sechs Metern zu tun, ein paar Zentimeter hin oder her. Gentlemen, wollen wir?«

Als sie losstapften, schaute Micky in Garys vor Staunen baffes Gesicht.

»Ich hab dir doch gesagt, der Mann is 'n Künstler und 'n Genie.«

Dr. J. P. Joyce betrachtete über seinen Schreibtisch hinweg die hagere Frau mit den geweiteten Augen und wunderte sich ein weiteres Mal, wie derart langes Haar zu Berge stehen konnte.

»Guten Morgen, Mrs Roberts. Schön, Sie wiederzusehen.«

Doch ein leises Grunzen war die einzige Antwort. Er stand mit einem Seufzer auf und ging zum Fenster. Patienten spazierten in den Anlagen umher. Es gab Zeiten, in denen er seine Arbeit als extrem belastend empfand und sich nur noch wünschte, wieder zu Hause in Limerick zu sein, wo er geboren war. In der Psychiatrie war es gut für ihn gelaufen, das stimmte schon. Und, ja, er hatte Talent dafür, er hatte vielen Menschen geholfen. Doch manchmal fragte er sich, ob er die richtige Entscheidung getroffen hatte. Seine eigentliche Liebe hatte immer der Literatur gegolten. An der Uni hatten er und seine Freunde Gedichte geschrieben; einige von ihnen hatten später damit weitergemacht, einer war ein bekannter Literaturwissenschaftler und Gelehrter geworden. Wie er diese Freunde in Momenten wie diesem beneidete! Draußen auf dem Land zu leben, in einem kleinen Cottage. Das Leben in Dublin hatte ihm in letzter Zeit arg zugesetzt. Die Stadt wurde immer gefährlicher, gewalttätiger. Diese ganzen Morde waren nicht gut für die Stadt.

Er ging zu seinem Schreibtisch zurück und setzte sich.

»Nun, Patsy, worüber möchten Sie denn heute reden?«

»Träume.«

»Hervorragend, ganz hervorragend. Träume, genau. Tread softly und so weiter, wie Mr Yeats es ausdrücken würde.«

»Yeats ist tot«, sagte Patsy lapidar.

»Allerdings, das ist er«, lachte der angesehene Doktor. »Und das ist ja auch gut so – schließlich hat man ihn begraben.«

Patsy Roberts fing an, mit dem Oberkörper zu wippen. Aus ihrer Kehle stieg ein gurgelnder Laut und schwoll an zu einem Schrei.

Grainne O'Kelly war froh über den Verkehrsstau auf dem College Green. Er verschaffte ihr die dringend benötigte Zeit zum Nachdenken.

Sie wusste nicht, wie sie ihren Zwischenbericht an den Assistant Commissioner formulieren sollte. »Eingeschlossener Furz« klang nicht gerade medienverträglich. Und wenn die Presse erst die kupferroten Schamhaare in die Finger bekam – bildlich gesprochen –, dann hatten die ihr größtes Schlachtfest seit dem bumsenden Bischof.

Ein Zeitungsverkäufer kam heran, als ob er ihre Gedanken gelesen hätte, und hielt ihr eine druckfrische Ausgabe des *Evening Herald* hin, auf der in riesigen Buchstaben auf der ersten Seite die Schlagzeile prangte: KINCHS LETZTER AKT.

Der Artikel im Inneren stammte von Eddie Lambert und war angeblich, so hieß es darin, aus dem Polizeirevier Harcourt Street geschmuggelt worden, wo Lambert festgehalten und zum Tod von Mrs Kinch befragt worden war. Der Artikel versprach haarsträubende Einzelheiten aus allererster Hand über eine widerwärtige Sauf-und-Drogen-Tour durch die Dubliner Clubs und Pubs, gefolgt von einer ausgewachsenen Orgie (mit Tequila und Zigarren), an der »Personen der höchsten Ebenen von Recht und Gesetz in diesem Land« teilgenommen haben sollen und die in dem »exekutionsähnlichen« Tod der Justizministerin gipfelte.

Lambert behauptete, Fotos aufgenommen zu haben, die seine Anschuldigungen bestätigten, erklärte jedoch, dass ihm die Filme bei einer Leibesvisitation mit Gewalt entwendet worden waren.

In einer Presseerklärung der Polizei hieß es, Lamberts Filmrollen seien konfisziert worden, um Schaden vom Staat abzuwenden. Grainne fragte sich, ob sie wohl inzwischen entwickelt waren. Wenn das stimmte, was Lamberts behauptete, dann waren diese Fotos von unschätzbarem Wert – eine Bildchronik der Ereignisse, die zum Tod der Ministerin führten.

Das Bild von Lambert über dem Artikel stach ihr ins Auge. Er schien kupferrote Haare zu haben. Vermutlich waren alle seine Haare kupferrot. Sobald sie im Revier zurück war, würde sie eine DNA-Analyse in Auftrag geben.

Sie drehte das Radio an und hörte den Ehrenbekundungen für die verstorbene Ministerin zu, die über den Äther fluteten.

»Eine wundervolle Frau, eine Dame, ja, manche würden gar sagen, ein echter Gentleman«, intonierte der Taoiseach.

»Eine Frau, die mit Strenge und eiserner Hand dem Gesetz zu seinem Recht verhalf«, sagte ein altgedienter Beamter.

»Eine große Persönlichkeit in jeder Hinsicht, immer bereit, einem jüngeren Mitglied der Polizei ein Stück von der Keule abzugeben, ob männlich oder weiblich oder sogar von der Hundestaffel«, sagte ein Polizeisprecher.

Der Verkehr kam wieder in Fluss. Obwohl Grainne sich ganz und gar nicht darauf freute, ihrem Vorgesetzten gegenüberzutreten, ließ die Aussicht, aufs Revier zurückzukehren, ihr Herz beben.

Sie rutschte unruhig auf ihrem Sitz herum. Die Vorfreude auf das Wiedersehen mit Paschal Greer war so erregend. Oh, sie hatte versucht, es zu verbergen, hatte versucht, diskret zu sein – schließlich war ein Polizeirevier kein Ort für Romantik. Doch jedes Mal, wenn sich ihre Blicke trafen, jedes Mal, wenn sie in einem Gang aufeinander stießen, spürte sie einen elektrischen Stoß durch die Wirbelsäule schließen. Es war so heftig, dass es ihr Angst machte. Konnte sie zu hoffen wagen, dass er genauso empfand? Würde er ihre Gefühle erwidern? Oder war sie ihm womöglich völlig gleichgültig?

Sie dachte an ihren langweiligen, unzuverlässigen Freund, Nichtsnutz Paddy Dignam, Ornithologe. Am Anfang hatte sie seine Vogel-Liebhaberei ja noch süß gefunden. Doch das hatte nicht lange angehalten. Grainne fand ja Vögel durchaus nett und so – nur konnte sie nicht nachvollziehen, wie jemand stundenlang dasaß und darauf wartete, dass einer auftauchte, nur um ihn dann wieder davonflattern zu sehen. Sie hatte einfach nicht so viel wertvolle Zeit zu vergeuden, nicht in ihrem Beruf.

Eine Unterhaltung kam ihr in den Sinn, die sie einmal in betrunkenem Zustand geführt hatten, auf dem Heimweg vom alljährlichen Ball der Vogelfreunde. Paddy hatte sich im Taxi zu ihr gedreht und gemurmelt: »Weißt du, Grainne – *du* bist auch ein Vogel.«

Sie hatte sich ein bisschen in die Brust geworfen und gefragt: »Was denn für einer?«

»Ein Emu.«

»... Häh?«

»O ja«, war er fortgefahren, »ein wunderschöner Emu. Lange Beine, eleganter Hals, große, hübsche Augen.« Dann hatte er einen traurigen Seufzer ausgestoßen und hinzugefügt: »Der aber nicht fliegt. Du musst fliegen lernen, Grainne. Fliegen.«

Dieser Vollidiot. Sie würde schon fliegen. In die Arme von Paschal Greer, wenn sie konnte.

»O schöne neue Welt, auf der es solche Geschöpfe gibt!«, rief Dusty Conmee aus, auf einem Haufen aufgeplatzter Mülltüten stehend.

Mit einer Handbewegung scheuchte er ein paar Ratten weg. Sie sprangen fröhlich davon, um sich einen anderen Platz zu suchen. Er schaute sich nach seinen nichtvierfüßigen Begleitern um, die ungelenk über die dampfenden Abfallhügel stapften. Sie wirkten nicht annähernd so fröhlich wie die Ratten.

»Das hier ist es«, sagte Dusty. »Knien wir uns rein.«

Gary schaute gequält zu Micky hinüber.

»Jetzt komm schon, Gazzamon«, ermunterte ihn Micky. »Du weißt, 'ne andere Lösung gibt's nich.«

Micky wünschte sich, er wäre nur halb so munter drauf, wie er klang. Der Gestank und der Dreck waren ekelhaft, ganz unglaublich – sogar noch schlimmer als seine alte Bude in Rathmines. Er zerrte missmutig an einer Tüte herum. Was man nicht alles tut für die Liebe.

Das Trio arbeitete eine Viertelstunde lang schweigend, dann rief Gary aus: »Hierher. Ich glaub, ich hab's!«

Er bohrte noch tiefer in der stinkenden Tüte herum, bis er plötzlich mit einem Schrei des Entsetzens zurücksprang. »*Iiigittt* ... Oh, heiliger Himmel!«

Micky und Dusty eilten zu ihm. Sie starrten mit einer Mischung aus Ekel und Faszination in den Plastiksack.

»Das is übel, was?«, sagte Micky nach einer Weile.

»Könnte jedenfalls besser sein«, erwiderte Gary.

Dusty stimmte mit einem eifrigen Nicken zu, während sich hinter ihnen die Ratten versammelten.

Grainnes Freundin Sinead, die Sekretärin des Assistant Commissioner, erwartete sie auf den Stufen vor dem Revier.

»Nur damit du Bescheid weißt«, sagte Sinead, »er sucht

dich schon, und er hat die übelste Laune, in der ich ihn gesehen habe, seit letzten März meine Periode ausblieb. Damals war es blinder Alarm, diesmal nicht. Die Fotos von diesem Journalisten sind da und er ist ganz und gar nicht angetan von dem, was da drauf ist. Ganz und gar nicht.«

Mit bangem Herzen klopfte Grainne O'Kelly an die Tür ihres Chefs und trat rasch ein, als die Aufforderung dazu ertönte.

Der Gesichtsausdruck des AC ließ sich nur als unheilschwanger beschreiben.

»Setzen Sie sich, Inspector«, wies er sie an. Sie folgte.

»Bevor wir uns diesen ganzen Bockmist im Einzelnen ansehen, der da in den letzten Wochen fabriziert wurde, hätten Sie vielleicht die Güte, mich über den Bericht des Gerichtsmediziners zu informieren – er könnte ja vielleicht die winzige Erleichterung bringen, die ich im Augenblick so dringend benötige.«

Grainne räusperte sich nervös. Aus irgendeinem Grund sah sie zu dem Porträt von Patrick Kavanagh hinter dem Schreibtisch ihres Chefs auf. Der Dichter schien sie anzugrinsen, als ob ihn ihr Unbehagen geradezu amüsierte.

»Nun«, hob sie stockend an, »es ist nicht ganz leicht, einen Anfang zu finden.«

»Vielleicht versuchen Sie es einfach, Inspector, wenn ich bitten darf. Auf Spannung lege ich im Augenblick keinen Wert.«

»Also, die Haupt...stoßrichtung, sozusagen, des Berichts ist, dass Mrs Kinch eines natürlichen Todes starb.«

»Dem Herrn sei Dank, dafür zumindest«, sagte er düster. »Fürs Protokoll, was war denn die natürliche Todesursache, damit wir die für die Presseerklärung ein wenig auffrisieren können?«

Das war der Moment, den Grainne O'Kelly gefürchtet hatte.

»... ähm«, sagte sie. »Nun ... genau das ist der Punkt.«

»Verdammt noch mal, nun hören Sie schon auf mit Ihren ständigen Ausflüchten und rücken Sie raus damit, O'Kelly. Wir haben nicht den ganzen Tag Zeit. Woran ist die verrückte alte Schachtel gestorben?«

»Eingeschlossene Darmwinde.«

»Wie bitte?«

»Ihr Körper hat sich durch gefangene Gase in ihrem Zwölffingerdarm oder irgendwo in der Gegend selbst vergiftet. Während sie Geschlechtsverkehr mit einer rothaarigen Person, vermutlich männlichen Geschlechts, hatte.«

Das Gesicht des Assistant Commissioner verfärbte sich von aschgrau in kreideweiß.

»Soll das heißen, Sie wollen mir hier allen Ernstes erzählen, dass die Justizministerin an einem eingesperrten Furz starb, während sie mit irgendeinem verdammten ... *Karottenkopf* herumbumste?«

»Das scheint die Sachlage zu sein, Sir, ja. Der Bericht des Gerichtsmediziners wird, denke ich, in einigen Punkten ein wenig fachtechnischer ausfallen. Doch im Kern ist es das, ja.«

»Heilige Maria Muttergottes im Himmel«, sagte er. »Fröhliches Kotzen allerseits.«

Grainne wusste nicht, was sie darauf sagen sollte. Sie betrachtete den AC, wie er mit einem Ausdruck völliger Verzweiflung auf seinem müden Gesicht hilflos ins Leere starrte.

»Nun gut«, seufzte er. »Da die Dinge wohl kaum schlimmer stehen könnten, sollten wir, glaube ich, jetzt einen Blick auf diese Fotos werfen, meinen Sie nicht?«

Etwas in seinen Augen jagte Grainne echte Furcht ein, doch der Zug des Schicksals rollte bereits, und es war unmöglich, ihn jetzt noch anzuhalten. Er zog einen Stoß Fotos aus seiner Schreibtischschublade und schob sie ihr rasch über den Tisch hinweg zu.

In ihren Jahren bei der Polizei hatte Inspector Grainne O'Kelly schon allerhand schockierende Dinge gesehen. Doch nichts davon hatte sie auf das hier vorbereitet. Bild für Bild Szenen vom Abschaum der Menschheit. Die Bilder waren sogar noch schlimmer, als Lambert in seinem schlüpfrigen Artikel versprochen hatte. Sie erkannte ein paar der im Suff grotesk verzerrten Gesichter. Hier war die Ministerin mit Lambert selbst: Es sah aus, als ob sie einander die Lippen wegsaugen wollten. Aber wer war diese attraktive junge Frau? Und wer war der Schwarze da? Ihre Gedanken rasten, als sie zum letzten Bild kam. Dann schien ihr Herz zu stottern und stillzustehen. Eiseskälte flutete durch ihren Körper. Ganz deutlich war das Gesicht eines Mannes im Profil zu sehen, drauf und dran, in Jacinta Kinchs Busen zu verschwinden, während ihre Hand sich vorne in seine Hose geschoben hatte. Sie erkannte das Gesicht. Sie erkannte die Hose. Sie gehörte dem Mann, den sie liebte – Paschal Greer!

Entsetzt sprang sie auf und rannte aus dem Büro, die Rufe ihres Vorgesetzten nahm sie kaum noch wahr.

Sie stürzte den Korridor entlang in die Einsatzzentrale.

Auf dem Anschlagbrett hing eine vergrößerte Kopie desselben, abstoßenden Fotos – nur dass anstelle des Gesichts der Ministerin Grainnes eigener Kopf eingefügt worden war. Männer standen lachend darum herum.

Greer kam herein und musste zweimal hinsehen, bevor er das Foto entdeckte. Dann schien er Inspector O'Kelly zu bemerken.

»Grainne!«, schrie er in fürchterlicher Angst.

»Du elender Bastard!«, stieß sie hervor. »Du stumpfsinniger, verlogener Dreckskerl!« Sie hatte das Gefühl, ihr Herz müsse bersten vor Zorn und Schmerz.

»Grainne, bitte – hör mir zu«, flehte er, während dicke Tränen über seine knallroten Wangen kullerten.

»Da gibt es nichts mehr zu sagen, dafür hast du schon gesorgt.«

Paschal Greer blieb nun keine Wahl mehr. Also tat er, was er schon vor vielen Wochen hätte tun sollen. Er ging einen Schritt auf Grainne O'Kelly zu, nahm sie in die Arme und küsste sie.

Jetzt erst gab es nichts mehr zu sagen.

Zwölftes Kapitel
von Charlie O'Neill

Also wirklich. Jetzt reicht's. Das ist das Letzte, dachte Sergeant Greer, als Inspector O'Kelly ihm voll in die Fresse schlug, wo er ihr gerade die Zunge reinstecken wollte.

Er knallte gegen die Wand wie ein Schaf gegen das Kopfbrett eines Bauern.

Gute Nacht.

Er hätte es ihr ja nicht übel genommen, aber für ein paar wahnsinnige Augenblicke hatte er gedacht, es sei alles in Ordnung. Um die Wahrheit zu sagen, er hatte sich über sich selbst gewundert. Sie so zu küssen! Heiliger Strohsack!

Der Kuss? Junge! Wie er sie sich geschnappt hatte. Ein bisschen blöd war es schon gelaufen – seine Weetabix-Uhr hatte sich in einem ihrer Ohrringe verfangen. Verdammt, na und? Was zählte, war die Spontaneität. Ja, die Leidenschaft.

Erstaunlich, wie die schlimmste Situation – wo man denkt, schlimmer kann es gar nicht mehr kommen – von jetzt auf gleich in das Tollste überhaupt umschlagen kann. Und gleich wieder zurück. In den letzten dreizehn Sekunden war sein Leben die reinste Achterbahn. Als er jetzt halb bewusstlos auf dem blauen Linoleumboden lag, spürte er, dass die Achterbahn wieder auf dem Weg nach unten war und ein entscheidender Bolzen zu reißen drohte.

Aus unerfindlichen Gründen hatte er die Vorstellung, wie ein kleiner Junge behaglich unter einer warmen, kuscheligen Decke zu liegen. Da er noch nicht wieder sehen konnte, hatte er keine Ahnung, dass er bei dem Versuch, sich aufzusetzen, mit dem Kopf unter den Rock der Inspektorin geraten war. Es gelang ihm zwar nicht, seine heftig anschwellenden Augen zu öffnen, aber irgendwie kam er auf die Knie. Er meinte, seine geliebte Grainne schreien zu hören – eigentlich eher ein Kreischen als ein Feld-Wald-und-Wiesen-Garda-Brüllen.

Und jetzt erst merkte Sergeant Paschal Greer, was los war: Er war gewissermaßen *undercover*. Allerdings war das keine Schlafzimmerklamotte – keineswegs. Denn er hörte Unmengen Polizeistiefel in den Besprechungsraum kommen. Mannomann, schoss es ihm durch den Kopf, was hätte er unter anderen Umständen dafür gegeben, durch diese feuchten Binsen zu schnorcheln.

Beschämt rutschte er ein gutes Stück nach vorn, um herauszukommen. Leider ging Grainne in dieselbe Richtung, um ihn loszuwerden. Sie trat zurück. Er ebenfalls. So ging es weiter. Fast im Takt. Er versuchte aufzustehen und unter ihrem Rock hervorzukriechen.

Aus drei verschiedenen Richtungen strömten zweiundzwanzig Polizisten, einschließlich dem Assistant Comissioner, zum Tatort und wurden Zeugen, wie Paschal ihr mit seinem Stoppelbart die Schenkel wund rieb. »Herrje, Paschal!«, stöhnte sie. »Runter! Runter!«

Mal ehrlich, ein bisschen kompromittierend wirkte es schon.

Grainne starrte ihr verwundertes Publikum mit der ihr eigenen Beherrschung an. »Er ist gerade zu sich gekommen«, erklärte sie beiläufig, während Sergeant Paschal Greers zerschundenes Gesicht unter ihrem Rocksaum auftauchte.

»Himmel, ich kann gar nicht fassen, dass ich so schnell zu Boden gegangen bin«, bestätigte er.

Das Grapefruitlicht verblasste schnell. Über der Müllkippe hing ein klammer Gestank. Schemenhaft hoben sich drei

Männer von ausgeweideten Autowracks und verrottenden Abfällen ab. Ernst und regungslos – zumindest noch – starrten sie in die Tüte, die Gary halb aufhielt.

Plötzlich schreckten alle drei zurück. Eine Rattenfamilie kletterte aus der Tüte, Mama Ratte huschte an Garys Arm hoch. Mit heulendem Gebrüll ließ er die Tüte los und fiel auf den Hintern in eine Senke im Müll. Sein Schrei hatte eine ziemlich dramatische Wirkung auf die Topographie.

Die gesamte Oberfläche der Müllhalde wurde lebendig. Möwen, Krähen, Tauben und Elstern schossen gen Himmel. Hunderte, Tausende Ratten huschten in Deckung. Selbst Dusty war leicht erschüttert.

Das Gefühl, wie die Ratte an seinem Arm hochlief, war das Grässlichste, was Gary je erlebt hatte. Aber das war noch gar nichts, ja geradezu angenehm, verglichen mit dem, was ihm noch bevorstand. Nach seiner Landung blieb für den Bruchteil einer Sekunde alles ruhig. Dann bebte für Gary Reynolds die Erde.

Unter seinem massigen Körper spürte er ein mittelgroßes Überfallkommando wimmeln, wirbeln, wieseln und sich winden. Ratten schossen ihm über Beine, Leisten und Brust. Eine knabberte an seinem Nacken – allerdings nicht sonderlich zärtlich – und eine andere steckte ihm durch sein zerrissenes T-Shirt ihre feuchte Nase in die Achselhöhle. Eine kleine lief ihm ins Gesicht, blieb abrupt stehen, machte kehrt und lief wieder zurück, wobei sie zwei Bremsspuren auf seiner Wange hinterließ. Ein feuchter Schwanz witschte an Garys behaarten Nasenlöchern vorbei. Gary Reynolds lag als gigantische Barrikade für eine Rattenflüchtlingswelle da, atmete einmal tief durch, fasste sich und nahm seinen gesamten Männermut zusammen. Und dann überfiel ihn eine Scheißpanik.

Regel:
Wenn du in einem wimmelnden Nest voller kreischender, erschreckter Ratten liegst – STEH AUF!

»Steh auf!«, schrie Dusty. Aber die Regel blieb unbeachtet. Gary stand nicht auf. Er wand und wälzte sich, schrie und schlug um sich.

»Steh auf!«, brüllte Micky. Aber Gary stand nicht auf. Er blieb liegen. Schiss sich in die Hose. Und fing an zu heulen.

»Verdammt, steh auf!«, versuchte Dusty es mit einer Variation des Themas. Gary wälzte sich herum und versuchte es vergeblich. Dabei trank er einen Schluck Müllsuppe mit großen Brocken.

Mittlerweile hatten seine Körperfülle und seine Zuckungen mindestens neun Ratten umgebracht, mehrere außer Gefecht gesetzt, noch mehr leicht verletzt und den meisten übrigen ihre Selbstachtung geraubt. Und wie jeder Straßenköter weiß, ist eine Ratte mit angeknackster Selbstachtung gefährlich.

Von dieser Kategorie gab es inzwischen eine ganze Menge, die alle schockiert dem sich entfaltenden Rattengenozid zuschauten. Ein Gegenangriff drohte. Gary fühlte, wie Dusty Conmee ihn mit kräftigen, erfahrenen Händen aus der Senke hievte. Er war sprachlos, schlotterte und war von oben bis unten voller Scheiße, Fell und Blut (das offen gesagt von ihm selbst stammte).

Micky McManus schleuderte eine Autotür in die sich zusammenrottenden Ratten, die sofort in Deckung gingen. Dann lief er zu Gary und schloss ihn in die Arme. Als er den Gestank roch, wich er zurück ... allerdings taktvoll.

»Mensch, Jungs«, sagte Gary zittrig, »das ist das Schrecklichste, was mir je passiert ist.«

»Alles okay, Gaz?« Micky sah ihm in die Augen.

»Nein. Aber ich bin ... ich bin so froh, dass du da bist, Mick.«

»Das war ganz schön traumatisch, was, Gaz?«

»Ich bin fix und fertig, Mick, nichts mache ich richtig. Ich habe wirklich geglaubt, ich sterbe, verdammt.«

»Ja, Gaz, das war ziemlich knapp. Aber du hast dich gut gehalten, schau dich an. Du lebst noch, Gaz. Dich kann nichts umhauen.«

»Mick, du bist so gut zu mir ...«

»Hört ihr jetzt mal auf mit dem verdammten Kitschromangesülze«, fuhr Dusty dazwischen. »Überhaupt hab *ich* dir das Leben gerettet.«

In Garys Garten öffneten Gary und Micky ganz vorsichtig mit Gummihandschuhen die stinkende Mülltüte. In fast sichtbaren Wolken entwich der Gestank. Die beiden Männer schraken zurück.

Micky kam als Erster wieder näher. Er versetzte der Tüte ein paar Tritte, um etwaige Bewohner zu verscheuchen. Aber alle waren geflüchtet, es war kein Quieken mehr zu hören – nur ein paar prall patschende Platscher. Die Jungs gingen näher heran und stocherten mit Stöcken in der Tüte. Wieder waren keine Rattenbewohner zu entdecken.

Gary und Micky wagten sich nun noch näher. Die Tüte war an einer Seite der Länge nach aufgerissen und präsentierte ihren faulenden Inhalt aus Müll, Moder, Mist und Matsch.

Als Gary Reynolds klar wurde, dass er vor seinem eigenen Abfall stand, war er mächtig froh, sein früheres Leben hinter sich gelassen zu haben. Bröseliges Brot, fauliges Fondue, schimmliger Schinken, pelzige Pilze, labberiger Lauch, stinkendes Stielmus, pratschige Pommes, glibberiger Gelee.

Wenn man einen Menschen tatsächlich nicht nach dem beurteilen sollte, was er kaufte, sondern nach dem, was er wegwarf, steckte Gary Reynolds in beträchtlichen Schwierigkeiten. Madige Makrelen, schleimige Schalotten, panschige Pastete, klebrige Klöße, gärendes Gänseklein, matschige Milch, glitschige Gurken und breiiger Brokkoli. Er fand schon immer, dass Madelene sich zu viel auf ihre Kochkünste einbildete.

Der braune Umschlag lag ganz unten in der Tüte, durch und durch in pikanter Stinkbrühe mariniert. Braun war er eigentlich nicht mehr. Gary stocherte ihn mit dem Stock heraus. Die Ecken waren zerfressen und verrottet. Als er das glitschige Päckchen öffnete, quoll klebriger Ausfluss aus den schwärenden Ecken. Die Blätter im Inneren waren triefnass und verschmiert, die Ränder ramponiert, angeknabbert und schmierig. Aber wie durch ein Wunder war die gesamte Schrift – oder die »Zeichen« – anscheinend unversehrt. Gary drückte das übel riechende Bündel an seine breite Brust und hüpfte herum wie ein ausgelassener Teenager.

»Vielleicht haben wir ja Glück, Mick, vielleicht haben wir Glück, Glück!«

»Wir müssen sie trocknen, Gazzamon, zusehen, dass sie okay sind.«

»Das machen wir morgen, wenn es schön ist. Ich habe eine Idee«, sagte Gary und verschwand in seinen Gartenschuppen.

Besprechungsraum, 9.25 Uhr

Inspector Grainne O'Kelly lockstofft herein. Das Geplauder verebbt und versiegt allmählich ganz.

Ihre Zuhörer – in Uniform oder Zivil – sind männlich; Greer ist auch dabei, ohne Uniform, finster.

Die Inspektorin pflanzt sich auf eine Tischkante, wobei ihr enger Rock den Kampf mit ihren langen, straffen Beinen verliert. Unwillkürlich lecken sechs geile Zungen über trockene Lippen. Greer starrt auf den Boden.

»Okay, mal herhören. Es ist Zeit, dass wir den Arsch hochkriegen.«

Dieser Auftakt gefällt ihr.

»Diese Ermittlung – sofern diese schmeichelhafte Bezeichnung überhaupt angebracht ist – war von Anfang an eine Scheißkatastrophe. Aber das wird jetzt anders. Ab sofort. Wem das nicht passt: Da ist die Tür.«

Sie stellt einen Fuß auf den Rand eines Plastikpapierkorbs. Ihr Rock kann nicht mithalten und rutscht noch weiter nach oben. Zwölf Augen malen sich die schönsten Schweinereien aus.

»Reynolds. Nestor. Dunphy. Roberts. Andrew Andrews. Jacinta Kinch. Ich will was über diese Leute hören.«

Schweigen. Nervöses Schlucken. Verständnislose Blicke.

»Jetzt hört mir mal zu, Sportsfreunde, hört genau zu. Ich weiß, dass diese Toten irgendwas miteinander zu tun haben. Fragt mich nicht, wie oder warum. Das spüre ich. Und wir kriegen jetzt massiven Druck von oben. Letzte Neuigkeit: Der neue Minister ist ernannt, vermutlich ein scharfer Hund, ein aufgeblasener Polizeichef. Der Ruf der Polizei ist auf einem Tiefststand. Die Schmuddelfotos in den Sonntagsblättern haben es nicht gerade besser gemacht. Dank Ihnen, Sergeant Greer.«

»Grainne, bitte ...«

»Für Sie: *Inspector.*«

»Inspector, ich ...«

»Greer, Sie machen Innendienst – für die Dauer dieser Ermittlung bleiben Sie praktisch mit Handschellen an Ihren Schreibtisch gefesselt.«

Alle starren Greer an, der auf seinem Stuhl noch tiefer nach unten rutscht.

»So, Jungs. Kapiert ihr allmählich? Wir haben keine Spuren, keine zuverlässigen Zeugen, nicht das kleinste Indiz, abgesehen von einer DHL-Rechnung – rein gar nichts!«

Sechs Köpfe nicken im Takt zu jeder ihrer Bewegungen.

»Also fangen wir ganz von vorn an. Dullard und Durak, Rund-um-die-Uhr-Überwachung. An der Bude von Bloom und Blixen. Bis auf weiteres. Wenn sie sich auch nur in der Nase bohren, gebt ihr mir Bescheid.

Deludey, Sie machen die Klinkenputzertour – Nachbarn, Lieferanten, Briefträger, Gas-, Wasser-, Stromableser. Sobald Sie irgendwas – und ich meine wirklich irgendwas – rauskriegen, bin ich die Erste, die es erfährt.

Dolt, nehmen Sie die DHL-Rechnung und machen Sie ein bisschen Polizeiarbeit. Ich will wissen, was verschickt wurde, an wen und warum. Bevor Sie das nicht rausgekriegt haben, brauchen Sie gar nicht wiederzukommen.

Dowdy, Sie kümmern sich um den letzten Schmuddelabend der Ministerin – wieso dieses Haus, wer war dabei, wo stecken sie jetzt? Fangen Sie mit Greer da drüben an, dann knöpfen Sie sich diesen Idioten Lambert vor. Und treiben Sie diesen komischen Schwarzen von den Fotos auf. Da ist auch eine jüngere Frau drauf, sieht gut aus. Suchen Sie die.

Dunder, Sie fangen mit dem ersten Mord an. Reden Sie mit Freunden und Nachbarn von Reynolds. Er hat Familie – einen Sohn und eine Tochter –, bitten Sie sie her. Leichen im Keller? Erbschaft? Liebschaften? Das Übliche.

Okay. Das wär's. Wenn einer von euch nicht weiterkommt, kann er mit Sergeant Greer Anträge auf Hundemarken bearbeiten.«

Jemand kichert. Als sie aufschaut, sieht sie, dass Greer gegangen ist. Vielleicht hat sie ihn zu hart angefasst. Aber nein. Wenn er es nicht verkraftet, abgekanzelt zu werden, wie er es verdient hat, dann wird er es bei der Polizei nicht lange aushalten.

»Jeden Tag findet als Erstes eine Lagebesprechung statt, um 9.15 Uhr. Ich will täglich einen Bericht über jeden Auftrag hören. Sollte ich innerhalb der nächsten 24 Stunden keine Fortschritte sehen – neue Indizien, eine heiße Spur, einen Zeugen, irgendwas Handfestes –, pack ich euch bei den Eiern, dass ihr ein Jahr nicht gerade gehen könnt.«

Die Männer schauen sich an. Was für ein Versprechen. Nur knapp verkneifen sie sich ein schmachtendes Stöhnen.

»Okay. Das ist alles, Leute. Und jetzt los.«

Gardaí Deludey, Dullard, Durak, Dowdy, Dunder und Dolt stehen auf und gehen langsam hinaus.

»Und Jungs ...!«, ruft Grainne ihnen mit gespielter Sorge nach.

Alle drehen sich um.

»*Bí cúramach*, seid vorsichtig da draußen.«

Das ist ein Wendepunkt, dachte Sergeant Greer. Auf einer Reise ohne Wiederkehr. Oder so.

Seine öffentliche Demütigung durch die Frau, die er liebte, hatte ihn in einen Strudel der Selbstverachtung gestürzt. Aber allmählich rappelte er sich wieder auf. Im Augenblick war er wütend. Auf sich, aber auch auf sie. Okay, er hatte es versaut – die Party mit der Ministerin und das alles –, aber er hatte Grainne nicht betrügen wollen. Er war nicht einmal sicher, ob er es überhaupt getan hatte.

Ihm war durchaus klar, dass sie ihm vor den anderen das Leben sauer machen musste. Aber es tat weh, das konnte er nicht leugnen. Die Jungs waren schließlich bloß Anfänger – während Greer ein frisch gebackener Sergeant war. Vom Außendienst an den Schreibtisch verbannt.

Demütigend. Aber es hatte auch seinen Reiz. Gott, war sie energisch. So voller Leidenschaft.

Er hatte sich von seinem Ziel ablenken lassen, den Fall zu lösen und Grainne zu erobern. Jetzt schien es ihm unmöglich, ihre Liebe zu gewinnen, aber zumindest konnte er immer noch ihre Achtung erringen.

Greer dachte über die Lage nach. Eigentlich kam es ihm sogar entgegen, an den Schreibtisch gefesselt zu sein. In den letzten Wochen war ihm klar geworden, dass seine Stärken nicht in der Polizeiarbeit an vorderster Front lagen. Nein, er war mehr der denkende Bulle, der systematische, beharrliche Wie-sieht-der-Fall-aus?-Stratege. Fakten prüfen. Akten studieren. Jedem noch so kleinen Indiz nachgehen. Wenn es kein Indiz gibt, noch mal prüfen, bis es eins gibt.

Er verließ seinen Schreibtisch und ging zielstrebig den Gang hinunter. Es war wirklich ein Wendepunkt.

Er stand in der Asservatenkammer und schaute den Pappkarton *Mordsache Reynolds* durch. Jeder Fall war einzigartig, aber dieser war besonders einzigartig. Er hatte keine Ahnung, wonach er eigentlich suchte, aber trotzdem suchte er, sortierte, siebte aus. Ermittlungsberichte. Jason Dunphys Geständnis. Der Bericht der Spurensicherung vom Tatort im Wohnwagen.

Als er den Tatort-Ordner aufschlug, fielen ein paar Fotos heraus. Es waren Nahaufnahmen von Tommy Reynolds' Leiche aus verschiedenen Blickwinkeln.

Armer Kerl. Was für ein Tod. Greer sah langsam die kalten, harten Aufnahmen durch. Dann fiel ihm etwas Merkwürdiges auf. Was war das? Auf dem Bild von Reynolds' rechtem Fuß? Er hielt sich das Foto dichter an die Augen und blinzelte, um das Detail zu erkennen.

Ein zerknittertes Stück Papier ragte etwa zwei Finger

breit unter dem Sockenrand des Toten hervor. War das eine Zehnpfundnote? Es sah so aus.

Greer stöberte weiter die Asservatenschachtel durch. Zwischen den Aussagen, Karten und Diagrammen fand er eine Zehnpfundnote in einem Plastikbeutel für Beweisstücke. Er betrachtete sie ganz genau von beiden Seiten. Das Gesicht von James Joyce starrte ihn spöttisch an.

Er hätte nicht sagen können, was ihn dazu veranlasste, aber irgendein Drang, den er nicht verstand, bewegte Garda Sergeant Paschal Greer, den Geldschein in seine Tasche zu stecken.

Bloom und Blixen hatten ihren Prozess zwar gewonnen, aber glücklich waren sie nicht. Tatsache ist, sie waren stinksauer. Und obwohl sie keine unmittelbare Gefahr sahen, erneut angetastet zu werden, beschlich sie zum ersten Mal in ihrer schiefen Laufbahn das Gefühl, dass die Dinge etwas aus dem Ruder liefen. Das Beunruhigendste war, dass sie nicht recht wussten, was sie dagegen tun sollten.

Mrs Bloom saß in ihrem Garten, sie war wie ausgewechselt. Sie hatte den Glauben an die Unmenschlichkeit verloren und sogar aufgehört, die Starts und Landungen in ihrem Notizbuch zu verzeichnen. Wenn die Leute nur ihre Versprechen einhalten würden, dachte sie; wenn es doch nur ein bisschen mehr Anstand in der Welt gäbe. Früher, da gab es noch eine Ehre unter Ganoven. Aber diese Zeiten waren eindeutig vorbei. Heutzutage waren Ganoven richtiggehend unehrenhaft.

Tommy Reynolds zum Beispiel – in gewisser Weise war er an allem schuld. Hätte er doch nur die Ware beschafft, wie versprochen, dann wäre alles in bester Ordnung. Aber das hatte er nicht getan. Obwohl sie ihm jede Chance gegeben hatten, hatte er sie enttäuscht, immer wieder. Nicht nur, dass er seinen Teil der Abmachung nicht eingehalten hatte, er hatte ihnen nicht mal den Vorschuss zurückgegeben, den sie ihm vorgestreckt hatten. Na gut, es war Falschgeld. Aber moralisch spielte das keine Rolle. Es ging schließlich ums Prinzip.

Und was Robert und Nestor anging – was für Dämel. Was hatten sie nur angerichtet, den armen alten Tommy zu erschießen, wo sie ihm doch nur ein bisschen Angst einjagen sollten. Es war nicht richtig, einen Mann zu erschießen, der ein schwaches Herz hatte. Ihn grün und blau schlagen, okay, aber Gewalt war nun wirklich nicht nötig. Früher, da konnte man sich noch darauf verlassen, dass gekaufte Polizisten taten, was man ihnen sagte, und sich an einfache Regeln hielten. Aber heutzutage hatte ja niemand mehr Respekt vor der Autorität.

Da sah man nun, wohin das alles geführt hatte. Der arme Nestor. Niemand brachte gern Bullen um, Mrs Bloom am allerwenigsten. Wenn das passiert, ändert sich das Klima. Die Polizei geht härter vor, wenn einer von ihnen umgebracht wird. Na ja, das ist wohl nur natürlich. Aber in einer solchen Atmosphäre ist es einer Frau so gut wie unmöglich, ihrem unehrlichen Tagwerk nachzugehen. O ja.

Selbst ihr Sieg vor Gericht hatte einen Nachteil. Bislang hatten sie ihre Raub- und Beutezüge aus dem anonymen Dickicht der Vorstadt heraus unternehmen können. Vor Gericht standen sie plötzlich im Licht der Öffentlichkeit. Zur Schau gestellt vor der ganzen Welt. Erst heute Morgen hatten zwei Reporter angerufen. Und der Milchmann hatte einen Zettel in seine Lieferung gesteckt: »Hab Ihr Bild in der Zeitung gesehen. Wusste gar nicht, dass ich so berühmte Leute auf meiner Tour hab!«

Jetzt wurden sie rund um die Uhr überwacht. Der Lieferwagen war so offensichtlich, dass er nur von der Polizei sein konnte. Man sollte meinen, sie könnten zumindest *versuchen*, unauffällig zu sein. Aber nein, der Lieferwagen war pink lackiert, hatte drei große Antennen und ständig war das Knistern von Walkie-Talkies aus dem Inneren zu hören.

Die Aufmerksamkeit ärgerte sie nicht so sehr wie der ungünstige Zeitpunkt. Na ja, sie hatte immer gewusst, dass es eines Tages so kommen würde. Deshalb hatten sie und Mrs Blixen ja auch mit Dymphna zusammengearbeitet. Seit Jahren hatten sie vor, sie zu ihrer Nachfolgerin zu machen. Wirklich, sie waren gerade dabei gewesen, sie zu ihrem »Patenkind« zu ernennen, als dieser ganze Ärger über sie hereinbrach.

Ihr hatten sie noch nichts davon gesagt, dass sie die nächste Patin des Schwerverbrechens werden sollte. Es sollte eine Überraschung sein; es war immer nett, einem jungen Menschen eine Freude zu machen. Vorerst hatten sie ihr geholfen, sie geprägt, geliebt – nach ihrem eigenen Vorbild geformt. Es hätte ein nahtloser Übergang werden können. Aber dann hatte Tommy Reynolds alles verdorben.

»Ganz, ganz ungünstiger Zeitpunkt.«

Sie hatte es laut ausgesprochen.

Ich muss wahrhaftig unter Druck stehen, dachte sie.

Sie machte sich ernstlich Sorgen um Dymphna. Und war ein bisschen betroffen über ihr plötzliches Verschwinden. Das Mädchen hatte sich in Luft aufgelöst. Im *Evening Herald* hatten sie über die berüchtigte Party mit der Ministerin gelesen und auf den Fotos bestürzt ihr liebes Mädchen erkannt. Was hatte Dymphna nur gemacht? Was für eine unglaubliche Mischung von Leuten in ihrem Haus. Ein Polizist, ein Journalist und die Justizministerin, ganz zu schweigen von einem früheren Taoiseach. In solcher Gesellschaft konnte ein nettes Mädchen wie Dymphna Morkan schon in Schwierigkeiten geraten.

Hatte sie vielleicht ein bisschen auf eigene Faust gearbeitet? Die Ministerin auf ihre Seite gezogen? Einen Pressespitzel umworben? Ja, sie war ein gutes, findiges Kind. Aber sie war eindeutig in schlechte Gesellschaft geraten. Wieso war sie seitdem nicht mehr zu ihnen gekommen und hatte sie um Hilfe gebeten? Vielleicht wusste sie, dass ihr Haus beobachtet wurde. Mittlerweile dürfte auch das Telefon abgehört werden. Aber ihr wäre doch sicher eine Möglichkeit eingefallen, sich mit ihnen in Verbindung zu setzen. Der Milchmann hätte ihnen diskret eine Nachricht überbringen können. Vielleicht war etwas Schreckliches passiert. Vielleicht lag sie ja tot auf einer Müllkippe.

O Gott! Die jungen Leute heutzutage.

Aber sie hatten auch noch andere Sorgen. Die Geschäfte gingen schlecht, seit die Bullen ihnen an den Fersen klebten. Eigentlich kein Wunder, wenn man es recht bedachte. Mrs Bloom hatte den Eindruck, dass sie nicht mehr das Niveau hatten wie früher. Aber was sollte man machen? Man bekam ja einfach die Leute nicht mehr. Früher, da hatten sie ausschließlich mit den Hochkarätigen der Unterwelt zusammengearbeitet. Aber diese glücklichen Zeiten waren vorbei. Bei dem elenden Sammelsurium von Verlierern, Dummköpfen und besseren Wucherern, mit denen sie in den letzten Wochen zu tun gehabt hatten, würde es sie gar nicht wundern, wenn die Garda-Ermittlungen zu einer heißen Spur direkt bis vor ihre Tür führten – oder schlimmer noch zu ihren Auslandskonten.

Trübsinnig schloss Mrs Bloom ihr nachtblaues Notizbuch, ohne auch nur zu hören, dass die SLA 173 von Schiphol (aus Colombo, Sri Lanka) im Landeanflug war. Sie zog den Mantel an, bedeutete Mrs Blixen mit einem Kopfnicken, ihr zu folgen, und trat auf die Straße.

»So!«, rief sie zum Lieferwagen hinüber. »Was kosten denn heutzutage die friesischen Jungkühe, Garda Durak?«

Garda Durak bemühte sich nach Kräften um ein lässiges Grinsen, aber eine nagende Angst ließ seinen schiefen Mund zucken.

Unterdessen klebte Mrs Blixen etwas an das Rückfenster des Lieferwagens.

»Damit kommen Sie nicht durch, das ist Ihnen doch klar«, sagte Mrs Bloom, während Mrs Blixen wieder ins Haus schlüpfte.

»Wie meinen Sie das, meine Liebe?«, fragte Garda Durak.

»Wir beobachten Sie«, sagte Mrs Bloom. »Vierundzwanzig Stunden am Tag. Wir wissen über jede Bewegung von Ihnen Bescheid.«

Lächelnd ging sie zur Straßenecke. Garda Dullard schaute Garda Durak an.

»Das ist eine Falle«, sagte Dullard. »Sie wollen uns vom Haus weglocken. Du folgst ihr zu Fuß. Ich passe hier auf.«

Durak sprang aus dem Wagen und beschattete Mrs Bloom. Alles Mögliche ging ihm durch den Kopf, und so bemerkte er den Aufkleber auf dem Rückfenster des Lieferwagens nicht, auf dem in roten Lettern auf schwarzem Grund stand: »Pädophilengesellschaft, Irland – Tagesausflug«.

Mrs Bloom schlüpfte in McCarthy's Pub, ging durch das Lokal in den rückwärtigen Flur, warf eine Münze in den öffentlichen Fernsprecher und wählte eine Nummer.

»Hallo? Eddie Lambert? Hier spricht Pauline Bloom … Erinnern Sie sich an den kleinen Gefallen, den Sie mir schulden, mein Lieber?«

Vier Stunden nach Ende seiner Schicht klappte Paschal Greer die Fallakte zu, an der er gearbeitet hatte, und steckte sie ein. Er schaltete seinen Computer aus – na ja, er konnte den Schalter nicht finden und zog den Stecker raus – und verließ das Büro, um spazieren zu gehen. Niemand grüßte zum Abschied, aber das machte ihm nichts, er wollte allein sein.

Als er in die Stadt ging – auf der Abkürzung über die Montague Lane zur Camden Street –, überfiel ihn ein Heißhunger auf Süßigkeiten. Richtige Süßigkeiten. Süßigkeiten aus dem Glas. Er betrat eines seiner Lieblingsgeschäfte.

Kavanagh's Sweet Shop in der Augier Street war ein vollkommen erhaltener Tante-Emma-Laden im Stadtzentrum, der sich frech gegen all die faden trendy Kaufhäuser und neuen Hotels seiner Umgebung behauptete.

»Das Übliche, Paschal?«, fragte Mr Kavanagh.

»Ja, ich glaube schon.«

Pfeifend füllte Mr Kavanagh fünf Tütchen und reichte sie ihm. Noch bevor Paschal bezahlt hatte, lutschte er schon auf sieben verschiedenen Lakritzbonbons.

»Was ist das denn, Paschal – was soll das sein?«

»Mmh?«, fragte Paschal mit vollem Mund.

»Du lieber Gott, das ist ja schrecklich.« Mr Kavanagh schnalzte mit der Zunge. »Und du als Polizist, Paschal. Schämst du dich denn gar nicht?«

»Was meinen Sie?«

»Der Zehnpfundschein. Du hast mir Falschgeld gegeben.«

»… wirklich?«

»Klar, Paschal. Das siehst du doch, oder?«

Sergeant Greer kam an die Theke. »Ich finde, er sieht echt aus.«

Mr Kavanagh schüttelte grinsend den Kopf und tippte auf den Geldschein.

»Siehst du ihn? James Joyce?«

»Was ist mit ihm?«

»Also auf einem echten Zehner – trägt er keine Fliege, Paschal.«

Mr Kavanagh kramte in der schmuddeligen Kasse und zog schließlich eine echte Zehnpfundnote heraus. Er hatte vollkommen Recht. James Joyce' Gesicht war auf beiden Scheinen gleich. Aber auf der echten Banknote trug er eine Krawatte.

»Aber ... das ist Tommy Reynolds' Zehner. Der aus der Akte. Entschuldigung, Mr K. Den muss ich Ihnen aus Versehen gegeben haben.«

Mr Kavanagh nickte. »Davon sieht man einige in letzter Zeit. Am besten hätte man noch ein paar Augen im Hinterkopf, wahrhaftig. Schlimm, schlimm, was die Leute so alles aushecken.«

Sergeant Paschal Greer bekam Herzklopfen. Er war gerade über seine erste heiße Spur gestolpert.

Um 22.20 Uhr klingelte es an der Haustür des Assistant Commissioner. Er ignorierte es und lehnte sich in seinem Sessel zurück. Wieder klingelte es, diesmal nachdrücklicher. Er fluchte verhalten.

»Tessa?«, rief er.

Er schaute gerade *NYPD Blue – New York Cops*, seine Lieblingsserie im Fernsehen. Sie war wenigstens komplex und moralisch vielschichtig. Die Handlung hatte etwas Läuterndes, die Charaktere waren klar umrissen – nicht wie bei den meisten Schwachsinnssendungen, die allabendlich über den Bildschirm flimmerten. Er hasste es, bei *New York Cops* unterbrochen zu werden. Auch als es zum dritten Mal klingelte, rührte er sich nicht vom Fleck.

»Tessa, geh mal an die Tür!«, brüllte er mit der routinierten Anmaßung eines dreißig Jahre verheirateten Mannes.

Seine Frau stellte in der Küche die schwarzen Schuhe neben die Schuhcreme auf das Zeitungspapier. Dann schluffelte sie in die Diele, schaltete die Außenbeleuchtung ein und rief, ohne die dreifach verriegelte Tür zu öffnen: »Wer ist da?«

Keine Antwort.

»Wer ist da, bitte?«

Stille.

Sie lupfte den Vorhang und lugte nach draußen. Es regnete. Niemand war zu sehen.

»Katerchen!«, rief sie ihren Mann. »Es tut mir ja Leid, dass ich dich stören muss, aber da draußen ist anscheinend niemand. Das ist komisch.«

»Okay, Hasenschnäuzchen. Sipowitz steigt gerade wieder in den Streifenwagen. Ich komme gleich.«

»Ich habe Angst, Cuthbert. Kannst du nicht sofort kommen?«

Seufzend stand er auf und ging in die Diele. Seit diese unerklärliche Mordserie an Polizisten angefangen hatte, war seine Frau noch ängstlicher als sonst. Vielleicht hatte sie ja Recht. Es waren gefährliche, unberechenbare Zeiten. Sinead hatte ihm schon oft gesagt, er müsse aufpassen. Ein Mann in seiner Position habe viele mächtige Feinde. Und für einen Mann, der eine Frau und eine Geliebte habe, gebe es gleich zwei gute Gründe, lebendig zu bleiben. Sinead konnte manchmal ziemlich schnippisch sein.

»So.« Lächelnd öffnete er die Haustür. »Da gibt es doch keinen Grund, sich Sorgen zu machen, oder?«

»Wahrscheinlich nicht.«

»Ach! Sieh mal.« Auf der Schwelle lag ein DIN-A4-Umschlag mit seinem Namen. »Es war nur ein Bote. Wahrscheinlich sind es Unterlagen aus dem Büro.«

»Na gut. Möchtest du ein Sandwich, Katerchen?«

»Ja, mein Hasenschnäuzchen. Das wäre schön.«

Tessa ging wieder in die Küche, während er den Umschlag aufhob. Er meinte einen Wagen wegfahren zu hören, als er den Umschlag aufriss und hineinschaute.

Er wurde kreidebleich.

Entsetzt starrte er auf die Fotos von sich und Sinead. Bis auf den Rasierschaum und die Hurlingschläger waren sie beide nackt.

SCHICKEN SIE DAS BEILIEGENDE RUNDSCHREIBEN MORGEN AN ALL IHRE BEAMTEN – SONST PASSIERT IHNEN DASSELBE WIE KINCH.

Die Diele verschwamm vor seinen schreckweiten Augen.
Draußen in der Nacht trat Eddie Lambert aufs Gas.

Eine schäbige, stinkende Spelunke wie diese war genau das, was Grainne O'Kelly jetzt brauchte. Es passte zu ihrer Stimmung, hier fühlte sie sich zu Hause. Der Whiskey war ein Schlag für ihre Zunge, aber ein wärmender Freund auf dem Weg nach unten. Ein verstimmtes Klavier improvisierte über ihr aus dem Takt geratenes Leben.

Am frühen Abend hatte Garda Dunder einen Bericht ans Präsidium durchgegeben, dass es ihm gelungen sei, den jungen Gary Reynolds zu vernehmen; er behaupte, sein Vater habe ihm die erste Hälfte des mittlerweile berühmten Romans von James Joyce vererbt. Seine Angaben deckten sich mit denen von Gerty MacDowell, der Anwältin von Tommy und nun auch von Gary; allerdings habe sie keine Angaben dazu machen können, ob das Dokument echt und wie etwas darart Wertvolles in Tommys Besitz gelangt sei. Auch Gary wisse darüber nichts. Aber er wolle haben, was ihm rechtmäßig zustehe.

Dunder sagte, das Manuskript sei durch Wasser stark beschädigt worden und habe aus unerfindlichen Gründen gotterbärmlich gestunken. Offenbar hätten die Seiten einzeln zum Trocknen auf der Wäscheleine in Garys Garten gehangen. Ein Freund – ein Typ namens Micky – habe ihm beim Trocknen der Blätter geholfen. Grainne musste über ein derart nachlässiges Vorgehen lachen. Sie gab Anweisung, Gary unter Polizeischutz zu stellen. Es war durchaus möglich – und vielleicht sogar wahrscheinlich –, dass auch Gary in Gefahr war.

»Und sehen Sie zu, dass Sie ein Foto des Vaters auftreiben«, befahl sie.

»Wofür wollen Sie das denn, Chefin?«

»Für die Pressekampagne. Um ein Profil zu erstellen – wer hat ihn gekannt, wer hat ihn gesehen, was hat er gemacht?«

»Okay, ich werd's versuchen.«

»Bringen Sie es mir möglichst schnell. In einer Stunde fahre ich zu Kinchs Beerdigung.«

Grainne schaute sich um. Die Kneipe gefiel ihr. Ein komischer Gedanke brachte sie zum Grinsen: Sie wäre nie auf diese Kneipe gestoßen, wenn sie nicht zur Beerdigung der verschiedenen Ministerin gefahren wäre. Als sie dem Trauerzug durch die adretten Vororte an den ersten Hängen der Dublin Mountains gefolgt war, hatte sie kurz den Motor ihres Wagens abgewürgt und war dann fünfhundert Meter weiter auf das Ende eines Autounfalls gestoßen, genauer gesagt, einer Massenkarambolage.

Im Chaos hatte sie sich zusammenreimen können, dass ein Fahrlehrer einem Straßenarbeiter hatte ausweichen müssen, der mitten auf der Straße, auf seine Schaufel gestützt, eingeschlafen war. Dieses Ausweichmanöver hatte den Leichenwagen mit dem Sarg der Ministerin zu einer Vollbremsung gezwungen, die wiederum eine Massenkarambolage von neunzehn nachfolgenden Staatskarossen – BMWs, Mercedes, Rovers, Saabs und Volvos – verursacht hatte. Der Leichenwagen war quer über die Straße geschleudert und hatte den Sarg zum Rückfenster hinaus auf einen Lastwagen katapultiert, der mit Requisiten für eine Garry-Hynes-Produktion von *Dracula* am Gaiety Theatre beladen war.

Als die Unfallstelle endlich geräumt war, brauchte Grainne O'Kelly unbedingt einen Drink und entdeckte auf der gegenüberliegenden Straßenseite eine Kneipe. Zum Teufel mit der Beerdigung, dachte sie. Sie hatte dringend eine Pause vom Tod nötig.

Als sie nun im Colonel Knowledge bei ihrem fünften Whiskey saß, dachte sie über die Ereignisse des Tages nach. Es lief allmählich besser. Sie hatte sich bei ihrem Team durchgesetzt. Ihr Instinkt sagte ihr, dass sie den Fall bald knacken würde. Paschal Greer fiel ihr ein. Wie mochte es ihm jetzt wohl gehen? Tief in ihrem Inneren meldete sich ein heftiges Verlangen. Wie schade, dass nichts draus geworden war. Wie konnte er nur genauso unzuverlässig sein wie all die anderen?

Nun ja, es gab Wichtigeres, worauf sie sich im Moment konzentrieren musste. Sie betrachtete das Foto, das Dunder ihr bei Gary Reynolds besorgt hatte. Man hatte es am Tatort des Reynolds-Mordes gefunden, aber für die Medienkampagne war es zu alt. Es zeigte Tommy Reynolds mit Mitte zwanzig neben seiner Frau und seinen beiden Kindern. Die Familie wirkte harmlos und glücklich, aber irgendetwas war komisch an dem Foto. Das Datum auf der Rückseite war merkwürdig: »Juni 1948« stand in Tommys Handschrift da. Warum hatte er dieses Datum darauf geschrieben? Die Kleidung sah eindeutig nach siebziger Jahre aus.

Auch der Wagen war aus den Siebzigern. Die wahrscheinlichste Erklärung war, dass Tommy irgendwann den Verstand verloren hatte. Aber komisch war es trotzdem. Sie konnte es nicht erklären, aber es fühlte sich so an, als sei es wirklich so alt. Es war nicht das Bild, sondern etwas anderes. Das Fotopapier fühlte sich alt an. Sie beschloss, das Foto am nächsten Morgen ins Labor zu bringen; mal sehen, was die chemische Analyse ergab.

Aber bis morgen ist noch viel Zeit, dachte sie. Jetzt wollte Grainne O'Kelly erst einmal ausspannen. Allmählich abschalten. Etwas trinken. Der Whiskey brachte sie innerlich zum Glühen und fachte ein Verlangen an, das sie schon eine ganze Weile nicht mehr verspürt hatte. Ach, mein Paschal. Was für eine Chance haben wir verpasst. Der Klavierspieler war anscheinend genauso berauscht wie sie. Langsam streckte sie sich, wölbte den Rücken und löste ihr Haar, dass es ihr auf dem Weg auf die Schultern den Nacken küsste.

Grainne O'Kelly war gebannt von der Musik. Mit sinnlich schwingenden Schritten tänzelte sie in lasziv langsamer Lässigkeit zum Klavier in der Ecke hinüber. Offen gesagt, die Musik war nicht mal so toll. Lag es nur daran, dass sie ein bisschen beschwipst war? Na ja, wenn schon, ihr war es egal. Das Klavier war verstimmt, die Musik aus dem Takt, unmodern und eindeutig fehl am Platz. Aber sie hatte was. Eine unheimliche Ehrlichkeit. Eine Einsamkeit, die sie ansprach. Eine Art verkommener Leichtigkeit.

Dann hörte sie die Stimme. Eine vertraute Stimme.

Mein Traum heute Nacht:
Du im Blaulicht, nackt,
läufst, lachst und fällst auf mich geschickt.

Das kann nicht sein, dachte sie mit wachsender Erregung.

> *Wir sind undercover,*
> *Bullen und Lover.*
> *Ein regelrechtes Sexualdelikt.*

Mein Gott, das ist Paschal Greer, dachte sie.

Und singen konnte er auch noch. Er war es eindeutig, hinter sanft schmeichelnden Schmauchwölkchen. Ihr Paschal. Ihre heimliche Liebe. Aber er sah gar nicht aus wie sonst. Das Zigarillo. Die Falmers-Jeans. Das Poloshirt der Hurlingmannschaft Nobber Slashers. Die cremefarbenen Slipper. Die aufreizend geschmeidigen Finger auf den Tasten.

> *Meine Wunden misshandelt,*
> *meine Hoffnung verschandelt,*
> *du nimmst hart in die Mangel mein Liebesflehen.*
> *Mein Herz sitzt im Zuchthaus,*
> *auf Kaution komm ich nie raus*
> *und doch vermiss ich deine Dienstvergehen.*

Das Lied fuhr ihr als Ziehen in den Bauch und mischte sich in den schmachtenden Blues ihres mittlerweile gefährlichen Verlangens. Geschmeidig glitt sie neben ihn auf den Klavierhocker und versprühte um sämtliche Kurven knisternde Spannung. Erschrocken drehte er sich zu ihr, seine sanfte Stimme stockte. Er hatte offenbar ziemlich viel getrunken. Aber irgendwie schaffte er es, Haltung zu bewahren. Er sang weiter und schaute ihr dabei in die vollen, festen, bebenden ... Augen.

> *Mein Herz voller Fehler,*
> *meine Hoffnung beim Hehler,*
> *man hat mich gewarnt, jetzt bin ich verloren.*

Grainne konnte ihren Finger nicht davon abhalten, über das eingestrichene C zu fahren.

Was ich brauche, weißt du genau,
steck mich für Falschparken in den Bau,
du fesselndste aller Inspektoren.

Sie fielen sich in die Arme und küssten sich.
»Du hast Talent«, raunte sie provozierend.
»Grainne ... Ich meine, Inspector ... ich hatte nicht damit gerechnet ... du bist so schön, Mannomann ... Ich habe ein interessantes Indiz in dem Fall ausgegraben ...«
»Paschal, das einzige Indiz, das ich heute Abend ausgraben möchte, steckt in deiner Jeans.« Er wurde knallrot. »Entschuldige, ich bin ein bisschen betrunken«, sagte sie. »Aber ich weiß, was ich tue. Um die Arbeit kümmern wir uns morgen. Heute will ich Spaß. Morgen bei Tageslicht erweist sich das vielleicht als schrecklicher Fehler. Aber jetzt will ich deine Eier für gebratenen Speck.«
»Aber Grainne ...«
»Ich will Spaß, Paschal.«
»Schön. Damit komm ich klar. Ich will auch Spaß.«
»Ich meine, richtigen Spaß, Paschal. Hart. Schnell. Schmutzig. Gekonnt.«
»Schon in Ordnung, Grainne, ich geh nur schnell pinkeln.«
Paschal Greer kam als neuer Mensch vom Klo. Auf dem Rücksitz des Taxis brachte er Grainne O'Kellys Herz fast zum Stocken, als er ihr mit heißer Fingerspitze federleicht über den Arm und ihre herrlichen Lippen strich. Mit einem Ruck zog er sie in die Arme, schaute ihr mit ruhigen, gierige Liebe fordernden Augen bis auf den Grund ihrer Seele und küsste ihr mit heißem, hungrigem Atem den Nacken.

Man könnte fast sagen, von jetzt an lief alles ziemlich spielend.

In Grainnes Wohnung gestaltete es sich ein bisschen primitiv. Als Greer sein Blaulicht herausholte, wurden bei beiden Urinstinkte wach. Im rhythmischen Aufflackern des blauen Schimmerns umschlichen sie sich wie zwei brünstige Tiere.

»Sergeant Greer, Sir?«, flüsterte Grainne samtig.

»Was?«

»Ich will dich. Jetzt.«

»Dann mach.«

Ihre Finger tasteten sich zu seinem Hosenschlitz.

»Wow, Paschal, du bist aber ein großer Bursche.«

»Das ist … mein ähm … Schlagstock, Grainne.«

»Au Scheiße, 'tschuldige … stimmt …«

Er führte ihr die Hand.

»Das ist mein … du weißt schon.«

Ihre Augen weiteten sich und ihre Hand tastete noch einmal prüfend.

»Oh Paschal.«

»Oh Grainne.«

»O ja.«

»O ja.«

Sie küssten sich, lange, lustvoll und leidenschaftlich. Greer hatte eine Stange wie ein polnischer Stabhochspringer.

»Grainne, welche Stellung ist dir am liebsten?«

»Polizeipräsident«, sagte sie und hob ihn auf den Kaminsims.

Später, beim fünften Ritt auf dem Gasherd (Marke Aga), bei dem sie breites Klebeband, eine 20er-Schraubzwinge, ein Glas Zitronengelee und die Toner-Kartusche eines Fotokopiergeräts zu Hilfe nahmen, rückte Grainne mit der vierzehnten Theorie heraus.

»Ich hab's!«, sagte sie, wobei sie die Kartusche rhythmisch auf- und abbewegte.

»Ein bisschen weiter rüber«, sagte Greer.

»Es muss daran liegen, dass wir beide vom Land kommen; die gleiche Herkunft, verstehst du? O Paschal – *mach die Zwinge fester, Paschal.*«

»Schon möglich«, stöhnte er. »Okay, pump den Toner, Baby! Aber warte mal – du bist doch aus Dublin, oder?«

»Nein, Paschal, mein Lämmchen, ich habe sie nur in diesem Glauben gelassen. Sie wollten mehr Dubliner bei der Polizei, weißt du. Fester, Paschal, ja – *whoargh!*«

»Das ist toll. O Mann, Grainne – *schneller!*«

»Siehst du«, sagte Grainne, »– mach weiter, o ja, danke! – du bist aus Nobber. Ich bin aus Muff – unsere Verbindung wurde im Moorhimmel geschlossen. Okay, jetzt, Paschal, das Klebeband. *Jetzt!*«

»Bist du sicher, dass du das willst?«

»Pfuscht Pater Pio beim Versteckspielen? Klar will ich es! *Jetzt!*«

»Gut so! Lass den Toner tanzen!«

»O ja!«, stöhnte Grainne, vor Lust tropfend.

»O jaaaa!«, stöhnte Paschal, nur noch tröpfelnd.

»Fucking Moorhimmel!«, schrie Grainne und sank in Ekstase auf das geschmolzene Zitronengelee.

Dowdy weckte Dunder neben sich in dem unauffälligen Opel. Er war nervös und schreckhaft. Erst gestern hatten zwei seiner Kollegen, die in einem Lieferwagen das Bloom-Blixen-Haus überwacht hatten, aus unerklärlichen Gründen von einer Rotte aufgebrachter Eltern des Viertels eine gehörige Tracht Prügel bezogen.

»Denis!«, zischte er.

»Derek? ... Was ist los?«

»Wir haben Gesellschaft. Guck.«

Eine Nonne mit Sammelbüchse und Regenschirm, wie es aussah, ging zur Tür von Haus Nummer 18, Copse Parade, und klingelte. Die Polizisten beobachteten, wie Gary Reynolds öffnete. Er und die Nonne unterhielten sich ein Weilchen freundlich. Dann bat der Dicke die Nonne wohl herein und winkte Dowdy und Dunder beiläufig zu, als wolle er sagen: »Alles in Ordnung, Jungs.«

»Was machen wir jetzt?«, fragte Dunder besorgt.

»Wir warten ab«, sagte Dowdy. »Wenn irgendwas Verdächtiges passiert, greifen wir ein. Aber, mal ehrlich, es ist bloß 'ne Nonne.«

»Vermutlich«, sagte Dunder. »Sag mir Bescheid.« Er rutschte wieder tiefer in seinen Sitz und schloss die Augen. Dowdy wartete eine Weile.

»Ich geb's trotzdem durch, nur um sicherzugehen. Soll ich?«

Aber Denis Dunder döste schon wieder.

Dreizehntes Kapitel
von Donal O'Kelly

Sinead Eglinton traute ihren Augen nicht. Immer wieder las sie, was auf dem Blatt Papier stand, das der Assistant Commissioner ihr auf den Tisch gefeuert hatte.

»*Kümmer dich drum! Aber dalli!*«, hatte er dabei auf Irisch gezischt.

Sie wollte etwas sagen – Cuth, was ist los mit dir? Oder: Warum sprichst du plötzlich Irisch? Oder: Warum sind deine Augäpfel so rot angelaufen? Aber sie kam nicht dazu.

Er starrte sie an wie Frankensteins Monster, als die Dinge immer schlimmer wurden und die Katastrophe unausweichlich näher rückte. Plötzlich musste sie an ihr letztes Zusammensein mit ihm denken. Da war er noch der Frankenstein mit dem gutmütigen Grinsen gewesen, das blöde Arschloch. O ja! Auf und nieder mit rollendem Speck und schwabbelnden Weichteilen. Sie hatte die Augen schließen müssen. O Gott, wenn sie nur daran dachte, lief ihr ein Schauer über den Rücken.

Aber jetzt sah er sie mit dem anderen Frankensteinblick an. Einem, der bedeutete: »Ach, welch ein Spaß wäre es doch, dich zu vernichten.« Männer. Zum Teufel mit ihnen. Wie schnell sie sich doch wandeln konnten. Sie ließen dich um Jahre altern, wenn sie in der entsprechenden Stimmung waren. Im Fall Cuthbert kam natürlich dazu, dass er nicht mehr der Jüngste war. Bei Männern seines Alters gerät das Innere leicht aus dem Gleichgewicht: Hormone, Gene und unbestimmte psychosexuelle Impulse wirbeln mit der Vorhersagbarkeit eines nuklearen Cocktails, der in einem undichten Eimer gemixt wird, herum. Bei ihm lief die Kettenreaktion ab: Weißes Gesicht. Dunkelrote Augäpfel. Geschwollene Handknöchel. Der Prozess war nicht mehr aufzuhalten. Spuckend nuschelte er auf Irisch.

»Sag nichts! Kein Wort! Halt einfach die Klappe!«

Speichel regnete auf Sinead, das schändliche Blatt Papier und den Schreibtisch. Sein Mund glich einem Duschkopf in einer Provinzpension. Er machte auf dem Absatz kehrt, stolperte über seinen Schnürsenkel und stürzte wütend aus ihrem Büro. Sie saß ganz ruhig da und starrte auf das Blatt Papier.

MEMO: WICHTIG

An den amtierenden Justizminister und alle Beamten der Garda Siochána

Inspector Grainne O'Kelly wird mit sofortiger Wirkung die Verantwortung für die Operation RANK entzogen. Sie wird nach Allihies, County Cork, versetzt. Sergeant Paschal Greer ist zum Inspector befördert worden und leitet die Ermittlungen von heute an.

Sie merkte, dass sie innerlich kochte.

Unternehmen RANK!

Sie schäumte vor Wut. Dieser falsche Hund! Sie selbst war auf diesen Namen gekommen. Erst neulich hatte sie ihn ihm vorgeschlagen, als er versucht hatte, seinen Mund um den Stöpsel der schlaffer werdenden Hüpfburg zu legen, um sie wieder aufzublasen. Mit dickem, rotem Gesicht und Wangen, die anschwollen wie ein Blasebalg. Die Augen tellergroß. Reynolds, Andrews, Nestor, Kinch – kurz Operation R.A.N.K., hatte sie gesagt.

Jetzt hatte er ihre Idee gestohlen und gab sie als seine eigene aus. Ätzend, diese Männer. Sie waren alle gleich. Jeder erfolgreiche Mann hatte eine Frau hinter sich, die blöd genug war, ihm alles zu geben, was er war und wusste.

Sie hatte große Lust, in sein Büro zu gehen, seinen fast kahlen Schädel an den wenigen Haaren am Hinterkopf hochzuziehen und ihn eins-, zwei-, dreimal gegen eine seiner heiß geliebten Skulpturen zu rammen.

Aber was würde das bringen? Sie würde sich nur noch mehr aufregen. Er war die Mühe nicht wert. Außerdem gab es da jemand anderen, der sie jetzt brauchte. Sie warf noch einen Blick auf das Memo. Arme Grainne.

Grainne O'Kelly hörte einen schrillen, lauten Schrei durch die Harcourt Street Police Station schallen. Es dauerte eine Weile, bis sie begriff, dass er aus ihrem eigenen Mund kam.

Zwei Begriffe aus dem Memo brannten sich in ihr Hirn. »Verantwortung entzogen« war der eine und »Allihies« der andere.

Drei Generationen von O'Kellys waren stolze Mitglieder der Polizei gewesen und nun diese bittere und unverdiente Schande. Priester wurden ihres Amtes enthoben und Rechtsanwälte aus der Anwaltschaft ausgeschlossen. Aber wenn ein Garda nach Allihies versetzt wurde, gab es kein Zurück mehr.

Ein drittes Wort auf dem Blatt Papier ärgerte sie so sehr, dass sie es nicht fertig brachte, es laut auszusprechen.

»Gr ... Grrr ...«

»Entspann dich, Süße«, sagte Sinead sanft. »Eines Tages ist er dran, keine Angst.«

»Wie konnte er mir das antun? Nach all dem, was zwischen uns war?«

»Komm, Kleine, reiß dich zusammen. Lass uns rausgehen und ein bisschen reden, unter Frauen.«

»Aber ... was ist mit meinen *Ermittlungen*? Meiner Arbeit?«

»Ich weiß, es ist schwer. Aber so was kommt vor.«

*»... Grrr ... Grrrr ... Greeeeeeeeee*R!*«*

Während er die Harcourt Street in Richtung Wache hinaufschlenderte, grinste Paschal Greer von einem Ohr zum anderen. Heiliger Strohsack, er konnte es nicht fassen! Er war jetzt schon Inspector – nahm die Karriereleiter im Eiltempo. In der Kleinstadt Nobber würde man stolz auf ihn sein. Und seine geliebte Grainne auch.

Jetzt waren sie gleichrangig – beide Inspector. Sie würden Kinder haben, die auch Inspector würden. Höher und höher, immer weiter würden sie streben – er und Grainne würden gemeinsam aufsteigen und eine kleine Riege Baby-Greers würde hinter ihnen die Stufen der Lebensleiter hinaufklettern. Paschal wurde schwindelig bei dieser Vorstellung.

Er fragte sich, ob es ihr wohl etwas ausmachte, dass er ihre Ermittlungen übernahm. Aber er war sich sicher, sie hatte nichts dagegen, nicht wenn sie darüber nachdachte. Grainne war eine großherzige und selbstlose Person, die seine Beförderung begeistert aufnehmen würde. Das zusätzliche Geld war auch nicht zu verachten – keine Frage, dass sie bald anfangen würden, für ein Haus zu sparen. Ja, er war sich sicher, sie würde Weitsicht beweisen. Und auch in Allihies musste schließlich jemand Verbrechen bekämpfen.

Er sprintete die Stufen zur Wache hinauf, dann die Treppe zu seinem neuen Büro.

Er zog die Schubladen aus Grainnes Schreibtisch und stapelte sie ordentlich auf dem Fußboden neben dem Kopierer. Heute Abend wird es eine Riesenparty geben, dachte er, während er seine eigenen Laden in die Vorrichtungen schob, die noch vor kurzem ihr gehört hatten.

Schade, dass keiner der anderen da war. Aber sie waren alle zu einer Einkesselung von abgeschobenen Asylbewerbern beordert worden, die dazu ermuntert werden mussten, in ein Charterflugzeug einzusteigen, das sie in ein ehemaliges nukleares Testgebiet in Sibirien bringen sollte. Er hatte am Abend zuvor ein Telefongespräch des Sergeants mit angehört, in dem dieser zusätzliche Schlagstöcke, Absperrband und Gefangenentransporter geordert hatte.

Nun denn. Er war ganz allein. Aber – er konnte ja schon mal anfangen.

Die hübsche Nonne stand nickend und lächelnd da, mit der Sammelbüchse in der einen und der Pistole in der anderen Hand. Micky saß auf dem Sofa und beobachtete sie nervös.

Von seinem Haar war nur noch eine schrille Ansammlung von gelben, roten und grünen Büscheln übrig – fuchsrot war es jedenfalls nicht. Eine Mischung aus stressbedingtem Haarausfall und dem gesamten Bestand an Haarfärbemitteln eines Scherzartikelgeschäfts ließ ihn wie einen halb gerupften Papagei aussehen.

»Was wollen Sie eigentlich wirklich?«, fragte Gary Reynolds.

»Hätte der Kinch-Killer etwas dagegen, uns mal allein zu lassen?«

Mickys Augen flackerten auf.

»Scheiße noch mal. Sie ist an einem quer sitzenden Furz gestorben«, zischte er. »Lesen Sie denn keine Zeitung?«

»Aber wer hat diesen Furz *losgetreten*? Fröhlich und zufrieden wäre er in ihr geblieben bis ans Ende ihrer Tage. Wenn *du* nicht gemeint hättest, der gesamten Menschheit etwas beweisen zu müssen – du elender Macho, du Pseudo-Rasta-Prolet!«

»Nun beruhigen Sie sich mal, Schwester«, sagte Gary. Aber er musste sich eingestehen, dass er ziemlich beeindruckt war.

»Du lässt zu, dass sie so mit mir spricht, Gazzamon?«

Gary machte eine Kopfbewegung in Richtung Tür. »Rauf mit dir. Los.«

Micky erhob sich schmollend. »Stellst du dir so eine Partnerschaft vor, in der man füreinander einsteht? Wenn ja – dann ist das total Scheiße!«

Er stürmte aus dem Raum und die Treppe hinauf.

»Und außerdem«, rief er herab, »war es der blöde Bulle, der die Kinch so zugerichtet hat, nicht ich! Was ich getan habe, war nichts Neues. Für die Sauerei ist *er* verantwortlich.«

Mit voller Wucht schlug er die Schlafzimmertür zu. Gleich darauf hörte man, wie er sich aufs Bett warf.

Für eine Weile herrschte Stille im Wohnzimmer. Dann fing Gary an zu reden:

»Dymphna Morkan. Stimmt's?«

»Blixen und Bloom haben mir vor einiger Zeit den Auftrag erteilt, dich umzulegen, Gary Reynolds.«

»Wegen meiner Hälfte des Buches?«

Sie nickte. »Na klar.«

»Woher wussten die, dass ich es habe?«

»Sie wussten es nicht direkt, aber sie wussten, dass du es eines Tages bekommen würdest.«

»Ach ja?«

Sie lachte. »Dein Vater hat es ihnen erzählt. Netter Mann, dein Vater, aber er redete zu viel.«

»So, und wer hat die andere Hälfte?«

»Denk doch mal nach.«

»Bloom und Blixen.«

»Denk noch mal nach, Dickerchen.«

»Doch nicht etwa … Sie?«

Sie grinste.

»Wie viele Seiten?«

»Dreihundert, Gary. Genauso viele wie du. Zusammen haben wir das ganze Werk.«

»Das müssen Sie mir beweisen.«

»Ich zeig dir meinen, wenn du mir deinen Teil zeigst.«

»Okay, aber Sie zuerst.«

Sie zeigte auf ihre Sammelbüchse für das Kinderhilfswerk.

»Mach sie auf«, sagte sie.

»Machen Sie's.«

»O Mann, Scheiße ... Glaubst du, ich erzähl dir groß und breit, ich hätte den Auftrag dich umzubringen, und dann ... bringe ich dich um? Mit einer Sammelbüchsenbombe?«

»Das wäre doch möglich.«

Dymphna seufzte und hob den Deckel an. Dann neigte sie die Büchse in Gary Reynolds' Richtung. Dreihundert Seiten Kritzeleien von unverständlicher Brillanz lagen darin wie eine fette, nackte Leiche in ihrem Sammelbüchsensarg.

»Wie ist mein Vater an seinen Teil gekommen?«

Dymphna lachte leise auf. »Magst du Geschichten, Gary?«

»Hat sie ein Happy End?«

»Raun mir«, sagte sie und schloss theatralisch die Augen, »raun mir die Mär ... zuseiten der flüsternden Wasser ... der Nacht.«

»... Hä?«

Sie öffnete die Augen und sah ihn an. »Stell dir vor, es ist Nacht.«

»Okay«, sagte er achselzuckend.

»Und du bist in Zürich. Es ist Winter 1940. Du bist eine einfache Frau aus der hinterletzten Ecke Irlands.«

»Ja.«

»Und dein gutmütiges Herz hat sich aus Mitleid eines halb blinden irischen Schriftstellers angenommen, mit einem Kinn so spitz wie mein Regenschirm. Sein Name ist James Joyce. Ein wahrhaft genialer Mann. Aber, wie viele geniale Menschen, ein wenig sonderbar. Es geht ihm nicht gut. Er hat fürchterliche Geschwüre, ständig Schmerzen. Er verbringt seine Tage damit, vor sich hin murmelnd durch die Straßen von Zürich zu streunen und Notizbücher voll zu kritzeln. Eine Seite nach der anderen füllt er mit merkwürdigen Buchstaben und Symbolen, mit denen keiner, dem es gelingt, einen Blick dort hineinzuwerfen, auch nur irgendetwas anfangen kann.«

»Und weiter?«

»In einer dunklen, mondlosen Nacht – Silvester 1940 – klopft der arme Joyce leise an die Tür deines bescheidenen Heims. ›Gnädige Frau‹, setzt er an, ›ich habe nicht mehr lange zu leben und Sie waren so freundlich zu Nora und mir.‹ Die Frau nimmt an, er sei wieder betrunken. Aber er drückt ihr ein Bündel Papier in die Hand. ›Das ist beileibe nicht viel – nur das, woran ich zuletzt gearbeitet habe. Ich hatte vor, eine Art Roman daraus zu machen. Inspiriert hat mich dazu das Ableben des armen, alten Yeats; *er* war ebenfalls freundlich zu mir, besonders in meiner Jugend. Aber die Zeit – ich spüre, wie sie mir davonläuft. Vielleicht geht es uns an Silvester allen so.‹ Tja, die Frau versucht natürlich abzulehnen. Aber er lässt sich nicht davon abbringen. ›Wenn ich nicht mehr bin, dann kann man nie wissen. Sehen Sie, vielleicht wird es noch für etwas gut sein – vielleicht. Für irgendetwas. Keine Ahnung. Zumindest ist es ein kleines Andenken – an einen Freund, der wünschte, er hätte sich auf eine andere Art für Ihre Freundlichkeit bedanken können.‹«

»Er geht und du schmeißt das bedeutungslose Bündel Papier auf die Couch. Noch weißt du es nicht – aber vierzehn Tage später ist er tot. Am nächsten Morgen fährt deine Nichte Evelyn zurück nach Irland. Sie sucht nach einer Reiselektüre. Aus Spaß bietest du ihr die verrückten Notizbücher an. ›Hier‹, sagst du, ›ein wenig leichte Lektüre von einem Kerl aus Dublin.‹«

»Um Himmels willen«, japste Gary Reynolds.

»Viele Jahre später findet Evelyns Tochter Patricia ein Bündel altes Papier ganz hinten in einer Schublade. Sie fragt ihre Mutter, was es damit auf sich habe.«

»Aber ... doch nicht die Patricia, an die *ich* denke?«

Dymphna nickte. »So geriet James Joyce' letzter Roman in die Hände der inzwischen verstorbenen Patricia Purefoy – jener armen warmherzigen Schabracke Patricia, mit der dein Vater oben in der Hütte in den Bergen gehaust hat.«

»Heilige Scheiße.«

»Eines Tages zeigt Patricia deinem Vater die Notizbücher. Er erkennt sofort, was für ein Potential darin steckt, und heckt einen sehr ... schlauen ... Plan aus.«

»Was für einen Plan?«, fragte Gary.

»Dein Vater geht zu Mrs Bloom. Sie ist zu jener Zeit groß im Falschgeldgeschäft. Er hat eine chemische Lösung gefunden, mit der Papier künstlich alt aussieht – der Traum eines jeden Fälschers. Er sagt, brandneues Papier kann er so behandeln, dass es für hundert Jahre altes durchgeht. Oder wie alt man es auch immer haben will. Alle bekannten wissenschaftlichen Tests kann er austricksen.«

»Aber das verstehe ich nicht. Wenn er doch das Original hatte ...?«

»Raffst du es nicht, Gary?«

Er sah sie verständnislos an und schüttelte den Kopf.

»Als Scheingeschäft ist Mrs Bloom in den Handel mit antiquarischen Büchern eingestiegen. Damit verdiente sie ganz gutes Geld, aber überragend war es nicht. Mit dem Angebot deines Vaters konnte sie den größten Coup ihrer Laufbahn landen. Wir sprechen hier von der Kategorie ›eigene Karibikinsel‹. Er musste nur eine einzige Sache tun.«

»Und was?«

»Startkapital von Bloom leihen, um das erste Experiment ins Rollen zu bringen – das Fälschen des ersten von vielen

Exemplaren des einzigen unveröffentlichten Romans von James Joyce. Er brauchte teure Druckerfarbe und sehr exklusive Färbemittel. Und er brauchte Zeit – die er sich mit Geld kaufen konnte.«

»Ich fass es nicht.«

»Sie hatten vor, ihre Kontakte in den Staaten und auf Sri Lanka zu nutzen, um ungefähr alle sechs Monate ein Exemplar auf den Markt zu bringen; so lange, bis die Sache auffliegen würde. Bis dahin wären sie natürlich längst Multimillionäre und würden es sich irgendwo am anderen Ende der Welt gut gehen lassen.«

»Und was ist passiert?«

»Keine Ahnung. Irgendwas mit der Formel muss nicht gestimmt haben.«

Gary saß für einen Moment schweigend und regungslos da. Eine schmerzende Betroffenheit über den traurigen Tod seines Vaters überkam ihn.

»Das erste Exemplar kam niemals auf den Markt. Ehrlich gesagt, glaube ich nicht einmal, dass es je hergestellt wurde. Das ist der Grund für das – du weißt schon –, was mit deinem Vater passiert ist.«

»Und das Original?«

Sie zuckte mit den Achseln. »Du hast dreihundert Seiten und ich habe dreihundert Seiten. Was uns ohne Umschweife zu der sich aufdrängenden Frage bringt.«

»Und die wäre?«

»Die wäre: Hättest du Lust auf ein gutes Geschäft, Gary?«

»Ich weiß nicht. Ich brauche Zeit zum Nachdenken.«

»Wo sind sie?«

»Wo ist was?«

»Deine dreihundert Seiten?«

»Oben.«

»Oben? Du meinst, wo Micky ist?«

»Ich kenne da einen Ort, weiter oben in den Bergen«, sagte Sinead zu Grainne, als sie ihren fünfzehn Jahre alten Toyota startete.

Grainne nickte lediglich.

»Mach dir keine Sorgen, Süße. Männer sind einfach ... Schweine.«

»Du ... ich glaube, ich würde jetzt gern allein sein«, sagte Grainne.

»Aber ich kann dich doch hier nicht allein lassen. Nicht hier oben.«

»Ich möchte es aber, ehrlich. Ich brauche Zeit zum Nachdenken.«

Ein Bus kam ihnen entgegen, direkt auf sie zu.

»Du nimmst das Auto«, sagte Sinead. »Und ich nehm den da.«

»Ach, red keinen Unsinn.«

»Und *du*, sei nicht so stur. Hier sind die Schlüssel.«

Sinead sprang aus dem Auto und rannte dem Bus hinterher.

Das offene Schlafzimmerfenster und die zusammengeknoteten Bettlaken sprachen für sich. Der Papagei war entflogen. Micky war weg. Genauso wie Garys mühsam getrocknete Seiten. Mit hängendem Kopf stand Gary schluchzend am Fenster. Dann hörte er hinter sich ein Geräusch.

Er drehte sich um.

Dymphna hielt ihre Pistole auf seine Brust gerichtet.

»Nenn mir einen guten Grund«, sagte sie, »warum ich dich nicht einfach in die Luft blasen sollte.«

»Em ...«, Gary hasste Fragen, die ihn so unter Druck setzten. Er blickte an die Decke. Er blickte auf den Boden.

»Einen guten Grund ...«, wiederholte er, um Zeit zu gewinnen.

»Ich habe dir meine Geschichte erzählt und du könntest damit zur Polizei gehen. Das kann ich nicht zulassen, Gary. Deshalb gebe ich dir jetzt fünf Sekunden, dir einen guten Grund einfallen zu lassen. Danach – so Leid es mir tut – heißt's gute Nacht.«

Gary schluckte.

»Fünf«, sie trat näher. »Vier.« Noch näher. »Drei.« Die Mündung der Pistole berührte seinen Hals. »Zwei ...«

Aber dann hatte er plötzlich eine Eingebung.

»Dymphna!«, brach es aus ihm hervor.

»Erzähl mir jetzt keine Scheiße.«

»Ich habe die Formel!«

»Welche Formel?«

»Die Formel, mit der man Papier altern lassen kann!«

»Ach ja, natürlich.«

»Nein, wirklich – ich habe sie wirklich. Professor Durrus vom Trinity College hat mir erzählt, sie sei für Hautcreme! Meine Schwester Margaret hat sie in einer Milchflasche in Dads Wohnwagen gefunden. Ich wette um meine ... meine ...« Die Pistole bewegte sich. »Ich wette um meine Eier, dass es die Formel ist, sie steht auf dem Notizzettel.«

»Auf welchem Notizzettel?«

»Der unten in der Küche an der Wand hängt.«

Knarr-rrr!

Paschal Greer blickte von seinem Schreibtisch auf. Der hintere Teil des Büros lag im Dunkeln.

»Grainne ...?«, fragte er hoffnungsvoll.

Das Wort schwebte sanft durch den Raum. Es war schwierig, bei dem schlechten Licht etwas zu erkennen, aber die Person, die eingetreten war, schien einen Arm zu heben und auf ihn zu zeigen.

»Grainne? ... Liebstes? Bist du es, Süße?«

Ein hohles Frauenlachen kam zurück.

Die verschwommene Gestalt glitt langsam zwischen den zahlreichen Aktenschränken, Raumteilern und Schreibtischen hindurch auf ihn zu. Nach und nach wurde eine grün schimmernde Aura um sie herum sichtbar. Erinnerungen stürzten auf ihn ein. Ein Schwall des Grauens überkam ihn. Er starrte auf die sich nähernde Erscheinung. Als sie in den geisterhaften Lichtkegel seiner Schreibtischlampe trat, konnte er erkennen, was sie anhatte ... nichts – absolut nichts, abgesehen von einem himmelblauen Nylonlaken von Guiney's, das ständig an ihr herunterrutschte. Es glitt an dem bebenden, erschreckend gigantischen Torso entlang, den es abwechselnd ver- und enthüllte und den Paschal zum letzten Mal in jener scheußlichen Nacht in Stoneybatter gesehen hatte.

Von dem wallenden Guiney's-Laken umgeben, beugte sie sich zu ihm herab, um ihn zu küssen. Ihre Brüste, die fürchterliche Erinnerungen in ihm weckten, baumelten vor ihm. *Schau nicht hin, Paschal*, schallte es von weit her in ihn hinein. Aber er merkte, dass er diesen Rat wieder nicht befolgen konnte.

Zitternd und zuckend wachte er an seinem Schreibtisch auf. Sein Herz raste, sein Gesicht war schweißüberströmt.

Er hatte das seltsame Gefühl, dass seine Grainne in Gefahr war.

Der Wind fegte ihr eine Ladung Sand und Laub ins Gesicht. Sie blickte auf Tommy Reynolds' alten Wohnwagen, der immer noch von der Polizei abgesperrt war. Hinter ihr schien der Mond auf die zerstörte Hütte.

Grainne O'Kelly atmete tief ein und ging auf die Tür zu.

Vierzehntes Kapitel
von Gerard Stembridge

Gary Reynolds hatte beschlossen, im Bett zu bleiben. Das schien ihm zum gegebenen Zeitpunkt das Sicherste zu sein. In den Tag hineinträumen war etwas Großartiges, jeder wusste das. Und nichts zu tun war entschieden besser, als etwas zu tun, das, soweit es Gary betraf, eindeutig nur Ärger einbrachte.

Auf dem Rücken liegend rief er sich mit einer Art friedlichem Glücksgefühl den Geruch der Urinalsteine in Erinnerung. War es erst drei Wochen her, dass die Dinge so einfach ausgesehen hatten? Die Touren mit seinem Lieferwagen, 2FM im Ohr, Desinfektionsmittel in der Nase. Was sollte er zum Mittagessen nehmen? Etwas Warmes oder Sandwiches? Büfett oder das Mittagsmenü mit Tee, Brot und Butter? Das war alles, worum er sich zu kümmern hatte. Vom Blickwinkel seines derzeitigen Zustands aus schien es Gary, dass ein solches Leben nicht nur seine guten Seiten hatte – in Wahrheit war es nahezu das pure Glück gewesen.

Sollte das alles nun für immer vorbei sein?, fragte er sich. War sein Urinalsteinhandel ebenso am Ende wie sein Liebesleben? In letzter Zeit hatte er keine Lieferungen mehr gefahren. Eigentlich nicht, seit sein Vater gestorben war. Seine Kunden hatten schon Drohanrufe gestartet; die meisten hatten angekündigt, dass sie den Anbieter wechseln würden. Gary verstand das. Sie hatten keine andere Wahl. Aber irgendwie konnte er sich nicht aufraffen, sie zurückzurufen, Erklärungen vorzubringen und seine Arbeit wieder aufzunehmen.

In Wahrheit war er besessen, vielleicht sogar ein bisschen verrückt geworden. Während er sich tiefer in sein Federbett kuschelte, das so wunderbar warm, so herrlich behaglich war, sagte er sich, dass er an dem ganzen Schlamassel keine Schuld hatte. Zum Beispiel, dass sein Vater ermordet worden war – was hatte das mit ihm zu tun? So hatte doch alles angefangen. So hätte auch alles aufhören können. Wenn Gary nur nichts *getan* hätte. Wenn er nur vernünftig genug gewesen wäre, die Sache einfach auf sich beruhen zu lassen.

Ein Vormittagsschläfchen wollte ihn übermannen. Wenn er sich nur entspannen könnte ... seinen Geist verschließen ... nichts hineinlassen außer angenehmen Geräuschen und Gerüchen ... und der Jasmin und die Geranien und die Kaktusse und Glasnevin als kleiner Junge und wie sie mich geküsst hat unter der Friedhofsmauer, ja und ...

Aaaaaaaah! ... verdammt ... *verdammte Ratten*!

Die Erinnerung riss ihn aus dem Schlaf wie schon seit ein paar Nächten. Die kleine Ratte, die über sein Gesicht gerannt war – das war definitiv das Schlimmste von allem. Von all den ekelhaften Dingen, die in den letzten paar Wochen passiert waren, war die kleine Babyratte definitiv ... Herrgott. Und es war sein eigener Fehler gewesen, er wusste das. Er hätte ganz einfach nicht zur Müllkippe gehen müssen. Er hätte aufgeben können. Er hätte nichts tun können. Etwas zu tun bedeutete, dass sich etwas anderes in Scheiße verwandelte.

Jetzt war Gary hellwach, in seinem Kopf summte es. Was genau brachte ihn dazu, Dinge *zu tun*? Nie zuvor in seinem ganzen Leben hatte er diesen Drang verspürt, doch in den letzten Wochen hieß es nur tun-tun-tun, eine beschissene Sache nach der anderen tun. Und alles, was er getan hatte, hatte die Geschichte immer schlimmer gemacht, bis sein Leben nur noch ein einziges großes Chaos war. Er fürchtete sich, morgens die Zeitung aufzuschlagen, war starr vor Angst bei dem Gedanken, welch neues grauenvolles Ereignis nun in Großbuchstaben die Titelseite zieren würde. Gut, er kaufte sich ziemlich selten eine Zeitung. Aber das war nicht der Punkt. Er fürchtete sich trotzdem. Und gleichzeitig tat er immer noch irgendwas, machte immer noch alles immer schlimmer, hatte immer mehr Angst und musste all das gleichzeitig händeln, sogar gestern Nacht – wenn es nicht Serienmörder waren, waren es Ratten oder James Joyce oder ein undankbarer Pseudorastafari, der einen verließ. Heilige Scheiße! Das war schon ein bisschen viel.

An letzte Nacht dachte er besonders ungern. Aber gleichgültig, wie er sich auch zurechtkuschelte, gleichgültig, wie hoch er sein Federbett zog, und sei es, bis an die Ohren, er konnte den Weg in diesen herrlichen Dämmerzustand nicht mehr finden, in den er ein paar Minuten zuvor gedriftet war. Er war für immer verlustig gegangen – verdrängt durch letzte Nacht.

Er versuchte es positiv zu sehen. Die letzte Nacht hatte auch ihr Gutes. Der Garda-Junge und das Garda-Mädchen, die sich geküsst hatten – das war nett gewesen. Das Geschrei vor dem Küssen war schrecklich gewesen; aber dann schienen sie sich zu beruhigen. Und sie hatte ihn zu sich gezogen, ihn geküsst und im Arm gehalten. Und er, der Garda-Junge, hatte angefangen zu weinen.

Gary hatte vorher noch nie einen Garda weinen sehen. Natürlich war er nicht in Uniform gewesen, so dass er gar nicht aussah wie ein weinender Garda. Wenn Gary nicht schon gewusst hätte, dass es Inspector Greer war, hätte er wie ein ganz normaler, weinender Erwachsener ausgesehen. Aber er wusste es. Und das machte den Unterschied.

Inspector O'Kelly sah reizend aus in dem Moment, als sie ihn streichelte und beruhigend auf ihn einredete.

Doch da gab es etwas, worüber er nachdenken musste. Wenn Gary nichts getan hätte, nachdem Dymphna verschwunden war (ohne Zweifel, um Blixen und Bloom Bericht zu erstatten), wenn er spät in der Nacht nicht beschlossen hätte, dass er genug hatte und unverzüglich zur Garda-Hauptwache fahren und nach Inspector O'Kelly verlangen würde, um ihr (oder jemand anderem) alles zu sagen, was er wusste, und sich alles von der Seele zu reden – wenn er nicht beschlossen hätte, das zu *tun*, dann wäre er auch nicht an ihrer Bürotür gelandet und hätte drinnen laute Stimmen gehört und gewartet, um ein bisschen zuzuhören, und er hätte auch nicht die Tür einen Spalt aufgeschoben, um nachzusehen, wer sich im Büro befand. Er wäre niemals Zeuge dieses zärtlichen Moments zwischen den beiden Verbrechensbekämpfern geworden.

Gut, zuerst war da so gut wie keine Zärtlichkeit gewesen. O'Kelly und Greer hatten sich angefaucht wie wütende Katzen.

»Kein Recht. Du hattest einfach kein *Recht* dazu.«

»Und du, Grainne? Was hattest du deiner Meinung nach?«

»Meine Arbeit zu tun, Sergeant.«

»›Inspector‹ für dich.«

»Meine Arbeit, *Inspector*. Und ich mache meine Arbeit besser, als du es je können wirst.«

»Du bist doch bloß neidisch.«

»Du bist schwach und unsicher.«

»Du bist eine Dampfwalze.«

»Du bist ein Feigling.«

»Nimm das zurück, Grainne.«

»Das werde ich nicht.«

»Das wirst du verdammt noch mal doch.«

»Kommt nicht in Frage.«

»Wenn deine Freundin Sinead nicht Alarm geschlagen hätte –«

»Mit mir war alles in Ordnung.«

»Nur weil ich rechtzeitig da war.«

»Ja. Rechtzeitig, um mir in die Quere zu kommen.«

»Ich kam, so schnell ich konnte, Grainne –«

»Ich hatte was entdeckt und du hast es vermasselt.«

»– habe Tempolimits ignoriert, rote Ampeln und alles …«

Da hatte Gary bereits beschlossen, dass es Zeit war zu gehen, die Sache mit dem Geständnis zu vergessen, sie allein zu lassen. Doch dann:

»Ich habe in dem Wohnwagen etwas *Wichtiges* entdeckt. Einen wichtigen Hinweis.«

»Und was? Wenn du schon so unglaublich clever bist.«

»Das Fett im Bräter. Ich habe daran geleckt.«

»Und was sollte das, an widerlichem, altem Fett zu lecken?«

»Ich hab's probiert – hörst du mir mal zu? Es ist kein normales Fett. Es schmeckt irgendwie chemisch.«

»Und?«

»Das ist doch ein Hinweis, oder nicht? Wir müssen es sicherstellen und morgen früh als Erstes analysieren lassen. Herausfinden, was es ist.«

»Du redest Unsinn, Grainne.«

»Ich wüsste es bereits, wenn du mich nicht gezwungen hättest, es im Dunkeln fallen zu lassen, du Schwachkopf. Und mich nicht aus dem Wohnwagen gezogen hättest.«

»Ich habe dich davor bewahrt, dass du dir dauerhaften Schaden zufügst, dass du an deinem eigenen Erbrochenen erstickst oder so –«

»Du hast mich bei der Ausübung meiner Pflicht behindert.«

»Und weißt du auch, warum ich das getan habe?«

»Du hast einen Tatort zerstört, du Trottel. Du Mullah!«

»Ich tat es, *weil ich dich liebe, Grainne.*«

Gary, der in seinem Bett ein wenig schwitzte, da sein Körper und das Federbett großzügig Wärme austauschten, spürte eine winzige Erektion bei dem Gedanken an die Szene, die dann gefolgt war. Und er fragte sich, warum er es da nicht hatte auf sich beruhen lassen können. Er hätte still und heimlich nach Hause gehen und die Romanze in seiner Erinnerung als aufbauendes Moment nutzen können. Warum war er noch nicht einmal zu etwas so Simplem in der Lage?

Tatsache war, dass er nahe dran gewesen war, es zu tun. Er war so nahe dran gewesen. Er hatte Inspector O'Kelly und Inspector Greer nicht gestört. Er war tatsächlich aus der Garda-Hauptwache geschlichen. Und hatte es tatsächlich geschafft, in seinen Lieferwagen zu steigen. Der stand schon in der richtigen Richtung für den Heimweg. Er war so unglaublich nahe dran gewesen, nach Hause zu fahren. Der Schlüssel steckte schon im Zündschloss und wartete nur darauf, umgedreht zu werden. Doch dann ertappte er sich dabei, dass er nachdachte.

Was hatte das Fett da eigentlich zu suchen? Sein Vater war immer überzeugter Vegetarier gewesen.

Gary hatte Panik ergriffen, als ihm dämmerte, wie ihm gerade geschah. Er hatte, was er am meisten fürchtete – eigene Gedanken. Er drängte sie tapfer zurück. Er versuchte, ihnen zu entkommen.

Auch jetzt, in seinem Bett, überkam ihn wieder die Panik und seine Erektion erschlaffte und erstarb bei der Erinnerung an die nicht gerade überzeugenden Antworten, die er sich ausgedacht hatte: Sein Vater hatte in den letzten paar Jahren seinen Vegetarismus aufgegeben; er hatte vor kurzem einige Fleisch fressende Freunde eingeladen und ihnen, als höflicher Gastgeber, ein Huhn gekocht; das Fett war vom vorherigen Mieter übrig geblieben und sein Vater hatte nie den Ofen gereinigt – nein, nein, NEIN!

Die Wahrheit war, dass Gary genau wusste, wozu das Fett gedient hatte.

Jetzt richtete er sich in seinem Bett auf und blickte sich um; eine Sammlung verschiedenartiger Papiere lag verstreut auf dem roten Teppich mit den Hotelemblemen. Ein Bogen Briefpapier vom Hotel. Eine Seite aus dem gestrigen *Evening Herald*. Werbeprospekte für mittelalterliche Bankette auf Bunratty Castle. Letzte Nacht hatten diese Papiere neu und sauber ausgesehen. Jetzt waren sie verblichen, zerknittert und farblos – sie sahen aus und fühlten sich an, als wären sie hundert Jahre alt.

Das hatte Gary Reynolds zustande gebracht. Er wusste nur noch nicht genau wie – aber er wusste: Was geschehen war, das hatte er ganz allein zustande gebracht.

Er ließ seine Gedanken zur vorangegangenen Nacht schweifen. Als folge er einem Film, sah er sich selbst in seinen Lieferwagen klettern und ihn in Richtung Wicklow Mountains steuern.

Die Uhr auf dem Armaturenbrett zeigte 2.00 Uhr an. Der hell erleuchtete, zweispurige Stillorgan-Schnellweg war fast wie ausgestorben. Gary steuerte mit grimmiger Entschlossenheit durch Foxrock. Ein Polizeiwagen fuhr direkt am Silver Tassie Pub auf der Überholspur an ihm vorbei – er sah, wie er in Richtung Shankhill-Kreisverkehr raste. Selbst der Polizeiwagen machte ihm jetzt keine Angst mehr; er diente ihm nur als deutliche Mahnung, wie wenig Zeit er noch hatte, bevor sich O'Kelly und Greer an ihre Pflichten erinnerten und auf den Weg zum Wohnwagen seines Vaters machten. Auf dem letzten Stück der Schnellstraße überschritt er das Tempolimit. Er bog bei der Avoca-Handweberei ab. Wilde Hochgefühle. Wahnsinniger Nervenkitzel.

Dann wurden die gewundenen Straßen schmaler und dunkler. Dublin rückte in immer weitere Ferne. Das schreckliche Gefühl, allein zu sein. Nicht das unbeschwerte Fürsichsein, wenn man am helllichten Tag auf den Landstraßen fuhr, die Ausdünstungen des parfümierten Desinfektionsmittels einatmete und den Hit des Tages mitträllerte; nicht der entspannende und leicht anschwellende Solipsismus eines ungestörten Morgens im Bett; sondern der einsame Zustand, in dem man nie allein ist – in dem widerstreitende Ängste das Hirn bevölkern, der terrorisierten Vorstellungskraft unglückliche Zufälle, tragische Unfälle, tödliche Angriffe anbieten, der Dämon in der Dunkelheit.

Gary wollte nicht dorthin. Obwohl er jetzt nur noch eine Meile von Tommy Reynolds' Wohnwagen entfernt war, wollte er plötzlich einfach nicht mehr dorthin.

Er hielt den Lieferwagen an. Atmete rasch. Lauschte furchtsam auf die Geräusche der Nacht. Gott o Gott, wenn nur Micky hier wäre. Er trat hinaus auf die kalte, dunkle Straße, zündete sich eine Zigarette an und blickte sich um. Nichts regte sich. Alles schien still. Sein verwirrtes Herz begann sich zu beruhigen. Doch dann warf er zufällig einen kurzen Blick über seine Schulter. Und was er sah, ließ ihm das Blut in den Adern gefrieren.

Es war eines jener Dinge. Er hatte ganz kurz Scheinwerfer gesehen, doch genau in dem Moment waren sie schon wieder ausgegangen. Es hatte kein Wagengeräusch gegeben.

Vielleicht hatte er es sich nur eingebildet. Er wusste, dass so etwas ganz leicht geschah, wenn man nervös war. Wenn er noch jemanden dabeigehabt hätte, hätte der ihn sicher überzeugt, dass er sich etwas einbildete, dass es nur die Nerven waren, und er hätte zugestimmt. Aber Gary war mutterseelenallein und er wusste, dass er etwas gesehen hatte, so wie man es immer weiß, wenn man allein ist und etwas sieht. Der Winkel in seinem Innern, der diese Dinge wusste, wusste es ganz sicher.

Ruhig stieg er wieder in seinen Lieferwagen. Schloss die Tür. Versuchte nachzudenken.

Seine Hand streckte sich aus und drehte den Zündschlüssel, als hätte sie einen eigenen Willen. Bevor ihm klar wurde, was er da tat, fuhr er schon wieder dröhnend und hüpfend über die dunkle Straße und spürte, wie ihm das Herz gegen den Brustkorb donnerte. Er schien doch zum Blechkasten zu fahren. Schweißnass vor Angst warf er einen Blick in den Rückspiegel. Er konnte keine Scheinwerfer hinter sich sehen. Aber er wusste mit schrecklicher Gewissheit, dass er immer noch verfolgt wurde. Es gab nichts auf der Welt, was er mit größerer Gewissheit wusste.

Einen Plan, einen Plan. Er musste sich einen Plan machen. Was mach ich mir da vor, verdammt noch mal? Ich kann keinen Plan machen. Ich geh rein, nehm den Fetttopf aus dem Ofen, renn raus und fahr so schnell weg, wie ich kann. Ist das ein Plan? Er hatte keine Zeit, sich diese Frage zu beantworten, weil er vor sich in der Dunkelheit plötzlich den schwarzen Schatten des Wohnwagens auftauchen sah. Gary kam schlitternd und mit quietschenden Bremsen zum Stehen, rannte in den Wohnwagen und riss die Ofentür auf.

Da war kein Fetttopf drin.

Natürlich nicht. Typisch. Wie konnte sie auch? Wie konnte bei Gary Reynolds auch nur das kleinste Ding jemals klappen? Natürlich war da kein Fett. Warum hatte er überhaupt gedacht, dort könnte Fett sein? Die Parzen hatten in sein Lebensbuch geschrieben, dass, sollte Gary Reynolds jemals in einem Ofen nach einem Fetttopf suchen, dort *kein* Fett sein würde, weil Gary Reynolds ein fetter, abstoßender Versager war und dazu verdammt, es immer zu bleiben, unfähig, irgendetwas in seinem Leben zu verstehen oder gar zu kontrollieren, und das war … das war … *der Fetttopf auf dem Fußboden!* Während er vor lauter Frust herumgehüpft war, hatte er es doch tatsächlich geschafft, dort hineinzutreten. Natürlich! Dort, wo Inspector O'Kelly ihn fallen gelassen hatte!

Er nahm ihn, galoppierte zum Lieferwagen zurück und brauste davon. Vielleicht lief doch noch alles nach Plan. Er warf den Kopf zurück und lachte herzhaft.

Er war weniger als eine Minute unterwegs, als er hinter einer Kurve zwei geparkte Wagen entdeckte.

Der erste war ein großer, alter Panzer von einer Limousine aus den Sechzigern mit drei schemenhaften Gestalten darin. Zwei der Insassen waren undefinierbaren Geschlechts, die dritte auf dem Rücksitz war eindeutig weiblich. Dymphna, Blixen und Bloom vielleicht? Er hatte nicht vor, anzuhalten, um es herauszufinden – vor allem, weil Inspector Paschal Greer am Fenster stand und die Person am Steuer befragte, während Inspector Grainne O'Kelly an der Tür ihres Zivilfahrzeugs, eines Opel Kadetts, Wache hielt.

Alle fünf wandten den Kopf, um ihm nachzublicken, als er vorbeiflitzte, sich duckte, beschleunigte und dann schlingernd weiterfuhr. Seine Zeit war abgelaufen, das wusste er jetzt. Er musste sich sputen.

Alles, nur nicht Dublin, konnte er gerade noch denken. Dort können sie mich jagen wie einen Hund. Aufs offene Land, Gary. Jetzt nichts Vorhersehbares tun.

Die nächsten paar Stunden fuhr er um die Wicklow Mountains, fand die alte Landstraße und verlor sie wieder, geriet einmal zufällig auf eine hell erleuchtete Umgehungsstraße und bog so schnell wie möglich auf dunklere und verstecktere Seitenwege ab. Er röhrte durch Orte mit nur einer Straße und achtete kaum auf ihre Namen. Nur hier und da erkannte er einen Pub oder ein kleines Café, wohin ihn sein Urinalsteingeschäft in glücklicheren Zeiten geführt hatte. Nighttown Arms. Penelope's. Hades Hotel. Sirens' Nightclub. Aber alles war verriegelt und verrammelt – kein Versteck, keine Zuflucht konnte er vor seinen Verfolgern finden.

Ja, er war sicher, sie waren irgendwo hinter ihm. Sie waren zu clever, um sich blicken zu lassen – sowohl die Cops als auch die anderen, wer auch immer sie waren. Sie hatten die Geheimnistuerei und die Verfolgungstechnik von T. Stealth, dem Helden seines Lieblingsvideospiels.

Schweigen und List. Verbannt aus Dublin und verloren in der Nacht, wusste Gary, dass keines der düsteren Desperadodörfer mit ihren breiten Durchfahrtsstraßen und offenen Parkplätzen ihm Schutz bieten konnte, selbst wenn sie sich anboten, was vergangenen Erfahrungen nach zu urteilen wahrscheinlich nicht der Fall war. Er war allein, auf sich gestellt. Doch zum Teufel mit ihnen! Wer brauchte sie schon?

Er fuhr weiter.

Es begann zu regnen, doch er drosselte sein Tempo nicht. Vorgebeugt saß er, nahe am Steuer, aufmerksam, wachsam, mit starrem Blick durch die Scheibenwischer. Der Regen verzog sich.

Der Mond kam zum Vorschein. Die leeren Straßen leuchteten im Licht der Scheinwerfer. Immer weiter fuhr er, zittrig vor Müdigkeit, unfähig zu sagen, ob er in Carlow oder Tipperary, in Kilkenny oder Laois war – oder in einem anderen der einschlägigen Orte. Er wusste nur, dass er immer noch frei war. Immer noch frei, doch nicht sicher.

Im Spiel, o ja, doch nur noch mit wenigen Karten auf der Hand.

Schließlich tauchten die Lichter einer Stadt in der Ferne auf. Ein Freudenschrei entrang sich seiner Brust. Dort würde es Seitenstraßen und Gassen geben, die ihm Zuflucht boten. Er fuhr und fuhr mit erblühender Hoffnung in seinem Herzen. In einer fremden Stadt konnte man sich immer verlieren, dachte er. Und so beschloss Gary Reynolds, verloren zu gehen.

Wie es sich zeigte, war es nicht schwierig für ihn, verloren zu gehen. Mit zusammengekniffenen Augen und gerecktem Hals fuhr er auf der Suche nach Anhaltspunkten im Zickzack durch die leeren Straßen. Bog nach links ab – William Street. Noch mal nach links – High Street. Eine Wendung nach rechts brachte ihn zu einer kleinen, schmutzigen Straße, die, soweit Gary sehen konnte, keinen Namen hatte. Wieder nach rechts. Gerald Griffin Street. Guter Gott, dachte Gary, warum die Volle-Namen-Tour? Schließlich hatte man noch nie von einer Daniel O'Connell Street gehört, oder?

Am Ende der Gerald Griffin's fuhr er an einer Einmündung vorbei, wendete, bog noch einmal nach rechts ab und raste auf die Wicklow Street. Dann links eine Straße hinunter, die nach jemandem mit Namen Thomas benannt worden war. Er war sicher, seine Verfolger mittlerweile abgehängt zu haben – ihm war selbst schon ganz schwindlig vom vielen Abbiegen und Wenden –, doch wusste er immer noch nicht, wo er enden würde. Eine Kurve nach links führte ihn auf die Little Catherine Street. War Catherine klein oder war es die Straße? Sicher, so dachte er, musste es einen Ort geben – irgendeinen –, wo er für eine Weile sein müdes Haupt betten konnte. Rechts auf die Cecil Street. Nichts zu sehen. Schließlich, an der nächsten Ecke, sah er ein kleines Schild, das vom Himmel selbst stammen mochte. Es beschied ihm, dass er im Royal George Hotel für nur 35 Pfund die Nacht bleiben konnte, inklusive Frühstück und, das war das Beste von allem, hoteleigenem Parkplatz.

»Wir haben geschlossen, Zutritt nur für Gäste«, knurrte der Nachtportier durch die Glastür. Obwohl Gary einen Haufen Papiere und eine Plastiktüte von Spar mit einer Dose voll ranzigem Fett umklammerte, schaffte er es irgendwie, mit etwas Geld zu wedeln. »Ich möchte ein Zimmer«, bat er.

Argwöhnisch öffnete der Portier die Tür.

»Sie wollen ein Zimmer? Wieso suchen Sie um diese Zeit ein Zimmer?«

»Ich bin seit Stunden unterwegs. Jetzt bin ich zu müde, um weiterzufahren. Ich brauche etwas Schlaf.«

»In Ordnung, aber die Bar ist geschlossen. Gast oder nicht Gast. Verstehen Sie mich?«

»Keine Sorge. Ich will ohnehin nur etwas schlafen.«

»Ich schließe immer um vier. Wenn Sie zwanzig Minuten eher gekommen wären, hätte ich Ihnen was geben können, aber zu diesem Zeitpunkt, wissen Sie, fairerweise ...«

»Das ist schon gut. Ich brauche nichts zu trinken.«

»In Ordnung. Nur dass das klar ist.«

»Hören Sie ... bitte ...«

»Nur damit Sie es wissen, manche Typen sind so scharf auf etwas zu trinken, dass sie in ein Hotel einchecken, um die Privilegien der Hotelgäste zu genießen, verstehen Sie, was ich meine?«

»Natürlich tue ich das. Aber ...«

»Also dachte ich, es könnte sein, Sie wissen schon, wenn Sie um halb fünf hier auftauchen, das wäre Ihr Trick, Ihre kleine Nummer, Sie wissen schon – dass Sie aus dem Ithaka rausgeschmissen worden sind oder aus dem Club Circe, ohne Frau, aber nach ein paar Bierchen mehr lechzend wie der andere Abschaum, o bitte, Mr MacDhuireas, lassen Sie uns rein. Der ganze Sermon.«

»Ehrlich, ich brauche nur ein Bett.«

»Oh, das sehe ich auch. Ich sage nicht, dass Sie kein Bett brauchen. Das sage ich mit keinem Sterbenswörtchen. Es ist nur so, dass hier vor meiner Tür eine Menge sonderbarer Typen auftauchen.«

»Das kann ich mir vorstellen.«

»Nun, ich denke, ein Bier könnte ich Ihnen geben. Aber mehr nicht, klar? Und zu niemandem ein Wort, okay?«

»Ich möchte wirklich kein Bier, danke.«

»Dann vielleicht einen Whiskey. Oder einen kleinen Gin Tonic.«

»Im Ernst, ich brauche nur mein Bett.«

»Also einen Cocktail. Mein letztes Angebot.«

Auf diese Weise wurden Minuten zu Stunden. Aber Gary nutzte diese Einchecktortur, um einige Touristenbroschüren vom Ständer an der Theke zu nehmen, denn, trotz der späten Stunde, trotz Anspannung und Schmerz vom langen Fahren, sogar trotz der endlosen Leier des vom Trinken faselnden Nachtportiers, formte sich irgendwie – unglaublicherweise – in seinem Hirn ein Plan.

»Fett heißt die Parole«, sagte er, boshaft vor sich hin kichernd, als er sich um 5.30 Uhr morgens auf den Boden des Hotelzimmers kniete. »Das hat Groove, das hat Feeling«, hatte er gerappt, während er eine Hochglanzbroschüre für Bunratty Castle in die klebrige, zähe Flüssigkeit tauchte, die, das spürte er mit wachsender Gewissheit, das geheiligte Elixier seines Vaters war. Das Fett wurde vom Papier aufgesogen. Er ließ es für eine ihm angemessene Zeitspanne darin einweichen, bevor er es langsam heraushob, die überschüssige, siruppartige Flüssigkeit abschüttelte und es behutsam ins Licht hielt.

Dann durchquerte Gary das Zimmer und trug die nasse Broschüre zum Waschbecken. Doch nichts Geheimnisvolles schien sich zu vollziehen. Vielleicht hatte er das Papier zu lange eingeweicht? Oder vielleicht nicht lange genug? Er betrachtete es und wartete. Doch es veränderte sich nicht. Seufzend griff er in seine Jacke und zog sein altes Klassenfoto heraus, das er, kurz bevor er ins Hotel gehuscht war, im Lieferwagen gefunden hatte.

Er tauchte das Foto in das Fettbad, doch dieses Mal nur einen winzigen Moment, bevor er es blitzschnell wieder herauszog und auf dem Waschtisch ablegte. Wieder geschah nichts, das Foto war unverändert – bis auf den scharf riechenden, schleimigen Überzug. Er fluchte laut und geriet in Panik, tauchte immer mehr Papier immer schneller in die Fettlösung. In einem Anfall experimenteller Raserei fing er an, verschiedene Ansätze und Möglichkeiten durchzutesten, jede Kombination von Fett und Papier, die sein erschöpfter Geist zusammenzubringen vermochte.

Er versuchte, nur eine Seite der Speisekarte vom chinesischen Schnellimbiss mit Namen Lotus-Esser einzutauchen und die andere Seite komplett trocken zu lassen. Papier wurde kurz eingetaucht, rausgezogen, wieder eingetaucht, vollkommen untergetaucht, getrocknet, gerade mal angefeuchtet, besprizt, gewischt, vorsichtig lasiert, mit Hilfe einer Zahnbürste aus dem Badezimmer mit Fett bestrichen und mit einem Löffel vom Teetablett wieder abgekratzt. Vernünftigerweise war zu erwarten, dass nur *eine* der Methoden funktionierte. Aber nach einer Stunde Tauchen und Tunken hatte sich rein gar nichts getan, sah man einmal von der hässlichen, schwarzen Lache ab, die sich auf dem Teppich neben dem Waschbecken gebildet hatte.

Der Tag brach bereits an. Nur durch ungeheure Willensanstrengung hatte er es geschafft, die ganze Nacht durchzumachen. Und was hatte es am Ende gebracht? Nichts war dabei herausgekommen. Er starrte auf das Chaos im Zimmer, auf die matschigen, fettüberzogenen Papierlappen, die einst Broschüren, Schnappschüsse und Briefbogen gewesen waren. Gary Reynolds hätte heulen können.

Verzweiflung brach über ihn herein wie eine schwarze Woge. So nahe dran gewesen zu sein und dann doch eine Niederlage einstecken zu müssen. Die Lösung war in Reichweite – genau hier in diesem Zimmer; dass er sie nicht sah war mehr, als er ertragen konnte. All seine neue Energie, sein Drive, sein Engagement gurgelten mit dem nutzlosen, ranzigen Fett den Abfluss hinunter.

Er würde die Beweise vernichten. Das Ganze verbrennen. Den Traum vergessen, jemals etwas in Griff zu kriegen – einfach zurückgehen und sein Leben als armseliger, kleiner Versager weiterführen. Micky hatte Recht gehabt, ihn zu verlassen. Bislang hatte ihn noch jeder in seinem Leben verlassen.

Verbittert nahm er das durchweichte Klassenfoto und trug es zum Papierkorb. Er zündete sein Feuerzeug an und hielt die Flamme daran, bereit, das Foto fallen zu lassen, sobald es Feuer fing. Doch seltsam – es schien nicht brennen zu wollen. Er hielt das Feuerzeug näher daran. Nun leckte die Flamme an der Mitte des Fotos, doch das Papier blieb weiterhin unberührt.

Nein. Nicht ganz unberührt. Es kräuselte sich ein wenig an einer Seite, doch anmutig und ziemlich formschön. Die Flamme erstrahlte in einem seltsam purpurnen Glühen. Das Papier gab ein leise zischendes Geräusch von sich. Gary Reynolds' Augen weiteten sich. Bildete er sich das nur ein? Sicherlich. Er starrte wieder auf das Papier. Blinzelte zweimal. Schüttelte den Kopf.

Eine langsame, doch deutliche Verwandlung schien sich

zu vollziehen. Es war, als würde man die untergehende Sonne von *Reisen mit Donabate* oder einen aufgehenden Kuchen im Ofen beobachten – man wusste, es geschah, doch war es schwierig, die Veränderung wirklich mitzubekommen. Noch immer sagte er sich, dass seine Augen ihm einen Streich spielten. Die Erschöpfung, der Stress. Und doch – *und doch* –, während die Minuten verstrichen und er versuchte, die Hände ruhig zu halten, nahm das Bild einen altmodischen Sepiaton an, das Papier begann sich zu wellen und zu kräuseln und winzige Knitterfalten sprengten seine Oberfläche, bis das Foto der Abschlussklasse von 1981 aussah wie etwas, was man auf einem viktorianischen Dachboden fand.

Hitze.

Großer Gott!

Das war es.

»*Daaad!*«, heulte Gary Reynolds auf. »*Du hast es geschafft. Dad ... Ich liebe dich, Tommy.*«

Dem Fett, bzw. der Verbindung, der Lösung – wie man es auch nennen wollte –, musste Hitze zugeführt werden, das war der Schlüssel zum Geheimnis. Er wusste natürlich, dass er es nicht vollkommen richtig gemacht hatte. Wahrscheinlich gab es eine Menge zu wissen über Temperaturen und Konditionen, relative Entfernungen, verschiedene Papiersorten – er hatte keine Ahnung davon, aber in diesem Moment interessierte es ihn auch nicht. Die Details waren später dran.

Das Familienfoto, das er gefunden hatte, war auf 1948 datiert. Sicher war dies die Erklärung für das seltsame Datum! Tommy musste seinen mystischen Zaubertrank benutzt haben, um es altern zu lassen. Gary konnte das jetzt deutlich sehen. Wenn man das Papier des Fotos analysierte, dann *würde* es aus dem Jahr 1948 sein.

Das war der Durchbruch. Er hatte den Code geknackt. Jetzt wusste er, wie sein Vater es gemacht hatte. Und er, Gary Reynolds, besaß nun ungeheure Macht. Gefälschte Erstausgaben? Das war Kleinkram. Einträglich, das gewiss, doch ein aufgeblähter Partytrick im Vergleich zu dem unvorstellbaren Potential, das dieses Zeug wirklich in sich barg. Oh, wenn sie Fälschungen haben wollten, konnten sie welche kriegen. Er würde ihnen unbezahlbare Fälschungen geben, bis sie ihn anflehten, damit aufzuhören. Aber mit einer Formel wie dieser konnte er die Geschichte buchstäblich neu schreiben. Er fragte sich, ob man so seinen Lebensunterhalt verdienen konnte.

In wilder Begeisterung überprüfte er seine Entdeckung; hielt die bescheidene Flamme seines Feuerzeugs an alle anderen durchtränkten Papierschnipsel. Als es immer wieder von Neuem funktionierte, begann Gary, Triumphmusik in seinem Kopf zu hören, doch nach und nach wurde die kriegerische Trompete leiser und von einer lästigen, aber doch hartnäckigen Frage überlagert.

Das Manuskript.

Wie bekam er das zu fassen?

Gut, er hatte das Geheimnis des Papieralterungsprozesses gelüftet – doch jetzt besaßen andere den unbezahlbaren Text.

Scheiße.

Immer war was, verdammt noch mal!

Ihm war auch klar, dass er nicht die geringste Idee hatte, wie er das Manuskript zurückbekommen konnte. Als ihn schließlich der Schlaf überwältigte, hatte er immer noch keine Idee. Und als er die Bettdecke hochzog und seine müden Augen schloss, war sein letzter Gedanke, dass er, wenn er am nächsten Morgen aufwachte – oder später am selben Morgen –, immer noch keine Idee haben würde.

Und jetzt war es später am selben Morgen. Eigentlich, wenn man es genau nahm, war es früher Nachmittag. Und Gary hatte Recht gehabt – er hatte keine Idee. Doch er hatte etwas anderes. Er hatte ein Geheimnis.

Gut. Ja. Ein kostbares Geheimnis. Das ist schon etwas sehr Schönes. Etwas zur Erinnerung an meinen Pa. Cool. Ja. Etwas, für das andere mit Freude töten würden. Oder mich foltern. Oder mich bis ans Ende der Welt jagen. Hetzen. Guter Gott! Schrecklich! Wie ist das passiert? Was soll ich tun?

Dann dachte er, es sei am besten, erst einmal aufzustehen.

Das tat er und dann zog er sich rasch an, versuchte sich selbst mit dem tröstlichen Gedanken zu beruhigen, dass er es zumindest geschafft hatte, seine Verfolger abzuschütteln und in eine Stadt zu fliehen, in der niemand ihn suchen würde, eine Stadt, in der es leicht war, unerkannt zu bleiben. Er öffnete die Vorhänge auf einen sonnigen Limerick-Tag.

Was es wohl in Limerick zu tun gab?, dachte er, als er hinunter auf die belebte, geschäftige O'Connell Street blickte – so belebt in der Tat, dass er die wachsamen Äuglein im Café gegenüber nicht bemerkte.

Aber sie bemerkten Gary. O ja.

Fünfzehntes Kapitel
von Frank McCourt

»Im Vertrauen, Doonan«, sagte Dr. Jim Joyce.

»Selbstverständlich«, antwortete Professor Doonan Durrus diskret.

»Strengstes Vertrauen, Doonan?«

»Beim Haupte meiner Mutter.«

»Ich weiß, dass ich im Begriff bin, etwas zu tun, das in seiner Tragweite dem Bruch des Beichtgeheimnisses gleichkommt – aber irgendjemand muss es erfahren und da bist du der Richtige.«

»Meine Lippen sind versiegelt, Jim. Schieß los.«

»Dublin macht schlimme Zeiten durch. Der keltische Tiger streift durch die Straßen von Dodge City – wenn du mir folgen kannst.«

»Herrgott, das will ich meinen. Mord, Gewalt, Unzucht. So etwas habe ich mein Lebtag nicht gesehen.«

»Was ich dir mitteilen möchte, wird dich schockieren, Doonan. Trinken wir noch einen?«

»Wir trinken noch einen, Jim.«

Professor Durrus fand an der Horseshoe Bar Platz zwischen zwei Deutschen und kam mit den doppelten Whiskeys zu ihrem Ecktisch zurück. Sein alter Freund wirkte müde und abgespannt. Er dachte an ihre Studienzeit zurück. Jim war der verheißungsvollste Dichter in ihrer studentischen Autorengruppe gewesen und seine Entscheidung für die Psychiatrie hatte alle überrascht. Jammerschade, fand Doonan Durrus manchmal; besonders glücklich hatte es ihn nicht gemacht. Sein alter

Freund schlug die Augen nieder und sprach im Flüsterton.

»Diese Morde hängen alle zusammen«, sagte Dr. Joyce, »Reynolds, Roberts, Nestor, Andrews – und der Suizid des jungen Jason Dunphy. Ganz zu schweigen vom, ähm, Dahinscheiden von Mrs Kinch. Es gibt üble Machenschaften an höchster Stelle und eine Verderbtheit, die nur im Rotlichtviertel des *Ulysses* ihresgleichen findet.«

»Ts, ts, ts«, machte Professor Durrus.

»Ich erzähle dir das alles, damit wir Dublin retten können. Da wäre beispielsweise der Fall von Patsy Roberts – momentan meine Patientin – und dem verstorbenen Andrew Andrews. Ich nehme an, du hast von ihm gehört.«

»Du meinst den, der von diesem ... Pseudorastafari erschossen wurde, diesem Micky McManus?«

»Du legst den Finger auf die Wunde, Doonan. Es war mitnichten Micky McManus. Das hat Mrs Roberts vor der Polizei zwar ausgesagt, ich weiß; aber ich fürchte, es entspricht nicht der Wahrheit.«

»Und wer ...?«

»Es war Eamon Dunphy.«

»Gott behüte!«

»Nein, nicht der – ein anderer gleichen Namens, der den Suizid seines Sohnes Jason rächen wollte, des armen Kerls, den Andrews in den Tod getrieben hat.«

»Heilige Muttergottes!«

Sie tranken noch ein paar Whiskeys, Dr. Jim Joyce verstieß gegen die ärztliche Schweigepflicht und erzählte dem Professor aus dem Leben der Patsy Roberts, von ihren Jahren mit dem korrupten Joseph, der sich die Radieschen jetzt von unten ansah, von ihrem Hass auf ihre Mutter, Mrs Pauline Bloom, und von ihrer schmutzigen Affäre mit Superintendent Andrew Andrews.

»Ach du liebe Zeit«, sagte der Professor.

Aber ihn erschütterten weniger die Peitschen und Wäscheklammern als die von seinem guten Freund erwähnten Gerüchte um ein plötzlich aufgetauchtes Manuskript von James Joyce, sechshundert Seiten, die der Meister einer schönen Waschfrau anvertraute, welche sich seiner im Herbst des Lebens erbarmt hatte.

»Und wo ... soll sich dieses Manuskript jetzt befinden, Jim? Weißt du das?«

»Es wäre sehr kostbar, nicht wahr, Doonan?«

»Das kann man wohl sagen. Unbezahlbar.«

»Hmm. Das ist etwas ... worüber wir uns unterhalten sollten, was, Doonan?«

»Unter allen Umständen, Jim.«

»Ich bin dank Patsy an allerlei Informationen gelangt, Doonan, und werde noch mehr bekommen. Du wirst dir ja schon gedacht haben, dass sie auch diesbezüglich meine Quelle ist.«

»Wo du das gerade erwähnst«, sagte Professor Durrus. »Ich hatte vor einer Weile eine Besucherin, die behauptete, sie hätte es.«

Dr. Joyce fuhr hoch: »Das Manuskript?«

»Mhm. Jedenfalls die Hälfte davon.«

»Du liebe Zeit. Wirklich und wahrhaftig?«

»Aber ja, Jim. Wenn ich es dir doch sage. Ich habe über die Angelegenheit nachgedacht. Des Langen und Breiten.«

»Ich ... ich auch, muss ich gestehen.«

»Sieh mal, wenn jemand so etwas in die Finger bekäme, Jim – der müsste womöglich nie wieder arbeiten.«

»Ja, ich weiß.«

»Das gibt einem doch zu denken, was?«

»Ob sie noch einmal kommt? Deine Besucherin?«

»Verlass dich drauf.«

»Warum bist du so sicher?«

Professor Durrus sah in sein Glas und lachte leise. »Das ist das Tolle am Studium der Literatur«, sagte er. »Es verschafft einem Einblicke in die menschliche Psyche.«

»Professor Durrus?«

»Ah. Meine Liebe. Hallo.«

»Störe ich?«

»Bei Ihrem letzten Besuch ging es um ein Manuskript. Sie nannten dreihundert Seiten von James Joyce' letztem Werk Ihr Eigen, nicht wahr?«

»Ja, genau. Ich habe sie immer noch.«

»Dreihundert kostbare Seiten, Nummer 300 bis 600; sie wären absolut unschätzbar, wenn sich die ersten dreihundert fänden, was?«

»Nun, ja.«

»Treten Sie ein, Teuerste. Nein, lassen Sie die Tür offen. Wir kommen sonst ins Gerede.«

»Gerede? Was denn für Gerede?«

»Trinity-Professor mit toller Frau hinter verschlossenen Türen. Sie wissen doch, was für Klatsch und Tratsch in dieser Stadt im Schwange sind.«

»So eine Frau bin ich nicht, Professor.«

»Verstehe. Das Unschuldslamm. Die heilige Nonne.«

»Ich kann Ihnen nicht ganz folgen.«

»Schlagzeilen, ein Mord nach dem anderen, Gerüchte, die sich ausbreiten wie ein Lauffeuer, erst Ihr Besuch in meinem Büro in der köstlichen Verkleidung, dann der des Schmalzkübels Gary Reynolds, nach alldem glauben Sie – Dymphna, nicht wahr? – doch nicht ernsthaft, ich wüsste nicht, was vor meiner Nase wie vor den Nasen aller atmenden Wesen Dublins abläuft? Ich bin immerhin Professor.«

»Ich ...«

»Unten in den Höfen machen sich Amerikaner an mich heran. Oh, Durrus, was hört man da von einem aufgetauchten Joyce-Manuskript? Und wenn die Amis davon wissen und wenn Sie, Bloom, Blixen und Gary Reynolds davon wissen – dann kann man davon ausgehen, dass die ganze verdammte Welt davon weiß.«

»Aber ... Bloom und Blixen ... woher wissen Sie ...?«

»Teuerste, wenn man in Dublin etwas in Erfahrung bringen möchte, muss man keinen Privatdetektiv engagieren. Es gibt immer ein kleines Schlitzohr wie Eddie Lambert oder den Mann neben einem im Pub, der einen für einen kleinen Whiskey in Grund und Boden redet. Erzählt man in dieser Stadt jemandem etwas unter dem Siegel der Verschwiegenheit, kann man es auch gleich zum Fenster rausbrüllen. Deswegen gibt es in Dublin keine ernst zu nehmende Unterwelt – keine *omertá*, wenn man so will. Jeder tratscht. Jeder Dubliner schreibt seine Scheißmemoiren. Gottlob ist Limerick das erspart geblieben.«

»Sie kommen aus Limerick?«

»Aus Limerick, ganz recht, und auf so einen schauen die eingebildeten Akademikerpinsel herab – University College Dublin, Trinity, einer schlimmer als der andere. Aber wer könnte in einer solchen Situation besseren Überblick gewinnen, gewissermaßen die *Gestalt* des Ganzen erfassen, als ein Mann aus Limerick?«

»Ich habe doch gar nicht behauptet ...«

»Bringen Sie mich nicht in Fahrt – bringen Sie mich bloß nicht noch in Fahrt angesichts der üblen Nachrede, die unsereins seit Jahren zu erdulden hat. Sobald Sie andeuten, dass Sie aus Limerick kommen, verzieht man das Gesicht. Bin ich ein Sensibelchen? Sie können Ihren Prachtarsch darauf verwetten, dass ich ein Sensibelchen bin. Aber die Dinge kommen ins Rollen, liebste Dymph. Jetzt bin ich am

Ruder, ich habe das große Los gezogen. Mir gehört die Welt, ich habe das Glück beim Schopf gepackt, bei den Stoppeln, bei den kupferroten Schamhaaren. Sozusagen.«

»Kupferrote Schamhaare?«

»Micky McManus? Der gefälschte Rasta? Na kommen Sie, tun Sie doch nicht so, als hätten Sie noch nie von dem gehört. Eines schönen Tages sind wir ins Plaudern gekommen, als er auf der Grafton Street seine jämmerliche Straßenmusik machte, jetzt wieder in Räuberzivil. Sturzbesoffen und bekifft. Als er hörte, dass ich Joycianer bin, hat er geredet wie ein Wasserfall und das war recht interessant. Zumal ich ihm für seine Mühen eine einfache Fahrt nach Jamaica und einen Bong, eine Wasserpfeife, versprochen hatte.«

»Sie kennen diese Witzfigur?«

»Von meiner Warte am Trinity – objektiv und leidenschaftslos – kenne ich jedermann in lieb dreckig Dublin, Teuerste.«

»Wussten Sie auch schon von dem Buch, bevor ich herkam?«

»Unter den Akademikern und Literaten gibt es interessante Gerüchte. In der Presse Schlagzeilen und Latrinenparolen. Wenn man nicht ganz auf den Kopf gefallen ist, weiß man, dass etwas im Busch ist. Man lehnt sich zurück und beobachtet. Man durchstreift die Pubs und hört sich um. Man zieht Erkundigungen ein, diskret und weniger diskret. Und warum?«

»Warum?«

»Weil es da draußen ein Manuskript gibt, ein milliardenschweres Gekritzel. Sechshundert Seiten von Joyce' Spritztour in den Wahnsinn. Meinethalben können sie leer sein, selbst dann wären sie unschätzbar. Er brauchte nur die Hand darüber zu halten, sich damit die Nase zu putzen, den Schweiß von der Stirn oder die Spuren vom Arsch zu wischen. *Egal.* Alles, was mit Joyce zu tun hat, ist heute heilig. Die amerikanischen Universitäten lechzen nach den kümmerlichen Resten irischen Lebens. Und Sie haben Ihre Gründe, warum Sie hier sind, nicht wahr?«

»Ach, Professor ...«

»Nennen Sie mich Doonan. So nennen mich meine Freunde.«

»Sie wollten noch etwas über Micky sagen.«

»Ach richtig. Ihre kleine Eskapade mit Gary dem Kübel. Er hat mir alles darüber erzählt.«

»Ach, Doonan. Ich habe so viel zu erzählen, so viel zu bieten, und ich weiß, dass Sie mir helfen können.«

»Setzen Sie sich hierher, Dymphna.«

»Auf Ihren Schoß, Doonan?«

»Etwas Bequemeres kann ich Ihnen nicht anbieten, denn ich begehre Sie, Dymphna.«

»Tun Sie das, Doonan?«

»Das tue ich, Dymphna.«

»Dann tu es, Doonan.«

»Nein, liebe Dymphna, zieh dich nicht aus. Ich möchte, dass unsere Beziehung rein und musikalisch beginnt. Stell dich auf diesen Stuhl. Behalt deine Sachen an. Hab keine Angst. Dreh mir den Rücken zu, so dass ich deine Hüften umfassen kann. Ja, ja, o ja. Sei so gut, dich vorzubeugen. Ich stecke meine Nase jetzt zwischen deine einzigartigen Pobacken und summe. – Summmmmmmmmmmmmmm.«

»Gefällt dir das, Dymphna?«

»Oh, Doonan, mach weiter. Ich zittere wie eine Stimmgabel.«

»In meinen Händen, mein Schatz, und mit meiner Nase in deiner süßen Spalte bist du eine Stimmgabel. Sumumumumumumumumumumumumumumumu ...«

»Oh, Doonan, ich sterbe, ich sterbe, oh, oh, ja, wirklich, ja.«

»Fürwahr, Dymphna, sumumumumumumumumu-
mumumumumumu ...«

»Doonan, Doonan, küss mich, entblättere mich, nimm mich.«

»Nicht jetzt, mein Schatz. Nicht bei offener Tür. Wenn jemand vorbeikommt, wird er glauben, ich zitiere aus *Finnegans Wake*.«

»Oh. Oh. Mein geliebter Doonan.«

»Niemmmand weiß, dass Dammmen aus der ganzen Welt von Bethlehemmm bis Mmmadagaskar mmmich bestürmmmen, sie zu besummmen. Sie flehen ihre Mmmänner an, sie zu besummmen, aber es scheitert jedes Mmmal. Nur ich, der Summmer, verfüge über die geheimmme Mmmagie und Mmmusik, die richtige mmmajestätische Stimmmlage des orgasmmmischen Summmens, die Tonhöhe, das Volummmen, die Tonart, Dur oder Mmmoll, die der Abstimmmung gemmmäß Klimmma, Geographie, letzter eingenommmener Mmmahlzeit und Religion der Besummmten bedarf. Außerdemmm finde ich, wir sollten unsere mmmärchenhafte Beziehung in Limmmerick verwirklichen, der Stadt mmmeiner Träummme, demmm Heimmm meiner Vorväter und -mmmütter, der Stadt des gebrochenen Vertrages, ehedemmm die heiligste Stadt Irlands und der Britischen Inseln, die heute völlig zummm Teufel gegangen ist infolge von Begehrlichkeiten und verschiedenen dürftigen Bemmmühungen ummm das Summmen. Aber die Winde des Wandels wehen und Limmmerick wird wieder die Heimmmat des Summmmmmmmmmmmmmmmmmens werden.«

»Ah! Doonan, bitte hör nicht auf.«

»Genug, meine Liebste. Genug für heute. Steig vom Stuhl herab und lass uns geschwind zum Shannon eilen, denn mein Onkel, der fröhliche Nachtportier im Royal George Hotel, lässt mich wissen, dass unser Schmalzkübel auf dem

Anwesen sein Unwesen treibt und dem Zimmermädchen mit all dem Papier, das er zu verbrennen sucht, beschwerlich fällt. Du fragst dich, warum ich Gary Reynolds, der feisten Frucht der Lenden des verstorbenen Tommy, so feindselig gesonnen bin? Dieser Pykniker suchte mich hier auf, und als ich dich, die Nonne, erwähnte, ging er auf mich los. Doch ich habe ihn schon büßen lassen mit meinem kleinen Plan. Und er soll es erneut büßen, sofern sich meine Laune zwischen hier und Limerick nicht aufhellt. Doch vor dem nächsten Schritt möchte ich dich, liebste Dymphna, fragen: Stehst du an meiner Seite? Mit Joyce-Manuskripten, magischen Chemikalien und Stärkungscremes lassen sich Millionen verdienen. Gewiss, wir müssen noch verstreute Einzelseiten an uns bringen: Eamon Dunphy hat die eine; Plauzen-Gary eine weitere. Wir müssen einander Vertrauen schenken. Wir müssen uns Liebe schenken.«

»O Doonan, nach diesem Summen bin ich für immer dein.«

»Das wollen wir mit einem Kuss besiegeln. *Dún an doras, mach die Tür zu*, Liebling, auf dass Krethi und Plethi keine Gerüchte ausstreuen mögen.«

Micky?

Welch animalischer Instinkt veranlasste ihn, in die alte Einzimmerwohnung zurückzukehren, gleichsam den Schauplatz des Verbrechens, an dem Sergeant Joe Roberts ihm als Entschädigung für ausstehende Mietzahlungen seinen Ghettoblaster weggenommen, den unglückseligen Mixer so seines einzigen Trostes beraubt und auf die schiefe Bahn gebracht hatte? Er wollte doch nur das bescheidene Leben eines Rastafari führen, als Reggaefan im Reggen stehen und sich ab und zu mit einem Tütchen betütern. Warum konnten die Menschen einen nicht einfach in Ruhe lassen?, fragte er sich, während er mit zweihundertneunundneunzig Seiten von James Joyce unter dem Arm durch die Straßen lief.

Micky machte sich keine Vorstellung von Wert oder Beschaffenheit der beschmierten, stinkenden Seiten. Er wusste nur, dass Leute wie Gary und die falsche Schwester Dymphna nichts unversucht lassen würden, um das Päckchen in die Finger zu bekommen. Er wusste auch, dass er Gary die Treue halten würde, denn mit Gary hatte er dem Beischlaf gefrönt und nie hatte es ähnlichen Beischlaf gegeben. Der Gedanke an den großen, fetten rosa Körper, der den seinen unter sich begrub, löste archaisches Summen aus. Wie ein Hund schnüffelte er den erinnerten Garyduft: Rattenstank; Müllplatzmoschus; Zitrushauch von Pichelbrüdern; sogar Spuren von Madelene, der Trampelschlampe, die dem nettfetten Gazzamon das Leben verdüstert hatte. Jetzt – *endlich* – erkannte Micky es.

Er erkannte die Liebe, die unaussprechlich ist, die Liebe, welche höher ist als alle Vernunft, die Liebe, Gott steh uns bei, die keinen Namen nennt, und so weiter. Und Micky, befreit von der Geißel des Herrn und der Schelte des Priesters, wusste, dass das, was er da an sich presste, Gary und ihm eine Zukunft erschloss. Durch die trüben Erinnerungen an Tresen und Drogen fiel ihm ein geflüstertes Gespräch mit einem Mann vom Trinity wieder ein, einem Mann, der ihm den Himmel in Jamaika unter glühender Sonne versprochen hatte, falls Micky ihm aushändigen könne, was er jetzt in dem übel riechenden Umschlag bei sich trug. Aber der Kollege vom College, Scheiße, wie hieß der noch? Ach ja, Doonan Durrus. Der Weisheitsfuzzi würde tief in die professorale Tasche greifen müssen. Micky brauchte *zwei* Fahrkarten nach Kingston, außerdem ein lebenslang garantiertes Einkommen für Gary und sich. Ach, sie würden sich in der Brandung aalen, in ihrer ganzen Blässe, sich dem Kosen der kühlen Karibik hingeben und an den brütend heißen Stränden bei Bong, Bier und stündlichem Bumsen entspannen.

Als Micky den Hauseingang mied und die Rückwand des Wohnblocks emporkletterte, woher hätte er da wissen sollen, dass Eamon Dunphy – nein, der andere – sein altes Zimmer in Beschlag genommen hatte, auf dem Bett lag, um seinen armen erhängten Jungen weinte, zugleich aber an Patsy Roberts dachte und wie umwerfend und sexy sie ausgesehen hatte, als sie Andrew Andrews in den Kopf schoss?

Woher hätte Micky all das wissen sollen? Für Ersatzrastas, die in ihre alten Wohnungen einsteigen, klebt man keine Plakate an die Wände: Nicht betreten! Schlafender Killer! Streng genommen war Eamon auch kein Killer; nicht er hatte den Finger am Abzug gehabt, sondern Patsy Roberts, die jetzt in der Klapsmühle düster brütete.

Kaum hatte Micky den Kopf durchs Fenster gesteckt, spürte er den Lauf einer Waffe im Ohr. Er wollte sagen: »'tschuldigung, falsches Fenster, falsches Haus«, aber er wurde an seinen verbliebenen Haaren ins Zimmer gezogen und bekam zu hören, er solle die Fresse halten, sonst würde sein Hirn gleich im Garten die Aspidistra sprenkeln. Unter anderen Umständen hätte er vielleicht gefragt, was eine Aspidistra sei, aber die Waffe wurde ihm auf höchst feindselige Weise ins Ohr gerammt. Woher hätte er wissen sollen, dass es sich um die Spielzeugpistole des verstorbenen Jason handelte? Woher hätte Micky überhaupt irgendetwas wissen sollen?

»Guck mich nicht so an, du schwule Sau, oder ich blas dir die Flappe weg.«

»Oh. Entschuldigung. Wollte bloß mal vorbeischauen, Mann.«

»Komm mir nicht mit deinem ›Mann‹, du rotbüscheliger Halunke. Was bist du, ein Scheißrumäne oder was?«

»Nein, nein, Mann. Ich meine, *Mister* – Entschuldigung. Ire. Dublin. Vom reinen Schrot und Doppelkorn, haha.«

»Was hast du da unterm Arm?«

»Och, Papier. Sehen Sie. Bloß Papier ... zum Abwischen.«

»Her damit.«

Eamon Dunphy zog ein paar Blätter heraus und musterte sie. »Scheiße«, sagte er, »das ist ja dasselbe Gekrakel und Gekritzel wie auf *meinem* Blatt. Wo hast du das her, du stachelköpfiger Halsabschneider?«

»Och, ich, ähm, ich, ähm ... komm grad von der Müllkippe. Sammel da gern altes Papier. Auf den Klos von Dublin gibt's nie genug Papier. Hab immer welches dabei, Mann.«

»Ich hab doch gesagt, dein ›Mann‹ kannst du in der Pfeife rauchen. Bist du 'ne Primel?«

»Was?«

»'ne Tunte. 'ne Tucke.«

»Nee. Ich bin kein Puderbubi. Liebe meine Mutter. Voller Andacht für Unsere Liebe Frau von Knock.«

»Deswegen kannst du trotzdem 'ne Tucke sein. Die Hälfte der Leute, die auf heilige Berge klettern, sind Tucken, die Vergebung und Erlösung suchen.«

»Ich ... das wusste ich nicht.«

»Jetzt weißt du's, du stoppelskalpiger Heiduck. Man lernt eben nie aus, wenn man bei andern Leuten durchs Fenster steigt.«

Aus dem Kino wusste Micky, dass Weiterreden oft ein gutes Mittel war, um gefährliche Situationen zu entschärfen. Man brachte den Typ mit der Knarre dazu, an etwas anderes zu denken – einen Augenblick lang nicht aufzupassen –, dann konnte man sich auf ihn stürzen, ihm Knüppelsuppe mit Nachschlag servieren und in der Nacht verschwinden. Im Kino war das vielleicht mit links zu erledigen.

Einem bewaffneten und nichtfiktiven Psychotiker gegenüber schien ein anderes Vorgehen ratsam.

Er überlegte, ob er auf die Tränendrüsen drücken sollte. Sich als ebenfalls von der Gesellschaft erniedrigten und beleidigten Underdog ausgeben. Und dem andern eins auf die Glocke verpassen, sobald er wegsah.

»War mal *meine* Wohnung, weißte? War glücklich hier, hab Musik gehört und so. Der beschissene Roberts hat mir den Ghettoblaster weggenommen. War echt am Ende. Wollt ihn mir zurückholen. Bin bei ihm eingebrochen. Voll die Verpeilung. Seine Alte war da. Schnalle namens Patsy.«

Der Spinner drehte sich ganz zu ihm um und funkelte ihn an. »*Was?*«

»... Was, was?«

»Hast du Patsy gesagt?«

»Na ja ... ja.«

»Patsy? Nachname?«

»Na, weißte.« Micky zuckte die Schultern. »Roberts, denk ich mal.«

»Scheiße, Scheiße, Scheiße. So hab ich die beschissene Bude hier gefunden.«

Micky musste schlucken. »Das ... das kapier ich nicht, Kumpel.«

»Die Adresse stand auf der Rückseite von der Seite, die se mir gegeben hat. Sie hat gesagt, mit der ... Formel hier für 'ne neue Droge kann ich ein Vermögen machen. Und ich Vollidiot hab ihr geglaubt. Sie hat gedacht, ich will sie umbringen. Und was war das für 'ne Formel? Willste das wissen?«

»Eigentlich ... nöö.«

»Das war gar keine Formel. Das war eine selbst gezeichnete Karte der Scheiß-U-Bahn in Zürich! Mit den Stationsnamen in Kindergeheimsprache. Hat mir ein holländischer Chemiker erklärt und ich sitz da und bin blamiert bis auf die Knochen. Denn da kannste sagen, was de willst – diese Holländer kennen ihre Geheimsprache. Und zwischen der ganzen beschissenen Geheimsprache dreckiges, obszönes Gefasel an eine Frau namens Nora. Unflätiges, widerwärtiges Zeug, das man keiner Hure zumuten würde! Diese beschissene Roberts-Tusse hat gesagt, mit der Formel kann ich reich werden. Und als der Typ aus Holland versucht hat, das alles zusammenzumischen, weißt du, was dabei rausgekommen ist?«

»Nein.«

»Beschissenes Wasser, das ist dabei rausgekommen! Wasser mit Schlammgeschmack!«

Einige Nächte nach dem Besuch in Tommy Reynolds' Wohnwagen fiel Paschal auf, dass sich seine Geliebte verändert hatte. »Weißt du was?«, fragte er leise. »Du leuchtest, Schatz. So was habe ich noch nie gesehen. Du warst schon immer sagenhaft, aber jetzt bist du sagenhafter als je zuvor. Schau dich mal da im Spiegel an.«

Nie würde er ihres nackten Körpers überdrüssig werden, der polizeimäßig kurz geschorenen Haare, der langen weißen Rundungen ihres formidablen Rückens, der Pobacken, Jesus, Maria und Josef, jede einzelne bot Anlass zur Todsünde, nicht, dass Sünde oder auch ihr Gegenteil, der Stand der Gnade, ihn einen feuchten Dreck gekümmert hätten, nicht wenn er die liebliche Linie vor Augen hatte, die ihre eine Arschhälfte von der anderen trennte, eine Linie, die hinabführte und an einem himmlischen Ort verschwand, zu dem, bei Gott, nur er allein sich je vorwagen würde, denn sollte je ein anderer sich auf diesem heiligen Areal Freiheiten herausnehmen, dann würde er ihm den Kopf abreißen und in den Halsstumpf stopfen, denn was er hier betrachtete, war auf ewig sein, der herrlichste Arsch nördlich wie südlich der Grenze und auch in der abgelegensten Diaspora, das kleine dunkelrote Muttermal in Form eines Kleeblatts, die Beine, die geschaffen waren, sich um seine Hüften und Schenkel oder auch über seine Schultern zu legen, wenn ihnen beiden danach war.

»O Gott«, sagte sie plötzlich. »Ich hatte hier eine Sommersprosse und da einen Leberfleck und beide sind weg, Liebster. Ich frage mich, ob das an der Schüssel mit Schmiere liegt, in die ich in der Baracke gefallen bin. Ich hab ja neuerdings eine Haut wie ein Baby.«

Sie drehte sich zu ihm und die Pracht ihrer Vorderfront verschlug ihm die Sprache. »Ich weiß nicht, was das für eine Schmiere war, aber sie hat mir gut getan.« Sie lachte leise. »Vielleicht war das eine Art Antialterungscreme. Daran hat Mr Reynolds nämlich zuletzt gearbeitet, weißt du. Damals, als er noch einen richtigen Job hatte.«

»Ich liebe deine Brustwarzen«, sagte er. »Wie sie sich in der Kälte aufstellen.«

»Meine Brustwarzen tun nichts zur Sache. Mir fällt gerade was ein.«

»Mir auch.«

»Nicht schon wieder. Beeil dich, Puschelchen, und zieh dich an, wir fahren zu seiner alten Baracke. Wollen doch mal sehen, ob sich nicht noch mehr von der Paste findet. Für die Spalte, ne?«

»Wie sie sich unter der Bluse manchmal aufstellen. Einfach herrlich.«

Sie lächelte. »Steh sofort auf oder du kannst gleich hier bleiben.«

Er stand auf, hatte aber Schwierigkeiten, seine Hose anzuziehen, denn eine ungeheure Verhärtung hatte sich seiner bemächtigt. Er fragte, ob sie ihm nicht behilflich sein könne, und sie schüttete einen Krug kaltes Wasser über seine Intimdurchblutung, so dass er problemlos in die Hose schlüpfte.

»Das war nicht fair«, sagte er, wusste jedoch, dass es keinen Sinn hatte, denn auch diesem Landei war klar, dass nichts auf der Welt mit der Eitelkeit einer Frau konkurrieren kann, weder Sex noch Ruhm, Macht oder Geld, nein, nicht einmal die Verheißung des Paradieses. Wenn eine Frau einen Weg sieht, eine Unreinheit aus ihrem Gesicht zu entfernen, dann beißt sie sich das eigene Bein ab und erst recht wird sie Mann, Kinder und Familie opfern. Er folgte ihr zum Wagen und saß ängstlich neben ihr, während sie wie der letzte Henker durch Dublin kachelte.

Als sie jedoch den Wohnwagen erreichten und keine Spur von der Schmiere fanden, schockierten den friedlichen Paschal die aus ihrem Munde sprudelnden Kraftausdrücke und er fragte sich, ob dies wirklich dieselbe Grainne sein konnte, die mit ihm geschmust und von rosenumrankten Katen geraunt hatte, von Babys und Lammkeulen mit Erbsen und Kartoffelbrei, die auf ihn warten würden, wenn er von seiner harten Arbeit als Detective Superintendent nach Hause kam, denn dieser Rang war unvermeidlich, wenn man bedachte, wie schnell er sich hochgearbeitet hatte. War diese Grainne, die dastand und eine verschwenderische, mit *Motherfuckers* gespickte Fülle von Verwünschungen ausstieß, dieselbe wie die, die ihrer beider Babys stillen, sie küssen und knuddeln sollte?

Je nun. Eine Polizistin nahm wohl zwangsläufig die schlüpfrige Sprache der Straße auf, und wenn sie hie und da aus der Haut fahren wollte, nun, Worte taten schließlich niemandem weh. Er würde sie eben über sich ergehen lassen und derweil den Anblick ihrer appetitlich angeschwollenen Brustwarzen genießen.

Sie stellte den ganzen Schuppen auf den Kopf und wimmerte dabei: »Es muss noch was da sein. Es muss noch was da sein.« Dann rutschte sie aus und schrie auf: »Da! Da ist was! Da ist ein großer Klecks auf dem Boden. Oh mein Gott.« Schwuppdiwupp war sie auf den Knien und rieb sich mit dem Zeug das Gesicht ein. »Hier«, sagte sie. »Ich beweise es dir.« Runter mit dem Rock und das Höschen gleich hinterher. Sie wandte sich ab und warf ihm über die Schulter einen Blick zu. »Hier«, sagte sie. »Reib das Kleeblatt ein und du wirst sehen, es verschwindet. Mach schon.«

»Bitte nicht«, flehte er. »Ich liebe dein Kleeblatt.«

»Scheiß drauf. Wird's bald.«

»Aber Grainne, du hast dieses Kleeblatt mit gutem Grund empfangen.«

»Steck dir den Grund an den Hut und erspar mir deine Schlaffi-Philosophie. Schmier endlich!«

So rieb er das geliebte kleine Kleeblatt ein und siehe da, es verschwand.

»Allmächtiger Gott, es ist fort«, sagte er. »Das ist ja wie in Lourdes oder Lough Derg.«

Sie drehte sich wieder um, ihre Augen glänzten und ihr Gesicht zeigte keinerlei Zeichen ihres Alters mehr, weder Hautunreinheiten noch Pusteln, Sommersprossen, Pickel, Falten, Leberflecken oder Mitesser. Auf ihrem Gesicht war nichts mehr zu sehen als ihr Gesicht selbst, nichts als die Haut, mit der sie im übertragenen Sinne zur Welt gekommen war – und sie leuchtete. Sie knöpfte sich die Bluse auf, glitt rasch auf ihn zu, blieb nur kurz stehen und fuhr mit der Hand in die Schmiere auf dem Boden. »Zieh dich aus«, sagte sie; als er dem nachkam, ergriff sie sein Gemächt und rieb es mit dem Balsam ein. Langsam erstand es zu einem Winkel von neunzig Grad und wuchs in die Länge, bis man die Trikolore, den Union Jack und das Sternenbanner daran hätte hissen können.

Sie zog ihn zu sich auf den Boden, und als er in sie eindrang, flüsterte sie: »Wir bleiben für immer hier. Wir machen in dieser Kate Flitterwochen. Wir kaufen sie.«

»Geht nicht«, sagte er. »Gilt noch als Tatort.«

»Wir reden mit dem, wie heißt der noch, Cuthbert, dem Assistant Commissioner. Er streicht sie von der Liste. Sinead hilft uns bestimmt. Wir kriegen raus, wem sie gehört.«

»Ach, das weiß ich schon. Bloom und Blixen.«

Sie lachte. »Ehrlich?«

»Klar. Reynolds hat ihnen das Land überschrieben. Wollt ich dir schon sagen. Hab ich neulich auf dem Grundbuchamt rausgefunden. Denen gehört jede Baracke von hier bis Oola.«

»Wo liegt Oola?«

»Idyllisches Städtchen zwischen Limerick und Tipperary. Wenn wir aufs Land versetzt werden, sollten wir uns nach Oola bewerben.«

Eamon Dunphy warf sich wutentbrannt aufs Bett. »Hätte nicht jeder Mann getan, was *ich* getan habe, Micky? Den Mörder seines Sohnes ermordet?«

»Ähm ... doch, klar, Mister. Kann ich jetzt gehen?«

Dunphy behielt ihn weiter im Visier. »Aber nicht hier, o nein. Nicht in diesem Scheißdublin. Kann einen echt verbittern. Auf die Palme bringen. Da kann man im Norden alles abmurksen, was sich rührt, aber hier unten hängen sie einen für die normalste Sache der Welt.«

In diesem Augenblick erhob sich draußen im Flur schrecklicher Krach. Jedem Menschen von durchschnittlicher Intelligenz wäre klar gewesen, und selbst Micky McManus war klar, dass eine Reihe unter Umständen sehr stämmig gebauter, in Templemore ausgebildeter Gardaí-Novizen in der Hoffnung auf Festnahmen an die Tür hämmerte. »Aufmachen, aber dalli, oder wir schlagen die Tür ein.« Micky erkannte die Zungenschläge von Cork, Kerry und Mayo, und da Gespräche mit dieser Menschensorte in der Regel wenig fruchten, riss er Mr Dunphy die Waffe aus der Hand, sprang rücklings aus dem Fenster und landete in der Aspidistra, die dreihundert Seiten des Dedalusschöpfers vorn in die Hose gestopft.

Wo war Gary Reynolds, wenn ein Junge ihn brauchte?

»Kein Problem, Sinead«, sagte der Assistant Commissioner. »Wenn sie sie wollen – eine morsche Baracke mitten im Nichts –, dann sollen sie sie haben. Sie müssen bloß diese Vetteln Bloom und Blixen verhaften und ich gebe ihnen Baracken von hier bis Oola.«

»Wo ist Oola?«, fragte Sinead.

»Idyllischer Weiler zwischen Limerick und Tipperary. Berühmt für seine Flanellbettwäsche. Herrlich warm in kalten Zeiten.«

»Das wäre schön«, antwortete Sinead verträumt. Sie sah sich längst nach einem Jüngeren um; nach jemandem, der unter Vorspiel etwas anderes verstand als Arschkratzen und Rülpsen.

Inspector Paschal Greer musste im Wagen bleiben, während Inspector Grainne O'Kelly Mrs Bloom und Mrs Blixen verhaftete. Er versuchte, die Erektion zu verbergen, die nicht mehr verschwinden wollte, seit sein bestes Stück mit der sämigen Salbe eingecremt worden war. »Mach dir nichts draus«, sagte Grainne. »Lieber 'ne Latte in der Hose als 'n Brett vorm Kopf.«

Mrs Bloom und Mrs Blixen amüsierte es sehr, so kurz nach der Farce ihres letzten Verfahrens, bei dem sie bloß den Richter hatten bestechen müssen, schon wieder verhaftet zu werden. Seine Ehren amüsierte es weit weniger. Nach der Entdeckung, dass sein Schmiergeld fast nur aus Blüten bestand, hatte er Rache geschworen und bei seiner Ehre gelobt, das nächste Mal wirklich und wahrhaftig Gerechtigkeit walten zu lassen. Außer natürlich, die nächste Zahlung war dreimal so hoch und bestand aus Scheinen, für deren Echtheit sich staatlich geprüfte Buchhalter verbürgten.

In Wicklow und Carlow, Kilkenny und Tipperary kurvte er herum, wendete und fuhr zurück – aber im Grunde seines Herzens wusste Gary Reynolds, dass er den schwarzen BMW niemals abschütteln würde. Seine Annahme sollte sich als richtig erweisen. Dafür hatten Mrs Bloom und Mrs Blixen gesorgt. Mit der richtigen Technologie brauchte man nicht mal ein guter Fahrer zu sein – und Eddie Lambert war alles andere als das. Er hatte nur ein mikroskopisch kleines Gerät an Garys Lieferwagen anbringen und dem Gepiepse über Weg und Steg, über Berg und Tal, durch Felder und Auen und meist nach Limerick zurück folgen müssen.

Ein zweites, in Garys Schuh implantiertes Mikrogerät erlaubte es dem König der Klatschkolumnen, von Jury's Hotel auf der anderen Flussseite aus sein Opfer im Auge zu behalten. »Ein Hoch auf die Wunderwerke der modernen Technik«, erklärte Eddie seinem Kissen, obwohl er sich fragte, was zum Geier Gary heute Abend bloß vorhatte; das Schuhimplantat gab schon seit ungezählten Stunden sein Piep-Piep-Piep von sich und stellte sich jetzt zwischen den kupferroten Schreiberling und seinen dringend benötigten Schönheitsschlaf.

Warum konnte der Fettwanst nicht wie jeder normale Mensch ins Bett gehen und endlich aufhören, durchs Zimmer zu laufen und piep-piep-piep zu machen? Er würde im Royal George anrufen, jawohl. Gesagt, getan, er bat darum, mit Garys Zimmer verbunden zu werden, und erklärte dessen schwabbeligem Bewohner: »Herrgott noch mal, ich wohne im Nachbarzimmer und bin ein müder Wandersmann, der schlafen will. Hören Sie doch endlich auf herumzulaufen, Sie trauriges Walross.«

Gary erklärte ihm: »Fick dich doch ins Knie«, aber Harry legte sich nur ins Bett und döste ein, wie so oft erstaunt über die Sprachgewandtheit der Iren. Nach einiger Zeit verlangsamte das Piepen und der tizianrote Tintenritter der Buntbildjournale wusste, dass er gefahrlos einschlafen konnte. Außer – außer – was war, wenn Dickerchen *andere Schuhe* angezogen hatte? Aber nein. Blöde Idee. Dafür war Reynolds nicht der Typ. Der trug dieselben Schuhe, bis sie ihm von den Füßen fielen, dieser korpulente, große, unfähige Lahmarsch mit seinen Rettungsringen.

Am nächsten Morgen trat ein übermüdeter Eddie ins Café gegenüber vom Royal George. Scheiße mit Reiße – was zum Teufel war denn hier los? Da saßen Assistant Commissioner Cuthbert Staines und seine Assistentin Sinead und schwatzten mit Professor Doonan Durrus und Ms Dymphna Morkan.

Hatte jemand eine Bombe auf Dublin abgeworfen?

Sie hatten ihn gesehen, und wie. Und das, wo er gerade Bloom und Blixen hatte anrufen wollen.

»Das können Sie sich sparen«, sagte der Professor, der anscheinend Gedanken lesen konnte. »Die sitzen im Gefängnis.«

Er hatte noch nicht ausgesprochen, da traten Bloom und Blixen ein, gefolgt von Micky McManus und Eamon Dunphy – Jasons Vater, nicht dem anderen. Der Professor, der aus Limerick stammte und also ein Gentleman war, sprang auf und bot einer der Damen einen Stuhl an. Der Assistant

Commissioner, normalerweise ein Rüpel, folgte seinem Beispiel. Mrs Bloom schenkte dem Professor ein kokettes Lächeln und Dymphna warf ihr einen hasserfüllten Blick zu. Mrs Blixen reckte Cuthbert Staines ihre Brust entgegen. Er grinste, sah dann schuldbewusst Sinead an, aber die zuckte nur die Achseln. Nicht mehr lange, dachte sie zufrieden, und du kannst wieder Taschenbillard spielen, du Trampeltier.

»Wie ... was ...?«, machte Eddie Lambert.

»Jeder Mann hat seinen Preis«, sagte Mrs Blixen und Mrs Bloom ergänzte lächelnd: »*Sie* sollten das doch wissen, Eddie.«

»O Mann, o Mann«, rief Micky erregt, »da ist ja *Gary*! Yo, Gazzamon – hier rüber, Homie!«

Gary kam zu ihnen an den Tisch und setzte sich.

»So«, sagte der Professor. »Wir sind vernünftige Menschen. Wir haben unsere Meinungsverschiedenheiten, aber wir sind hier, um sie beizulegen. Die Lage könnte gar nicht einfacher sein. Jeder von uns will etwas, das gerade ein anderer von uns hat. Ich will Dymphna, und Dymphna, hoffe ich, will mich. Dymphna will etwas, das Micky hat, und Micky will etwas, das Dymphna hat. Gary will Micky, und Micky will Gary. Cuthbert hier will Commissioner werden, und die Damen Bloom und Blixen haben das in die Wege geleitet – allerdings muss er sich umgekehrt überlegen, was *sie* wollen, und was sie wollen, ist die Kontrolle über Dublin und verschiedene Grafschaften im Osten, darunter die Isle of Man, wo manch ein glückliches Pfund blaumacht und Zinsen bringt. Ach ... der AC wird außerdem seine Klauen von Sinead lassen.«

»Äh, Moment mal«, sagte der Assistant Commissioner, aber der Professor ließ sich nicht beirren und übertönte ihn: »Mr Dunphy will eines kleinen und verständlichen

Blutvergießens wegen nicht mehr von der ganzen Welt gehetzt werden und auch dieser Angelegenheit haben sich die Damen angenommen. Der junge Eddie Lambert, der heute unter uns weilt, hat seine Schulden bei ebendiesen Damen beglichen und ist frei, seine Existenz in der Klatschpresse fortzusetzen. Schweigen ist Gold, Eddie.«

Lambert stand auf und sah sich um. »Soll ich dich nach Dublin mitnehmen, Babe?«, fragte er Sinead. »Meine Karre steht draußen.« Rasch erhob sie sich und verschwand mit ihm.

»Jeden Augenblick müsste Inspector Grainne O'Kelly mit ihrem Zukünftigen hier auftauchen«, fuhr der Professor fort. »Sie wollen einander sowie merkwürdigerweise den einst von Tommy Reynolds bewohnten Schuppen. Ah! Sieh mal an! Da sind sie ja schon. Hier sind die Inspectors – und wir können unser Gipfeltreffen fortsetzen. Nein, nicht hier in Limerick, sondern ein paar Meilen weiter in Oola, wo Ruhe und Frieden herrschen und wo es Flanellbettwäsche für die Dünnblütigen unter uns gibt. Ab in die Autos und wir sehen uns wieder in der anheimelnden Bar des Hotel Oola. O-la-la. Wie man in der Francis Street sagt.«

Fort gingen sie und begaben sich nach Oola.

Man trank und ließ die Puppen tanzen.

»Ich ersuche euch ein letztes Mal«, sagte der Professor und verfiel in das altmodische *Ihr*, das man am echten Limericker so liebt, »die Regeln des Anstands nicht zu verletzen. Ihr seid jetzt in der Grafschaft Limerick und es könnte ratsam sein, euch nicht so rüpelhaft aufzuführen.«

Die Inspectors, Leute vom Land, nahmen hieran Anstoß und betonten, sie seien keine Rüpel. Der Professor nahm die Äußerung zurück. »Können wir jetzt fortfahren?«, bat er.

Man kam überein, die Inspectors würden die Schwestern

Bloom und Blixen fortan in Ruhe lassen und dafür auf Dauer den Reynolds-Wohnwagen und das ihn umgebende Grundstück in Besitz nehmen. Man stieß auf ihr Eheglück an.

Man beschloss, Eamon Dunphys holländischen Chemiker unverzüglich darauf anzusetzen, sowohl die wundersame Schmiere als auch Garys einblättrige Formel zu ihrer Herstellung zu analysieren, um möglichst rasch die Massenproduktion aufnehmen zu können, deren Erlös unter den Anwesenden aufgeteilt werden sollte. Eamon sollte überdies als Verbindungsmann zum holländischen Chemiker agieren, denn diesen Pharmazeuten aus dem Flachland war ja nicht immer zu trauen.

Gary Reynolds gab zu bedenken, Grainnes Erfahrungen mit der Schmiere oder Salbe möchten glücklich verlaufen sein – er selber habe schlechte gemacht. Der Schuh, den er trug, als er in die Schmiere trat, sei gealtert, runzlig geworden und könne ihm jederzeit vom Fuß fallen. Als er ihn einer genaueren Überprüfung unterzog, habe er einen kleinen Gegenstand gefunden, der an einen elektronischen Chip erinnere, und er wolle sich erkundigen – lediglich erkundigen, wohlgemerkt, ohne dabei respektlos zu erscheinen –, ob einer der Anwesenden etwas damit zu tun habe.

»Es war zu Ihrer eigenen Sicherheit, mein Bester«, sagte Mrs Bloom. »Schauen Sie sich nur an, was Ihrem armen Vater zugestoßen ist.«

Woraufhin Gary empört hochfuhr: »Gut, dass Sie darauf zu sprechen kommen: Was *ist* meinem armen Vater eigentlich zugestoßen?«

»Ruhig Blut«, sagte der Professor milde. »Es hat keinen Sinn, dem nachzugehen. Was passiert ist, ist nun einmal passiert. Ihr armer Vater war seit geraumer Zeit krank, Gary. In Wirklichkeit ist er an einem Herzinfarkt gestorben, Gott sei seiner Seele gnädig. Er hat seine ewige Ruhe gefunden, und wenn er jetzt auf uns herabblickt, wird er in dem Wissen lächeln, dass sein Vermächtnis in jenem Bräter uns ein Vermögen scheffeln lassen wird.«

»Nicht wenn uns die alten Schachteln da bis aufs Hemd ausplündern«, sagte Gary.

Die Versammelten tauschten Blicke und es war deutlich zu sehen, dass Garys Erdendasein womöglich in Bälde unnötig verkürzt würde, wenn er seine Zunge nicht im Zaum hielt und dies außerordentlich pronto; dass Micky, der ihn liebte, seiner bald beraubt sein, vielleicht gar in Madelenes Arme getrieben und einer Zukunft freudloser Heterosexualität entgegensehen würde, in der er Daniel O'Connell statt den Niggaz With Attitude lauschen würde. Denn alle Mitglieder der Versammlung hatten die Zeichen der Zeit erkannt, Zeichen, die Bloom und Blixen an die Wand gemalt hatten, genau und mahnend beobachtet von dem Professor und seiner künftigen besseren Hälfte.

»Jetzt bleibt nur noch eins«, sagte der Professor. »Die Angelegenheit des Manuskripts mit dem Titel *Yeats ist tot!*.«

Gary und Micky sahen sich unschuldig um, als wollten sie sagen, *wir* haben es nicht.

Aber zwecklos. Zu viele Schlauköpfe waren im Raum und alle waren scharf aufs Geld.

»Dymphna hat die Seiten 300 bis 600«, sagte der Professor.

Schweigen.

»Verschiedene texanische Universitäten wetteifern um das Manuskript – damit meine ich das vollständige Manuskript. Austin konkurriert mit Dallas, Dallas konkurriert mit Houston, und Houston bietet Millionen, ganz recht, Millionen, darunter Anteile an Ölquellen und Latifundien – korrekt wäre natürlich Latifundia – auf den mondänen karibischen Inseln, Erste-Klasse-Flug inbegriffen.«

Micky rutschte unruhig hin und her. Gary funkelte ihn

an. Grainne sagte: »Micky, komm doch mal bitte mit nach draußen.«

Im hellen Schein des Mondes über Oola zog sie seinen sommersprossigen Schwengel heraus und rieb ihn mit der Schmiere ein, dem Balsam des Himmels, und während sie strich und streichelte und massierte, stöhnte er: »Ooooh, Mann, ooh, mir geht einer ab, bring mich nach Jamaika, oooh, Gary, oooh, oooh.«

Man hörte ihn drinnen und wusste, dass Grainne Gottes Werk tat, dass alles gut werden und die Seiten bald wieder zu einem dicken, unlesbaren Manuskriptstoß vereint sein würden, der den Entzifferungskünsten Hunderter von Professoren Hunderte von Jahren widerstehen würde – aber Professor Doonan Durrus würde nicht dazu zählen.

Er würde sich vom Trinity College bald in den Ruhestand versetzen lassen. Jetzt, da er seine wahre Liebe gefunden hatte, war es Zeit, sein Leben zu ändern. Er wollte für diverse wohltätige Zwecke spenden. Eine Mrs Patsy Roberts würde einen Scheck über eine beträchtliche Summe empfangen. Er wusste, dass sie geistig schon bald völlig wiederhergestellt sein würde. Es gab viele andere gute Sachen, die Dymphna und er unterstützen wollten, und besonders eine lag ihm am Herzen – ein Freund, ein guter Mann, der seinen Beruf an den Nagel hängen und Dichter werden wollte. Professor Durrus würde dafür sorgen, dass Dr. Jim Joyce schon bald dazu imstande war.

Er lehnte sich in seinem Sessel nach hinten und vor seinem geistigen Auge sah er sein eigenes Glück. Dymphna und er hatten bereits die Nebenabsprache getroffen, sich einige Gläser der Paste aus dem Bräter in Garys kleinem Zimmer im Royal George Hotel zu sichern.

Freilich wurden an der ganzen Tafel Nebenabsprachen der verschiedensten Art getroffen. Das Wissen, dass jeder andere ebenfalls etwas im Schilde führte, würde diese Gruppe ewig vereinen, mochten ihre Mitglieder nun in Dublin, in der Karibik oder sonstwo auf der Welt weilen. Letztendlich war das ein großer Trost.

Besonders, wenn man wie Professor Durrus wusste, dass James Joyce nie etwas mit dem Titel *Yeats ist tot!* geschrieben hatte.

Im Stillen brachte er einen Toast auf seinen alten Freund Tommy Reynolds aus. Den größten Witzbold, den er je gekannt hatte.

Die Autoren

Roddy Doyle ist der Autor von sechs hochgelobten Romanen: *Die Commitments, The Snapper, Fish & Chips, Paddy Clarke Ha Ha Ha, Die Frau, die gegen Türen rannte* und *Henry der Held*. 1993 wurde ihm für *Paddy Clarke Ha Ha Ha* der Booker Prize verliehen. Er schrieb das Drehbuch für den Spielfilm *Brendan trifft Trudy*, der 2001 Premiere hatte.

Conor McPherson schrieb Theaterstücke, unter anderem *The Good Thief, This Lime Tree Bower, St Nicholas, The Weir* und *Port Authority*. McPherson bekam 1997 den Meyer Whitworth Award und 1996 den George Devine Award sowie 1996 den Guinness Ingenuity Award und 1995 den Stewart Parker Award. Außerdem schrieb er das Drehbuch zu dem Film *I Went Down*, der 1997 beim San Sebastian Festival den Preis für das beste Drehbuch bekam. Sein gefeierter Film *Saltwater* kam 2000 in die Kinos.

Gene Kerrigan hat sechs Sachbücher geschrieben, darunter die Bestseller *Hard Cases, Another Country* und *This Great Little Nation* (zusammen mit Pat Brennan). In Dublin geboren, arbeitet er dort als Journalist für den *Sunday Independent*, vor allem über politische Skandale und Justizirrtümer. Er wurde in Irland bereits zweimal zum Journalisten des Jahres gewählt.

Gina Moxleys erstes Theaterstück *Danti Dan* wurde 1995 am Project Arts Centre in Dublin inszeniert. Nach einer landesweiten Tournee wechselte es ans Hampstead Theatre in London. *Dog House* wurde für das Royal National Theatre in London geschrieben. In Zusammenarbeit mit David Bolger wurde Gina Moxleys Stück *Toupees and Snaredrums* 1998 auf der Peacock Stage des Abbey Theatre uraufgeführt. Sie gewann 1996 den Stewart Parker Award. Zurzeit schreibt Gina Moxley ein Stück für das Royal Court Theatre in London.

Marian Keyes begann 1993 mit dem Schreiben von Kurzgeschichten. Ihr erster Roman *Wassermelone* wurde 1996 veröffentlicht und sofort ein internationaler Bestseller, genau wie ihre nachfolgenden Romane *Lucy Sullivan wird heiraten*, *Rachel im Wunderland*, *Pusteblume* und *Sushi für Anfänger*.

Anthony Cronin ist einer der berühmtesten Literaten Irlands. Zu seinen Büchern zählen Belletristisches (*The Life of Reily*), Literaturkritisches (*A Question of Modernity*) und ein Band über das literarische Leben Dublins (*Dead as Doornails*). Außerdem hat er zahlreiche Gedichtsammlungen herausgegeben und zwei viel beachtete Biographien über Flann O'Brien und Samuel Beckett verfasst.

Owen O'Neill ist Autor, Schauspieler und als Stand-up-Comedian bereits in der ganzen Welt aufgetreten. Für den Film *Shooting to Stardom*, der 1994 den irischen Kurzfilmpreis beim Filmfestival in Cork gewann, schrieb er das Drehbuch und übernahm außerdem eine Rolle. Owens One-Man-Show *It's A Bit Like This* stand 1994 in der engeren Wahl für den Perrier Award beim Edinburgh Festival, für sein Einpersonenstück *Off My Face* gewann er 1998 den LWT-Autorenpreis.

Hugo Hamilton wurde als Sohn irischer und deutscher Eltern in Dublin geboren. Zu seinen Veröffentlichungen gehören die gefeierten Romane *Surrogate City, Kriegsliebe, The Love Test, Ein schlechter Verlierer* und *Der letzte Held von Dublin*. 1992 bekam er den Rooney Prize for Irish Literature. Sein neuester Roman *Sucking Diesel* wird im Herbst 2001 erscheinen.

Joseph O'Connors Debütroman *Cowboy und Indianer* wurde für den Whitbread Prize nominiert. Zu seinen folgenden Werken gehören die Romane *Desperados, Der Verkäufer* und *Inishowen*, die Kurzgeschichtensammlung *True Believers*, das Theaterstück *Red Roses and Petrol* sowie die Anthologie *The Secret World of The Irish Male*. Sein Werk gewann zahlreiche Preise, darunter die Macaulay Fellowship des Irish Arts Council und den Miramax Ireland Screenwriting Award.

Tom Humphries ist ein preisgekrönter Sportjournalist, der für die *Irish Times* schreibt. Er hat drei Sachbücher verfasst, die in Irland alle zu Bestsellern wurden: *The Legend of Jack Charlton, Green Fields: Gaelic Sport in Ireland* und *Sonia O'Sullivan: Running To Stand Still*. Seine journalistischen Beiträge sind in Irland, Großbritannien und den USA erschienen. Er wurde dreimal zum irischen Sportjournalisten des Jahres gewählt.

Pauline McLynn wurde als Schauspielerin in der Rolle der unvergleichlichen Mrs Doyle in *Father Ted* über Nacht berühmt und spielte seither in Alan Parkers Filmadaption von *Die Asche meiner Mutter* und in der Komödie *Dark Ages*. Ihr erster Roman, *Something for the Weekend*, erschien 2000 und wurde sofort ein Bestseller. Ihr zweiter Roman *Better than a Rest* ist gerade erschienen.

Charlie O'Neill erhielt für sein viel gepriesenes erstes Theaterstück *Rosie and Starwars* den Stewart Parker Award. Sein jüngstes Werk, *Hupnouse*, wurde vom Barabbas Theatre in Dublin inszeniert und erhielt begeisterte Kritiken. Zurzeit arbeitet er an einem Drehbuch für Rough Magic Films.

Donal O'Kelly ist Schauspieler und Dramatiker. Seine Einpersonenstücke *Catalpa* und *Bat the Father, Rabbit the Son* waren weltweit erfolgreich. Außerdem schrieb er die Theaterstücke *Judas of the Gallarus, Asylum! Asylum!, Farawayan, Trickledown Town* sowie *Hughie on the Wires*. 1999 wurde er mit dem Irish American Cultural Institute Butler Literary Award ausgezeichnet.

Gerard Stembridge ist Dramatiker und Filmemacher. Er schrieb unter anderem die Theaterstücke *Lovechild, The Girls of Summer* und *The Gay Detective*. Unter seinen Hörspielen befinden sich die satirische Serie *Scrap Saturday* und das BBC-Stück *Daisy the Cow Who Talked*. Für das Fernsehen schrieb er *The Truth About Claire* und *Black Day At Blackrock*, bei denen er auch die Regie führte. Des Weiteren schrieb er die Filmdrehbücher von *Nora* (in Zusammenarbeit mit Pat Murphy) und *Ein ganz gewöhnlicher Dieb* sowie *Schuldkomplex* und *Alles über Adam*, wo er auch die Regie hatte.

Frank McCourt unterrichtete dreißig Jahre lang an verschiedenen New Yorker Highschools und Colleges. Seine Lebenserinnerungen *Die Asche meiner Mutter* und *Ein rundherum tolles Land* wurden auf der ganzen Welt Bestseller, ersterer hat sich vier Millionen Mal verkauft und wurde mit dem Pulitzer Prize ausgezeichnet. Sein Stück *The Irish And How They Got That Way* wurde in New York, Boston, Chicago und Melbourne aufgeführt. Er lebt in New York.

Das Team

Der besondere Dank der Lektoren und Autoren gilt den beiden Direktoren dieses Projekts: John Sutton dafür, dass er sich um die gesamte geschäftliche Seite von *Yeats ist tot!* gekümmert hat; seine Zähigkeit, seine Manager-Qualitäten und seine harte Arbeit haben wesentlich dazu beigetragen, dass unsere Idee Wirklichkeit werden konnte. Sean Love von Amnesty International Irland danken wir für seine unerschütterliche Hingabe, seine Ermutigungen und sein Engagement. Herzlich danken möchten wir auch unseren Projektmanagern: Ann Sheridan für die beispiellos effiziente und gutgelaunte Koordination unseres Projekts und ihren stets kühlen Kopf; sowie Phill McCaughey, deren Geduld und ansteckender Enthusiasmus ebenso unschätzbar waren wie ihre organisatorische Genialität. Während der gesamten vier Jahre, die wir mit *Yeats ist tot!* schwanger gingen, hat uns das Dubliner Public Communications Centre administrativ und im Projektmanagement unterstützt, also geht ein dickes Dankeschön an alle Mitarbeiter.

Alle, die mit der Idee, dem Schreiben und der Entwicklung von *Yeats ist tot!* zu tun hatten, möchten sich sehr bei Ania Corless von David Higham Associates bedanken, die sich bereit erklärte, als internationale Lizenzagentin mit an Bord zu kommen, ebenso bei Liz Sich und Melody Odusanya von Colman Getty PR, die alle Medienaktivitäten rund um die Publikation gemanagt haben. Und unser tief empfundener Dank geht schließlich auch an Dan Franklin und seinen Assistenten Jason Arthur und alle anderen bei Random House, die unser Buch mit solcher Energie, Sorgfalt und Sachkenntnis veröffentlicht haben.

Yeats ist tot! ist ein Roman von fünfzehn irischen Schriftstellern und gleichzeitig ein gemeinnütziges Projekt auf Initiative des Amnesty Education Trust. Gründungsmitglieder dieses Trusts haben in den vergangenen Jahren in Dublin zwei große Comedy-Shows organisiert, die später auch vom Fernsehsender ITV ausgestrahlt wurden. Dieser Roman ist nun bereits die dritte gemeinnützige Aktion irischer Künstler zugunsten von Amnesty. Alle Autorenhonorare für *Yeats ist tot!* sind für die Unterweisung besonders von Kindern und Jugendlichen in Fragen der Menschenrechte bestimmt.

Danke für Ihre Hilfe.

DER ROMAN »YEATS IST TOT!« WURDE VON FÜNFZEHN IRISCHEN AUTOREN ZUR FINANZIELLEN UNTERSTÜTZUNG VON AMNESTY INTERNATIONAL GESCHRIEBEN. ALLE AUS DEM BUCH RESULTIERENDEN TANTIEMEN DER AUTOREN KOMMEN DIREKT DER MENSCHENRECHTSARBEIT ZUGUTE.

Unterstützen Sie amnesty international

Die Unterstützer von amnesty international können einen enormen Beitrag dazu leisten, dass sich die Menschenrechtslage in einem konkreten Fall deutlich verbessert. Als ai-Mitglieder erfuhren, dass die nigerianische Journalistin Chris Anyanwu (Bild) wegen ihrer politischen Überzeugungen zu einer fünfzehnjährigen Gefängnisstrafe verurteilt wurde, setzten sie sich weltweit mit Nachdruck für ihre Freilassung ein. Nach drei Jahren wurde Chris Anyanwu aus der Haft entlassen. Wieder in Freiheit, schrieb sie an amnesty international: „Es ist sehr schwer, meine Reaktion zu beschreiben, als ich in der engen Zelle saß und der Boden mit Karten und Briefen von amnesty-Mitgliedern bedeckt war... Ich wusste, dass ich nicht allein war – all diese Karten sind wie kleine Wassertropfen, die zu einem reißenden Strom werden und dadurch erheblichen Druck ausüben können."

Indem Sie dieses Buch gekauft haben, haben Sie bereits einen Beitrag für die Menschenrechte geleistet. Sie haben geholfen, die tägliche Arbeit von amnesty international für die Freilassung von politischen Gefangenen, gegen Folter und die Todesstrafe voranzutreiben. Ihre Unterstützung hat etwas bewirkt – aber wir alle können leicht mehr tun. amnesty international funktioniert nur mit Hilfe ihrer Unterstützer. Je mehr Menschen amnesty international unterstützen, umso mehr Menschen kann geholfen werden. Bitte unterstützen auch Sie amnesty international in Ihrem Land.

Vielen Dank!
JOE O'CONNOR, HERAUSGEBER VON »YEATS IST TOT!«

Für weitere Informationen wenden Sie sich bitte an

amnesty international:
Deutsche Sektion, Postfach, D - 53108 Bonn, www.amnesty.de
▶ **Spendenkonto: 80 90 100,** Bank für Sozialwirtschaft Köln, BLZ 370 205 00

Luxemburgische Sektion: Boite Postale 1914, L - 1019 Luxembourg, www.amnesty.lu
▶ **Spendenkonto: C.C.P. Luxembourg, 33-33**

Österreichische Sektion, Moeringgasse 10/1, A - 1150 Wien, www.amnesty.at
▶ **Spendenkonto: PSK 10 30 000, BLZ 60 000**

Schweizer Sektion, Postfach, CH-3001 Bern, www.amnesty.ch
▶ **Spendenkonto: PC-Kto./Chèque postal 30-3417-8**